Hermann Buhl
Kompromißlos nach oben

Herausgegeben von Reinhold Messner und Horst Höfler

Hermann Buhl
Kompromißlos nach oben

Herausgegeben von
Reinhold Messner und Horst Höfler

STEIGER
VERLAG

Die Herausgeber:
Reinhold Messner, geboren 1944 in Südtirol, gehört seit 30 Jahren
zu den erfolgreichsten Bergsteigern der Welt.
Er hat bei rund 3.500 Touren und Expeditionen etwa 100 Erstbesteigungen durchgeführt,
alle 14 Achttausender erstiegen, zu Fuß die Antarktis, Grönland der Länge nach,
Tibet und die Wüste Takla Makan durchquert.

Horst Höfler, geboren 1948, Alpinjournalist, -chronist und Bergsteiger,
beschäftigt sich seit vielen Jahren mit Hermann Buhl.
Er trug für dieses Buch die Originalschriften Buhls zusammen
und verfaßte die hintergründige Biographie.

© 1997 Kurt Diemberger für alle von ihm aufgenommenen
oder aus seinem Archiv stammenden Fotos.

Die Deutsche Bibliothek – CIP-Einheitsaufnahme

Hermann Buhl - kompromißlos nach oben / Reinhold Messner und
Horst Höfler (Hrsg.). - Augsburg : Steiger, 1997
ISBN 3-89652-118-7

© 1997 Steiger Verlag
Ein Imprintverlag der Weltbild Verlag GmbH
2. Auflage 1998
Alle Rechte vorbehalten
Layoutentwurf: Petra Pawletko, Augsburg
Satz und Reproduktion: Uhl + Massopust, Aalen
Satz und Reproduktion Farbteil: Typework Layoutsatz & Grafik GmbH, Augsburg
Druck und Bindung: Wiener Verlag, A-Himberg

Einbandvorderseite: Hermann Buhl am 9. Juni 1957 auf dem Gipfel des Broad Peak.
Der beherrschende Berg links ist der Gasherbrum IV.
© 1997 Kurt Diemberger

Printed in Germany
ISBN 3-89652-118-7

Inhalt

„Die gefährlichste Zeit für den Bergsteiger ist das erste Jahr, wenn er mit dem Klettern beginnt. Er kennt die Gefahren noch nicht, kann nichts abwägen und nimmt alles auf die leichte Schulter."

Hermann Buhl

Hermann Buhl – ein Getriebener

Keine Persönlichkeit aus der Welt des Bergsteigens hat mich als Bub so fasziniert wie Hermann Buhl. Seine Ideen und seinen Namen kannte ich, ehe ich von ihm gelesen hatte. Alle Kletterer erzählten damals von ihm. Er war *der* Bergsteiger der fünfziger Jahre, unbestritten – wenn auch nicht unumstritten, galt er doch als kompromißlos, ehrgeizig, ohne Maß, nur Ziel. Als Buhl vermißt gemeldet wurde, weinte auch ich.

Der Held war tot, der Mythos lebt weiter.

Bleibender Beweis für Buhls Können, seine Begeisterung und seinen Einsatz sind seine großen Touren, Taten, die ihm zwischen Mauk-Westwand und Nanga Parbat mit traumwandlerischem Instinkt, ja Gefühl für die Szene gelungen sind. Das Glück blieb ihm auch nachher treu, trotz Neid, Fremdbestimmung, Streit, die auf ihm lasteten – bis an der Chogolisa jene Wächte brach, mit der er für immer verschwand.

Hermann Buhl während der Nanga-Parbat-Expedition 1953.

Nicht nur jene, die selbst schwierigste Buhl-Routen klettern, Achttausender besteigen, sollen Buhls Leistungen nachvollziehen und beurteilen können – vorausgesetzt natürlich, sie stellen Hermann Buhl in seine Zeit; alle, die ihn lesen, sollen begreifen, wer dieser Hermann Buhl war.

Erstmals legen wir deshalb „Hermann Buhl original" vor. Das erste Buhl-Buch, „Achttausend drüber und drunter", 1954 bei der Nymphenburger Verlagshandlung erschienen, war ein Bestseller: Ein spannendes Lesebuch über den kleinen, schwächlichen Buben, der, getrieben von seiner Leidenschaft fürs Klettern, zum besten Bergsteiger der Welt wird.

Wir wollen nicht bestreiten, daß es so war. Kurt Maix aber, der als erfahrener Redakteur die frühen Erzählungen und späten Berichte von Hermann Buhl zu einem einheitlichen Buchmanuskript zusammenfaßte, hat in seinen „Buhl" hineininterpretiert und auch daraus weggelassen wie jeder Ghostwriter, der seiner Geschichte eine eindeutige Richtung geben will.

Buhl war nicht nur gescheiter, er war sportlicher und damit moderner in seinem Bergsteigen, als es der romantisierende Maix uns glauben machte. Ja, Buhl war in seinem Denken und Tun vor allem futuristisch. Buhl hat sich und das Bergsteigen zwar nicht in Frage gestellt wie Reinhard Karl ein Vierteljahrhundert später, er hat aber einige der Karlschen Erkenntnisse und Zweifel vorweggenommen. Buhl war seiner Zeit um Jahrzehnte voraus. Der Buhl-Riß an der Cima Canali zeigt den Stil des Freikletterers, die Besteigung des Broad Peak den Höhenbergsteiger der Zukunft. Wäre Hermann Buhl vierzig Jahre später geboren worden, er wäre heute mit Sicher-

„Die Berge sind stumme Lehrmeister, und sie erziehen zu edlen Eigenschaften: Demut vor der Natur, Bescheidenheit, Mut, Entbehrung, Willenskraft."

Hermann Buhl

Buhl suchte die Auseinandersetzung Mensch – Berg, hier
frei kletternd an der Direkten Südkante des Dritten
Watzmannkindes in den
Berchtesgadener Alpen.

heit der führende Sportkletterer und ein klassischer Bergsteiger ohnegleichen.

Meine Bewunderung für Hermann Buhl wuchs im Laufe meines Lebens. Es gibt kaum ein Buch, in dem ich nicht auf ihn zurückkomme. Ich spüre eine Verwandtschaft zu ihm wie zu wenigen anderen Bergsteigern: keine Geistesverwandtschaft – es ist vielmehr diese Bereitschaft zum ganzen Einsatz. Anforderungen an sich selbst zu stellen, das war einer von Buhls Antrieben.

Hermann Buhl war fast genau 20 Jahre vor mir geboren worden. Am 27. Juni 1957 verschwand er an der Chogolisa.

Am 27. Juni 1970 standen mein Bruder Günther und ich auf dem Gipfel des Nanga Parbat; 1978, 25 Jahre nach der unvergeßlichen Erstbesteigung von 1953, stieg ich ein zweites Mal auf diesen Nanga Parbat. 1982, 25 Jahre nach der Besteigung des Broad Peak durch Schmuck, Wintersteller, Diemberger und Buhl, wiederholte ich ihren Weg, um so auf meine Weise an diese Pioniertat zu erinnern.

Der Alpinismus hat sich auch nach Buhl weiterentwickelt, und trotzdem ist das Risiko beim Grenzgang nicht kleiner geworden – es muß bestehen bleiben, für all jene, die die Auseinandersetzung Mensch – Berg suchen wie seinerzeit Hermann Buhl oder Paul Preuß.

Wie viele der erfolgreichsten Alpinisten der Welt sind innerhalb der vergangenen Jahrzehnte an den Weltbergen umgekommen: *Reinhard Karl* im Mai 1982 am Cho Oyu – er galt als einer der besten Allroundbergsteiger Deutschlands. *Peter Boardman* und *Joe Tasker* verunglückten wenig später am Mount Everest; sie waren eine der erfolgreichsten Seilschaften im modernen Höhenbergsteigen. *Alex McIntyre* wurde in der Südwand der Annapurna von einem Stein tödlich getroffen; das war im Herbst 1982. Niemand war den modernen Stil in schwierigen Achttausenderwänden konsequenter gegangen als er. Wieder am Mount Everest blieb im Dezember 1982 *Yasuo Kato* verschollen, der Mann, der den Everest gleich dreimal bestiegen hatte: im Frühling, im Herbst und im Winter. Von diesem letzten Gipfelgang kam der wohl explosivste japanische Bergsteiger nicht mehr zurück. Im Frühling 1983 wurde *Nejc Zaplotnik*, der jugoslawische Ausnahmebergsteiger, am Fuße der Manaslu-Südwand von einer Eislawine erschlagen. Mit seinen Erstbegehungen der Makalu-Südwand, des Hidden-Peak-Westgrates und des gesamten Westgrates am Mount Everest hatte er weltweit Bewunderer. Im Herbst 1983 starb *Hironobu Kamuro* am Mount Everest, ein Mann, der allein auf den Dhaulagiri gestiegen war. Seit Februar 1984 ist *Naomi Uemura* am Mount McKinley verschwunden. Der Japaner, der Hunderte großer Berge allein bestiegen hatte, der allein im Hundeschlitten bis zum Nordpol vorgedrungen war, verschwand nach einer Winterbesteigung des höchsten Berges Nordamerikas spurlos. Dann *Jerzy Kukuczka, Wanda Rutkiewicz, Alison Hargreaves…* Nicht die Zahl ist es, die betroffen macht, es sind die Einzelschicksale.

Alle diese Frauen und Männer gehörten – wie vor 40 Jahren Hermann Buhl – zum Dutzend jener Bergsteiger, die mehr Erfolge und mehr Erfahrung in ihrer Person vereinigten als die vielen anderen ihrer Generation. Sie gehörten zu den „Top ten" der Alpinistik. Gerade deshalb muß ihr Tod wie ein Schock wirken – oder wie eine Mahnung?

Hat sich das große klassische Bergsteigen soweit gesteigert, daß das Risiko dabei nicht mehr abschätzbar ist? Wird der Spielraum zwischen Hinaufkommen und Umkommen für jene, die neue Dimensionen suchen, so schmal, daß nur noch das Glück entscheidet, wer überlebt, wer umkommt – nach dem Motto „nur jeder Zweite oder Dritte überlebt"? In diesem Fall wäre unser Tun nicht mehr zu verantworten.

Keinem von uns geht es darum, der „Beste" zu sein. Es gibt ihn nicht, den „besten Bergsteiger der Welt", auch nicht den „schnellsten" oder den „bescheidensten". Diese Attitüden sind erfunden. Vielleicht hat sich ein jugendlicher Kletterer einmal selbst diesen Superlativ umgehängt, weil er wußte, daß beim großen Bergsteigen keine Goldmedaillen oder Weltmeistertitel zu vergeben sind. Bergsteigen ist nicht meßbar nach Punkten und Sekunden, nur begrenzt abschätzbar nach Höhenmetern und Schwierigkeitsgraden – es ist ausdrückbar durch die Disziplin des Risikos. Das wußte Hermann Buhl genau – und er handelte danach. Erfolg ist beim Bergsteigen eine Sache der Konstanz und des Überlebens in immer diffizileren Grenzbereichen – und genau das hat „den Buhl" am Ende umgebracht.

Je größer das Risiko, desto schwieriger ist es, das Richtige zu tun. Und richtig ist, was uns überleben läßt. Heil wiederkommen ist alles! Wer aber aus Vorsicht gleich daheim bleibt oder nur auf abgesicherten Wegen geht, ist kein Grenzgänger, keiner wie Hermann Buhl.

Hier stelle ich nochmals die Frage: Sind die Gelegenheiten, die sich uns bieten, jene Summe aus Reisemöglichkeit, Bergflanken, Erfahrung, Ausrüstung und Wissen, so großartig geworden, daß wir blind in eine Falle laufen, daß wir als Menschen zu menschlich – fehlerhaft, ungeschickt, schwach – sind, um unser „Spiel" weiterspielen zu dürfen? Haben wir Buhls Tod an der Chogolisa falsch gedeutet? Das Bergsteigen, das aus einer Idee und von den großen Bergen lebt, hatte über 100 Jahre lang eine Eigendynamik entwickelt, die Buhl weitertrieb: immer steiler, höher, schwieriger. Kompromißlos nach oben! Bergsteigen ist nur verantwortbar, wenn wir haltmachen, wo die Disziplin des Risikos aufhört. Wer sich Gefahren aussetzt, denen er nicht selbst ausweichen kann, ist kein verantwortungsbewußter Bergsteiger. Dies zu sein, sollten wir uns wenigstens bemühen – mehr bemühen als um alle Gipfel dieser Welt.

Hermann Buhl ist verschollen und trotzdem in unserer Erinnerung lebendig geblieben durch seine großen Wege, durch seine Erzählungen, durch seine Freunde – mehr noch durch seinen legendären Willen, sich selbst bis zum Letzten zu fordern. Dieser Getriebene, der wie in einem Wirbelwind von Wollen und Beweisenwollen immer höher stieg, mußte abstürzen. Daß er dabei umkam, ist tragisch.

Was, wenn Hermann Buhl 75 Jahre alt geworden wäre? Mit Sicherheit hätte er den Alpinismus weiter geprägt, viel mehr, als wir ahnen können. Wäre er allerdings an der Chogolisa nicht in jenes Loch ge-

Nicht nur im heimatlichen Kalkfels bewegte sich Hermann Buhl konstant in diffizilen Grenzbereichen.

„Zweifellos ist Hermann Buhl der bedeutendste deutschsprachige Bergsteiger nach dem Zweiten Weltkrieg. Sein schmales, braunes Gesicht und seine großen, dunklen Augen lachten fast immer, auch wenn sein Leben nicht leicht gewesen ist. Buhl war mittelgroß, feingliedrig und immer in Höchstform."

Reinhold Messner

„Für ein langes Leben war das Energiebündel Buhl nicht bestimmt."

treten, das die Wächte am Grat geschwächt hatte, er wäre sonstwo abgestürzt, erfroren, „am Berg geblieben", wie es damals hieß. Für ein langes Leben war das Energiebündel Buhl nicht bestimmt. Und dieser frühe Tod machte ihn zum Helden. Vielleicht hat ihn sein Tod – so schmerzlich er für seine Familie und für seine Kameraden gewesen sein mag – befreit von der Fessel jenes Wahnsinns, der uns Bergsteiger alle befällt, wenn wir bereit sind, immer wieder bis an die Grenzen zu gehen.

Reinhold Messner

Hermann Buhl – Klettern war sein Lebensinhalt

Hermann Buhls Mutter Marianne (rechts) stammte aus dem Südtiroler Grödnertal.

Das Bergsteigen ist etwas Unstetes. Man geht und geht und kommt nie ans Ziel. Darin liegt vielleicht gerade der besondere Reiz. Man sucht etwas, das man doch nie findet."

Hermann Buhl

Persönlicher Bezug

Als ich mit Zwanzig zum erstenmal auf den Montblanc stieg, benötigte ich von der Vallot-Hütte bis zum Gipfel nur eine Stunde. Ich freute mich darüber, war ich doch „nur" eine Viertelstunde langsamer gewesen als Hermann Buhl. Dieser hatte 1949 für die gleiche Strecke 3/4 Stunden gebraucht.

Daß zwischen seiner und meiner Leistung „Welten" lagen, wurde mir schnell bewußt. Und doch verglich ich mich mit ihm. Hermann Buhl war in den Jahren meiner Jugend das Idol gewesen. Seit der Zeit, als ich als Dreizehnjähriger sein Buch „Achttausend drüber und drunter" geschenkt bekommen hatte, war er mein „Held".

Ich „fraß" dieses Buch, wußte sämtliche seiner Bildunterschriften und viele Textpassagen auswendig. In der Schule hielt ich einen Vortrag über Buhl, der meine Mitschüler wie auch meinen Deutschlehrer gleichermaßen fesselte. Meine Eltern nervte ich so lange, bis sie mir das Buhl-Foto, das gegenüber des Buch-Innentitels stand, reproduzieren ließen. Dieses Bild schmückte sodann meine Zimmerwand, und auch später behielt es – zwischen Posters der Beatles, der Rolling Stones, Jimi Hendrix und Janis Joplin – seinen Platz.

Zum Extrembergsteiger taugte ich nicht. Aber mich interessierten diese Grenzgänger, und ich freute mich, wenn ich Touren klettern konnte, die meine Helden – in den frühen Jahren ihrer Bergsteigerkarrieren – auch einmal gemacht hatten.

Vor allem aber faszinierten mich die Menschen, die sich hinter diesen „Rockstars" verbargen. Und deshalb wurden meine vielen Gespräche mit der Familie Hermann Buhls – mit seiner Frau und mit seinen Töchtern – für mich zum ganz persönlichen Erlebnis. Diese Gespräche führten aber auch in meinem Denken zu einem vollkommen anderen, zu einem neuen „Bild" Buhls. Hermann Buhl ist jetzt für mich nicht mehr das „Denkmal auf seinem Sockel", sondern – bei allem Wohlwollen – ein tragischer Held. Das Bild dieses willensstarken, kreativen, zerbrechlichen Menschen wollen wir hier nachzeichnen – das Bild eines Mannes mit all seinen Stärken und Schwächen.

Hermanns Großmutter mütterlicherseits (links), in der Mitte Hermanns Mutter Marianne, rechts deren Schwester Elfi.

Der etwa sechsjährige
Hermann mit seiner Tante,
Marie Buhl.

Hermann Buhl mit etwa
vierzehn Jahren im heimatlichen Karwendel.

Kindheit, Jugend, Krieg

Hermann Wilhelm Buhl wird am 21. September 1924 in Innsbruck geboren. Seine Mutter Marianne – ihr Mädchenname ist Rabiser – stammt aus dem Südtiroler Grödnertal.

Hermanns Vater, Wilhelm Buhl, ist ein Innsbrucker Schlossermeister. Hermann hat eine Schwester, die 1923 geborene Martha, und einen Halbbruder, den 1912 geborenen Siegfried Rabiser, der heute noch in Inzell lebt.

Als Hermann Buhl vier Jahre alt ist, stirbt seine Mutter. Hermann kommt ins Waisenhaus. Diese Jahre, die bis in seine Lehrzeit hineinreichen, prägen den Buben für immer. „Diese Zeit muß für den Jungen schrecklich gewesen sein, denn er war schwächlich und sensibel. Die seelischen Leiden und Grausamkeiten, die er in diesem Lebensabschnitt auszuhalten hatte, dürften schmerzvoller gewesen sein als alle die ungeheuerlichen physischen Qualen, die er als Erwachsener bei seinen großen Bergfahrten mit eiserner Selbstüberwindung auf sich nahm." (Ulrich Aufmuth)

Der Vater heiratet ein zweites Mal, doch die „neue Frau", die Stiefmutter, bringt Hermann keine Zuneigung entgegen. Er hält sich deshalb viel lieber bei Tante Marie und Onkel Rudolf Buhl auf, die in Innsbruck ein Elektrogeschäft besitzen. Bei diesen nächsten leiblichen Verwandten erfährt Hermann zumindest eine Ahnung von familiärer Geborgenheit.

Nach Abschluß der Hauptschule lernt Hermann Buhl den Beruf des Speditionskaufmanns. Er eignet sich auch italienische Sprachkenntnisse an, singt gern. Noch mehr aber interessieren ihn die Geographie der Alpen und die Menschen, die die Gipfel, Grate und Wände erschlossen haben. Er liest die Berichte jener Bergsteiger, denen er es gleichtun möchte.

Buhl beginnt zu klettern. Erst leichtere, dann immer schwierigere Touren. Diese bewältigt er zunächst noch als Seilzweiter, aber bald wird er – mit zunehmendem Können und Selbstbewußtsein – zum ehrgeizigen Vorsteiger. Im „Höttinger Steinbruch", einem Klettergarten der Innsbrucker Bergsteiger, trainiert Hermann „mit einer radikalen Beharrlichkeit". (Aufmuth)

Hermann Buhl findet Anschluß in der Jungmannschaftsgruppe der Sektion Innsbruck des – 1939! – Deutschen Alpenvereins. Während der ersten Jahre des Zweiten Weltkriegs, als er noch zu jung ist, um in die Wehrmacht eingezogen zu werden, steigert Buhl seine Touren bis zum damals magischen VI. Schwierigkeitsgrad. 1943 wird er in St. Johann in Tirol zum Sanitätssoldaten ausgebildet. Während dieser Zeit gelingt ihm seine erste bedeutende Neutour, die Westwand der Maukspitze im Wilden Kaiser.

Buhl kommt an die Front. Während der Urlaube unternimmt er wilde Klettertouren, bei denen es manchmal „knapp hergeht". Riskiert der Soldat zu viel? Vielleicht sind Krieg und Angst ein Stimulus für Gefahrensuche hinter der Front. Sehr wahrscheinlich aber ist die Monte-Cassino-Hölle, die Buhl überlebt, gefährlicher.

Karl Lukan, der beliebte Bergschriftsteller, begegnet dem Soldaten Hermann Buhl 1944 im oberitalienischen Terme di Valdieri: „Man erzählte mir, daß es unten am Verbandsplatz einen Sanitäter gäbe, der ebenfalls verrückt nach den Bergen sei. Der Kletterer war ein Tiroler. Wir plauderten ein wenig, und dann meinten wir, daß wir beim Plaudern auch auf den Granitblöcken in der Umgebung ‚ein bisserl herumklettern' könnten. Das taten wir." Einmal im Leben etwas ganz Großes in den Bergen vollbringen, das wäre sein Wunschtraum, erzählt der Tiroler dem Wiener. „Jeder von uns hatte in dem Krieg seinen Wunschtraum, obwohl keiner wußte, wie lange er noch am Leben bleiben würde. Der Wunschtraum des Tirolers ging in Erfüllung. Im Jahre 1953 bezwang er im Alleingang den Nanga Parbat."

Große Touren, Heirat, Existenznot

Hermann Buhl gerät in amerikanische Gefangenschaft. Im Sommer 1945 in seine Heimatstadt Innsbruck zurückgekehrt, findet er, ohne Berufspraxis, keinen Arbeitsplatz, und so schlägt er sich mit Gelegenheitstätigkeiten durch: Zuerst als Lagerarbeiter, und später montiert er in der Werkstätte eines Sportgeschäfts Skibindungen und -kanten. Mit dem Ersparten kann sich Hermann seine Bergführerausbildung finanzieren, die er Ende der vierziger Jahre erfolgreich abschließt.

1947 klettert Hermann Buhl, zumeist mit Luis Vigl, eine Reihe von Neutouren. Das darauffolgende Jahr ist von harten Wintererstbegehungen und von seiner ersten Westalpenfahrt geprägt, und 1949 gelingen Buhl, zusammen mit Martin Schließler, große Unternehmungen in der Montblancgruppe.

1950 ist der um neun Jahre ältere Kuno Rainer Buhls Kletterpartner bei der ersten Winterbegehung der Marmolada-Südwestwand, an der Westlichen-Zinne-Nordwand, am Walkerpfeiler der Grandes Jorasses und an der ersten Gesamtüberschreitung der Aiguilles von Chamonix.

Ebenfalls 1950 lernt Hermann Buhl Eugenie Högerle aus der Berchtesgadener Ramsau kennen; eine sehr gute Bergsteigerin, die mit Hans Lobenhoffer, der 1939 zusammen mit Heinrich Harrer, Peter Aufschnaiter und Lutz Chicken auf Erkundungsexpedition an der Nanga-Parbat-Diamirwand gewesen war – schwere Touren geklettert hatte. „Der Hermann is' von Hinterthal fuchz'g Kilometer im Skilanglauf übern Hirschbiche' zum ‚Fensterln' kemma", erzählt das Generl Buhl. Die beiden heiraten im März 1951, und im gleichen Jahr kommt die erste Tochter, Kriemhild, zur Welt.

Hermann bestreitet den Lebensunterhalt für die Familie mit Führungstouren und muß seinen alpinistischen Ehrgeiz zwangsläufig zurückstecken. 1952 jedoch erfüllen sich für Buhl „große Sachen": Tofanapfeiler, Piz Badile-Nordostwand im Alleingang, Eiger-Nordwand.

Beruflich freilich ist Buhl fortwährend mit Überlebensfragen konfrontiert. Seine immer wieder zitierte, vielbewunderte Radfahrt von Landeck zum Piz Badile und retour zum Beispiel macht Hermann Buhl aus wirtschaftlicher Not heraus – und nicht, um einen Rekord aufzustellen. Nach Rückkehr vom Eiger steht für die Familie Buhl eine Zwangsräumung der Innsbrucker Wohnung bevor. Die Buhls atmen erst wieder auf, als das bekannte Münchner Sporthaus

Hermann Buhl 1943; er wurde in St. Johann in Tirol zum Sanitätssoldaten ausgebildet.

„Sein Egoismus war ein gesunder und zielführender und ist eigentlich abzuleiten vom ganz normalen Selbsterhaltungstrieb. Er hat gewußt, wie lange seine Kraft aushält."

Sepp Jöchler

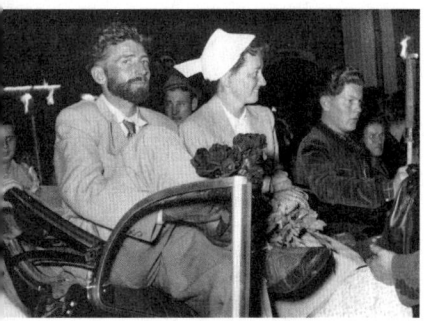

Nach der Rückkehr von der Nanga-Parbat-Expedition 1953 bereitete die Gemeinde Berchtesgaden-Ramsau, aus der Generl Buhl stammt, dem erfolgreichen Gipfelersteiger Hermann Buhl einen großen Empfang.

„Die Einladung zum Nanga Parbat brachte für Buhl eine Wende in seinem Leben. Mit dem Gipfelerfolg, der allein ihm zu verdanken war, wurde Buhl mit einem Schlag weltberühmt. Durch seine fast kindhafte Ehrlichkeit aber und seinen Idealismus war er seinen Neidern alsbald völlig ausgeliefert."

Reinhold Messner

Schuster den über Innsbruck hinaus bekannten Hermann Buhl als Bergsportartikelverkäufer und alpinistischen Berater einstellt. Das ist im Dezember 1952.

Welterfolg Nanga Parbat

Noch etwas viel Wichtigeres geschieht gegen Jahresende 1952: Hermann Buhl wird von Karl M. Herrligkoffer zu einer für 1953 geplanten Deutsch-Österreichischen Willy-Merkl-Gedächtnisexpedition zum Nanga Parbat eingeladen. Was dort abläuft, ist legendär: Der Tiroler erreicht vom etwa 6950 Meter gelegenen Hochlager 5 aus als erster Mensch den Gipfel des zum „Schicksalsberg der Deutschen" hochstilisierten Achttausenders – und ist mit einem Schlag weltberühmt!

Doch der Buhls Leistung entsprechenden Auswertung dieser Expedition stehen zunächst einige Statuten des Expeditionsvertrages im Wege. Diesem zufolge hat ausschließlich der Expeditionsleiter das Recht, den offiziellen Expeditionsbericht zu schreiben. Und gegen diesen Bericht rebelliert Hermann. Seine Randbemerkungen in einem Exemplar von Herrligkoffers „Nanga Parbat 1953" sowie in dem Heftchen „Sieg über den Nanga Parbat" („Für-Euch-Bücherei"; eine Jugendschrift) sind Ausdruck dieses Nicht-einverstanden-sein-Könnens. Karl M. Herrligkoffer nutzt Buhls Leistung für seinen Erfolg und drängt den Gipfelersteiger ins Abseits.

Hinzu kommt noch, daß die Gelder, die Buhl und andere Teilnehmer durch Vorträge, Aufsätze oder gar Bücher über die Unternehmung erwirtschaften, großenteils der Gesellschaft zur Förderung deutscher Forschung im Ausland (später Deutsches Institut für Auslandsforschung) zufließen müssen – zum Zwecke der Finanzierung weiterer Herrligkoffer-Expeditionen.

Für das Gros der Mannschaft stellt all dies kein Problem dar. Außer Buhl hat ja keiner der Teilnehmer die Chance, zum Starbergsteiger zu werden. Daß Hermann Buhl auch bei der „Vermarktung" seines überragenden Erfolges einen Alleingang anstrebt, ist zu verstehen. Doch stempelt ihn dies endgültig zum Außenseiter. Aber: Zum einen hatte der Tiroler den Expeditionsvertrag sehr wahrscheinlich gar nicht Punkt für Punkt gelesen. „Der Hermann wär' mit dem Teufel gegangen", sagt seine Frau. Zum anderen ist der Erfolg seiner, und fast nur seiner. Hätte Buhl am 3. Juli 1953 nicht „gewagt und gewonnen", wäre die Herrligkoffer-Crew mit leeren Händen nach Hause gefahren.

Buhl will keinen Streit, und doch werden ihm plötzlich Neid, Mißgunst, Verleumdungen – auch von seiten einiger Expeditionsteilnehmer – entgegengebracht. Die Redakteure der Medien schlachten die Querelen genüßlich aus.

Trauriger Höhepunkt der „Schlammschlacht" ist, daß von unqualifizierter Seite Hermann Buhls Gipfelerfolg in Frage gestellt wird. Doch der ist unumstritten: Der Urheber der 1:50000er Nanga-Parbat-Alpenvereinskarte, Richard Finsterwalder, schreibt am 21. Oktober 1953 an Paul Bauer: „Sie hatten mir freundlicherweise vor einiger Zeit das Gipfelbild vom Nanga Parbat aus der Revue Nr. 34/1953 übersandt. Eine Kontrolle mit Hilfe der Nanga-Parbat-

Karte und insbesondere auch mit Hilfe unseres neuen Nanga-Parbat-Reliefs 1:50 000 hat einwandfrei ergeben, daß das Bild tatsächlich auf dem Gipfel aufgenommen worden ist."

Buhl machen all diese Querelen, Anfeindungen, Widrigkeiten schwer zu schaffen. Vor allem die menschlichen Enttäuschungen sitzen tief. Zudem leidet er an den Nachwirkungen seiner Erfrierungen, die er sich während des Biwakierens im Stehen auf über 8000 Meter Höhe zugezogen hat. Buhl verliert die große und ein Stück der zweiten Zehe seines rechten Fußes. Er muß fürchten, daß er nie wieder so gut wie vor der Expedition klettern kann. Die ersten Versuche am Fels verlaufen denn auch nicht erfolgversprechend. „Er hat immer wieder probiert, hat den Schuh ausgestopft", erzählt Generl Buhl.

Dafür stellt sich wirtschaftlicher Erfolg ein. Für den 28jährigen und seine Familie öffnet sich die Tür zu einer gesicherten Zukunft. „Achttausend drüber und drunter", dessen Erstauflage 1954 erscheint, wird ein Bergsteigerbuch-Bestseller. Zudem ist Hermann Buhl ein gefragter – und fesselnder – Vortragsredner. Die Zuhörer hängen an seinen Lippen. Er referiert in ganz Europa; spricht vor dem altehrwürdigen britischen Alpine Club in Englisch. Er hält Vorträge in der Schweiz, in Frankreich, Jugoslawien und in der damaligen DDR. Er spricht in Mailand, Genua, Rom. „Dort haben sie ihn vor Begeisterung auf den Schultern getragen." Buhl bewegt die Seelen der Italiener, weil er wie einer von ihnen aussieht und weil er in ihrer Sprache vorträgt.

Und endlich hat Hermann Buhl auch ein Auto. Vom Werk Wolfsburg bekommt der Bergsteigerstar, der er zweifellos geworden ist, für die Dauer eines Jahres einen Volkswagen gestellt. Nach Ablauf der Leihfrist wird den Buhls angeboten, den „Käfer" zu kaufen – was sie auch tun. So etwas wäre heutzutage ein Mittelding zwischen „Leasing" und „Sponsoring".

Broad Peak und Chogolisa

1954 wird die zweite Tochter der Buhls, Silvia, geboren. 1956 kommt Ingrid zur Welt.

1954 wechselt Hermann Buhl zu Sport-Scheck. Hermanns Bergsteigerjahre '55 und '56 sind geprägt von Arbeit, Aktionismus, Plänen. Er schafft die großen Westalpentouren, die schwierigsten Alpenrouten der damaligen Zeit, und er plant eine Expedition zur Aconcagua-Südwand.

1956 reisen Generl und Hermann auch zu Filmarbeiten ins Montblancgebiet. Gaston Rébuffat, der berühmte französische Führer – einst Nachsteiger in der Eiger-Nordwand –, ist Regisseur der Bergsteigerszenen zum Streifen „Der Sohn des Montblanc". Als Hauptdarsteller agiert Adrian Hoven, den Hermann Buhl schon von Jugend an kennt. Buhl doubelt Hoven am Montblanc bei Kletterszenen. Generl übernimmt dies für die weibliche Hauptdarstellerin. Während der drehfreien Tage durchsteigen Hermann und Generl die Brenvaflanke des Montblanc auf der Moore-Route, und Hermann gelingt die erste und schnelle Alleinbegehung der Rébuffatführe an der Südwand der Aiguille du Midi. Nicht zur Freude des eifersüchtigen Erstbegehers.

Hermann Buhls erstes Auto. Das Werk Wolfsburg lieh dem Bergsteigerstar für die Dauer eines Jahres einen „Käfer", mit dem es auf Vortragsreisen ging. Einer der größten „Sprünge" war: an einem Abend Vortrag in Wien, am nächsten Abend Vortrag in Nürnberg.

Hermann Buhl hat in den Alpen inzwischen alle Routen geklettert, die große Namen haben. Nur seine Ausbeute an Erstbegehungen ist eher bescheiden. Aber da sind Pläne. Sowohl Dietrich Hasse als auch Luis Vigl wissen zu berichten, daß Hermann einer der ersten Bergsteiger gewesen ist, die eine „Direttissima" an der Nordwand der Großen Zinne versucht haben. Auch eine ins Deutsche übersetzte Routenbeschreibung des „Bonattipfeilers" am Petit Dru befindet sich in seinen Planungsunterlagen. Klar, daß Buhl, der bereits Walter Bonattis Grand-Capucin-Ostwand und Guido Magnones Dru-Westwand kennt, das Nonplusultra im Granit, den Petit-Dru-Südwestpfeiler, „abhaken" will.

Vor allem aber will Buhl noch einmal zu den hohen Weltbergen. Sein Wunschtraum: Dieses zweite Mal sollte es ganz anders als 1953 werden. Nur mit ein paar Freunden möchte er losziehen. Mit seinem alten Bergspezl Luis Vigl und dessen Bruder Hugo bespricht er seinen Plan. Doch die Vigls, längst in ihren „bürgerlichen" Berufen etabliert – Luis als Bauingenieur, Hugo als Arzt –, verfügen weder über die nötige freie Zeit noch über den Trainingszustand, wie sie für eine so harte Expedition notwendig wären. Also weiht Hermann Buhl den aus Maria Alm im Pinzgau stammenden Marcus Schmuck, mit dem er schwierigste Touren in den Ost- und Westalpen geklettert hatte, in seine kühne Idee ein: Ersteigung des Achttausenders Broad Peak im Karakorum ohne Hochträger! Die weiteren Expeditionsteilnehmer werden Fritz Wintersteller und Kurt Diemberger, beide Salzburger.

Tragisch ist, daß es auch bei dieser Expedition – bereits im Vorfeld – Unstimmigkeiten gibt, die ursächlich nicht bei Hermann Buhl liegen. Wieder versucht man ihn zur Seite zu drängen. Trotzdem: Am 9. Juni 1957 stehen alle vier als erste Menschen auf dem Gipfel des Broad Peak. Buhl, der müde und ausgelaugt ist, und dem vor allem sein kälteempfindlicher Fuß zu schaffen macht, erreicht seinen zweiten Achttausender nur dank seines ungebrochenen Willens.

Zurück im Basislager – der Berg ist geräumt, Wintersteller und Schmuck haben den höchsten Gipfel der Savoiagruppe (7360 m; er wird später Skil Brum benannt) erstiegen – wenden sich Kurt Diemberger und Hermann Buhl dem hohen Siebentausender Chogolisa zu, den sie im Alpenstil – ihr kleines Zelt Tag für Tag weiter hinauftragend – angehen. Etwa 300 Höhenmeter unterhalb des Gipfels werden die beiden Bergsteiger, seilfrei aufsteigend, von einem plötzlich hereinbrechenden Schneesturm zum Rückzug gezwungen. Dabei folgt Hermann Buhl bei schlechter Sicht der Spur des vor ihm absteigenden Diemberger, verliert sie, tritt an einer weit auskragenden Wächte durch den Schnee. Sie bricht – und Buhl fällt ins Leere.

Hermann Buhls Bedeutung als Bergsteiger

Hermann Buhl abgestürzt! Die Tatsache, daß er nicht gefunden wird, macht ihn unsterblich. Dadurch, daß Hermann Buhl an der Chogolisa verschollen bleibt, wird er zum Helden.

Hermann Buhl hat vor allem durch sein Klettern gelebt. Er war in seinem Wollen und in seinem Selbstverständnis Profibergsteiger.

Buhl (Bildmitte) beabsichtigte, mit seinen besten Freunden Luis (links neben Hermann Buhl) und Hugo Vigl (ganz links) – hier bei einem Hahnenkammrennen in Kitzbühel – auf Karakorum-Expedition zu gehen.

Und dies während einer Periode des Alpinismus, in der noch niemand auch nur im Traum daran dachte, sich seinen Lebensunterhalt direkt oder indirekt durch alpinistische Spitzenleistungen zu verdienen. Erst sein Nachfolger Bonatti wurde zu dem, was man heute einen „Profi" nennt.

Buhl war mehr Fels- als Eiskletterer, wenn er auch über ein umfassendes bergsteigerisches Können verfügte. Vor allem war er Freikletterer. Wo überhaupt möglich, kletterte er frei. Das bezeugen nicht nur seine Erstbegehungen. Viele Passagen seiner Berichte erzählen davon, und die Äußerungen seiner Seilpartner untermauern es. Ja, Buhls Erstbegehungen sind überwiegend Freikletterrouten, und in einem nach der ersten Winterbegehung der Marmolada-Südwestwand verfaßten Brief an Walther Flaig schrieb Buhl: „Es kommt ein kurzer Quergang, den die Franzosen (Jean Couzy und Marcel Schatz; Anm.d.H.) mit VI bezeichnen. Muß also schon narrisch schwer sein, denken wir uns. Jedoch er liegt bald hinter mir; hab' schon schwerere Quergänge gemacht. Dann kommt eine Seillänge 35 Meter überhängend, äußerst schwierig, welche die Franzosen mit IV und V bezeichnen, sowie mit A2. (A für artificiel = künstlich; 2 = größere Schwierigkeiten beim Hakensetzen oder größere körperliche Leistung beim Überwinden der Kletterstelle; zwei Trittleitern notwendig.) Sie haben sich, glaub' ich, fast nur hinaufgenagelt, wie ich an den Hakenlöchern ersehen konnte, während ich, der ich gerade an der Führung war, fast alles frei erstieg."

Unternahm Hermann Buhl schon während der frühen Jahre seiner Bergsteigerlaufbahn gerne Soloklettertouren, so trieb er diese Vorliebe nach dem Nanga Parbat auf die Spitze. Er war ein Einzelgänger geworden. Buhl galt bei manchen seiner Klettererkollegen deshalb auch als menschlich schwierig, was immer das bedeuten mag. Es scheint doch zu stimmen, daß ihn die Querelen mit Herrligkoffer und dessen Claqueuren noch verletzlicher, egoistischer (und am Berg noch kompromißloser) gemacht haben, als er es von Kindheit an schon war. Hermann Buhl kletterte ab 1954 wohl deshalb mehr und mehr ohne Partner, weil er keinem mehr vertraute, nachdem ihn auch Kuno Rainer für eine Broad-Peak-Expedition mit Herrligkoffer „verraten" hatte.

Buhls Erstbegehungen in den Alpen haben nicht die Bedeutung der Neutouren eines Walter Bonatti. Hermann war zumindest vor der Nanga-Parbat-Expedition zu sehr in Konkurrenzdenken verstrickt, um alpenweit Marksteine zu setzen. Er hätte die Potenz zum Neuerer gehabt – aber er hatte, noch nicht, die dafür notwendige Kreativität. Sein Ehrgeiz trieb ihn eher dazu an, die Leistungen seiner Vorgänger in Stil und Zeitaufwand zu übertreffen, als großzügige eigene Routen auszutüfteln. Anders der Italiener, der mit seinem Gespür für großartige Linien und mit seiner enormen Zähigkeit zum Bergsteigergenie *nach* Hermann Buhl werden sollte.

Erst zum Zeitpunkt der Karakorum-Expedition 1957 besaß Buhl den Weitblick und die Kreativität, wie sie für anspruchsvollste Erstbegehungen und Innovationen im Bergsteigen notwendig sind. Zweifellos war er damals *der* Bergsteiger weltweit. Der Stil, wie der Broad Peak und, noch mehr, die Chogolisa angegangen wurden, zeigt

Hermann Buhl war, wo es überhaupt nicht anders ging, erfinderisch mit „technischen Tricks"; in erster Linie jedoch war er ein kühner Freikletterer – wie hier an lotrechtem Dolomitenfels.

Die zwei Gesichter
des Hermann Buhl –
das melancholische…

Buhl als einen zukunftweisenden Pionier. Sein Ruhm beruht freilich auch auf der Tatsache, daß er der erste Nicht-Sherpa war, der zwei Achttausendergipfel erstbesteigen konnte.

Das Achttausendersammeln hatte begonnen...

Hermann Buhl – auf der düsteren Seite des Lebens?

Fraglos war Hermann Buhl ein vom Klettern Besessener. Er kannte – zumindest bis zu seiner Heirat – kaum andere Interessen, und er wollte nichts anderes, als sein extremes Bergsteigen verbessern. Er stellte dabei hohe Ansprüche nicht nur an seine Partner, sondern vor allem an sich selbst. Aus seiner unbändigen jugendlichen Begeisterung heraus entwickelte er in reiferen Jahren einen geschulten Willen und viel Gespür für die Gefahren am Berg.

Der Sozialwissenschaftler und Bergsteiger Ulrich Aufmuth brachte 1996 das Buch „Lebenshunger" heraus, das sich in der Hauptsache mit ruhelosen, mit „wilden Menschen" und deren Lebensgeschichten befaßt. Darin wird zu Hermann Buhl ein düsteres Lebensbild gezeichnet: „Buhl war innerlich einsam. Er lebte nur für seinen Erfolg. Der Ruhm, den er erreichte, machte ihn jedoch in keiner Weise satt. Seine innere Lage war verzweifelt. Die Liebe, die ihn hätte erlösen und befrieden können und die ihm andere durchaus zu geben bereit waren, konnte er als Erwachsener nicht mehr richtig in sich einlassen. Der Bergtod mit vierunddreißig Jahren (richtig wäre: mit zweiunddreißig Jahren; Anm.d.H.) beendete seine Not."

Aufmuths Analysen sind wichtig und ernst zu nehmen. Und doch gab es auch die sonnige Seite in Buhls Leben. Luis Vigl erzählt, daß der Hermann ein von Grund auf optimistischer, sogar eher extrovertierter Mensch war. Jedenfalls besaß er – das belegen nicht zuletzt seine Tourenbücher – einen feinen, keinen vordergründigen, Humor. Unter Freunden, wenn er sich wohl fühlte, konnte er lustig sein, singen und Gitarre spielen. Laut Generl hat er seine positive Lebenseinstellung auch in schwierigen Alltagssituationen nie verloren. Auch das Vaterbild, das Kriemhild Buhl ab Seite 20 zeichnet, verrät einen dem Leben positiv zugewandten Mann.

Hermanns älteste Tochter fügte ihrem Text handschriftlich noch folgendes P.S. hinzu: „Eine Bekannte, die auf einem Presseball in München meinen Vater kennengelernt hat, erzählte mir, er sei ein recht guter Tänzer und ein charmanter Gesellschafter gewesen. Er hatte viele Verehrerinnen, kam angeblich bei Frauen gut an. Dabei war er selbst überhaupt kein Frauenheld. So wichtig waren Frauen für ihn nicht... zu kompliziert und ewig voller Erwartungen..."

Daß Buhl „Ecken und Kanten" hatte, liegt auf der Hand. Auch, daß er im Umgang mit anderen und mit seinen Widersachern Fehler machte. Doch gerade dies läßt den „Helden" für uns menschlich und liebenswert erscheinen.

Graphologische Gutachten mögen – zu Recht – umstritten sein. Anläßlich des zehnten Todestages von Hermann Buhl wertete eine Wissenschaftlerin der Französischen Graphologischen Gesellschaft, ausdrücklich mit dem Ziel einer Ehrenbezeugung, die Handschrift des „Formel-I-Bergsteigers" aus. In dieser Analyse heißt es unter „Wille und Charakter":

„Hartnäckiger und ungezähmter Wille, ziemlich herrschsüchtig; zieht vor, sich eher an den natürlichen Hindernissen der Bergwelt zu messen, als sich dem menschlichen Zwang zu beugen. Die Autorität, die man ihm bisweilen aufzwingen kann, verursacht bei ihm Regungen des Zorns und der Auflehnung. Wissend, was er will und wohin er geht, ist er fähig, sich darüber hinwegzusetzen, überzeugt davon, beweisen zu können, daß er Recht hat. Er unterwirft sich jedoch harten und unumstößlichen Regeln seiner eigenen Disziplin, die streng, aber unabhängig ist. Er ist eigenmächtig, macht keine Zugeständnisse und paßt sich nur den entsprechenden Notwendigkeiten an." Und zusammenfassend heißt es: „Das Verhalten des Einzelgängers Hermann Buhl entspricht dem Temperament einer Feuernatur, gelenkt von einem entschlossenen Willen. Alle seine Kräfte, sein Verstand und sein Glaube sind im Dienst eines Ideals, für das er bereit ist, alles zu opfern."

Alles zu opfern – sollte das bedeuten, auch das Sein als solches in die Waagschale zu werfen? Ich denke: nein! Hermann Buhl hat intensiv gelebt, er liebte seine Familie und „seine" Berge. Er liebte das Leben, und so, wie er es führte, gehörte ab und zu ein Gang an der Sturzgrenze hoch über dem Abgrund zwischen Angst, Hoffnung und Glück dazu.

Vielleicht war an jenem 27. Juni 1957, als die Wächte brach, sein Potential an Glück ausgeschöpft. Und vielleicht hat auch der Schutzengel, den Tochter Kriemhild bei ihm vermutet, für einen Moment nicht aufgepaßt.

...und das selbstbewußt-entschlossene.

Hermann Buhls Frau Eugenie (sie läßt sich viel lieber – so wie sie es gewohnt ist – „Generl" nennen) lebt in Berchtesgaden-Ramsau, wo sie sich nach dem Tod ihres Mannes eine kleine Fremdenpension und damit eine Existenz aufbauen konnte. Und sie geht an fast jedem schönen Tag bergwärts, zum Wandern, auf Skitouren.

Die jüngste Tochter Ingrid starb 1976. Die älteste Tochter Kriemhild (Krimi) Lornsen-Buhl lebt bei Würzburg, ist Diplom-Bibliothekarin und erfolgreiche Autorin von Kinderbüchern und Kriminalromanen. Tochter Silvia Bögl heiratete nach Salzburg, arbeitet im Sozialdienst und ist Künstlerin mit Vorliebe für Glasarbeiten.

Beide Töchter sind keine Bergsteigerinnen im strengen Sinn. Doch gehen sie bisweilen gern zum Ausspannen ins Gebirg'. Etwa mit 14, 15 Jahren hat Silvia Klettertouren wie die Alte Südwand und den Barthkamin am Berchtesgadener Hochthron und, mit Luis Vigl, Kletterfahrten in den Pala-Dolomiten unternommen. Und ebenfalls mit Luis Vigl – Hermanns altem Kletterspezl und Freund, der heute bei Kitzbühel in Tirol lebt – kletterten Silvia und Kriemhild, ganz vorsichtig auf Vaters Spuren, den Kopftörlgrat der Ellmauer Halt und den Hinteren-Goinger-Halt-Nordgrat im Wilden Kaiser.

Horst Höfler

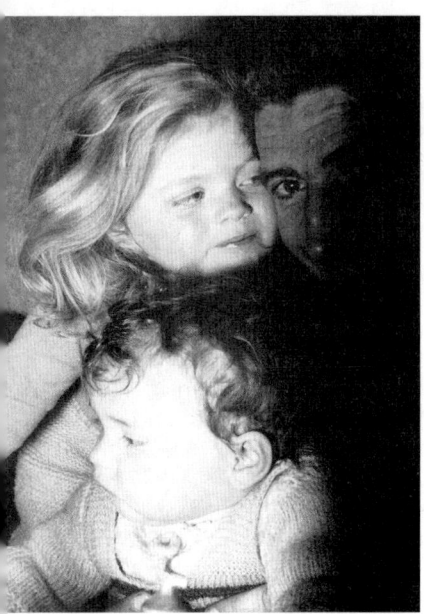

Hermann Buhl mit seinen Töchtern Silvia (oben) und Ingrid.

„Im Grunde war er (...) trotz mancher Verbitterung ein heller und dem Leben zugewandter Mensch. Er machte seinen bergsteigerischen Traum zu seinem Lebensinhalt."

Hans Seidel

Hermann Buhl – was war er für ein Vater?

Er war kein Familienmensch mit Leib und Seele, sondern ein ausgeprägter Individualist mit einem Bedürfnis nach Familie – aber mehr nach Familie im Hintergrund, als stilles Reservoir. Die Familie als Brutstätte für emotionalen Austausch hatte er als Kind kaum kennengelernt, und so war er auch als Familienvater schnell überfordert, wenn wir Kinder an ihm dranhingen, Hingabe und Nestwärme bei ihm suchten. Den emotionalen Part überließ er lieber seiner Frau. Unsere Mutter ist ein sehr emotionaler Mensch; es ist sicher kein Zufall, daß er sich sie zur Partnerin wählte. Sie hat seine Komplementäreigenschaften, Herzenswärme, Fürsorglichkeit, Familiensinn, Gefühlsintensität, und sie hat mit dieser Mitgift sicher ein Vakuum in ihm ausgefüllt, eine Sehnsucht gestillt.

Er war kein Vater, der in seine Kinder blind vernarrt war, sich versklaven ließ. Er behielt immer die Oberhand, war Autorität, nicht Kumpel. Er war ein Vater, der stolz auf seine Kinder sein wollte. Er hatte Pläne für uns drei, wir sollten es zu was bringen. Obwohl er uns nur als Kleinkinder erlebt hat – fünfeinhalb Jahre, drei Jahre und ein Jahr –, wünschte er, daß eine Tochter Fotografin, eine Journalistin und eine irgendwas mit Fremdsprachen werden solle. Er wollte uns fördern, indem er Leistung von uns forderte, nicht durch Verhätscheln.

Verweichlichung, die sanfte Erziehungsschiene, war ihm ein Dorn im Auge. Klar, er hatte als Kind selbst darauf verzichten müssen. Er hätte gern auch einen Sohn gehabt. Einen Sohn aus seinem Holz, den er nach seinen eigenen Vorstellungen hätte prägen und fördern können, den er natürlich am liebsten in seinen eigenen Fußstapfen gesehen hätte. Ein Buhl-Sohn hätte es sicher schwer gehabt, unter Vaters Einfluß einen eigenen Weg zu gehen.

Drei Töchter, das machte ihn etwas hilflos. Damit kannte er sich nicht aus. Töchter verkörperten für ihn wahrscheinlich die emotionale Seite des Lebens, etwas Irrationales, vielleicht auch Unkalkulierbares, weil Töchter ja eines Tages das väterliche Schiff verlassen und unter fremder Flagge segeln.

Er liebte sein Dreimäderlhaus – so nannte er uns bei anderen – trotzdem sehr, spielte uns stundenlang Lieder auf der Gitarre vor, wenn wir Kummer hatten oder nicht einschlafen konnten.

Als unsere Mutter zur Entbindung von Silvia 1954 in die Klinik mußte, blieb er mit mir, der zweieinhalbjährigen Kriemhild, allein daheim und versorgte mich auf seine ganz eigene Art: Er setzte mich stundenlang auf den Topf, damit nichts in die Hosen ging, und spielte dazu auf der Gitarre. Mir gefiel das sehr – Papa spielte nur für mich, und ich spürte Zusammengehörigkeit zwischen uns. Wir zähmten uns damals wie der „Kleine Prinz" und der Fuchs, wir ließen uns aufeinander ein.

Es gab nicht sehr oft solche Momente der Vertrautheit, denn er war ein beschäftigter, meist ferner Vater, der ganz von seinem eigenen Lebensplan absorbiert war. Wir Kinder waren ein selbstverständlicher Teil seines Lebens, aber nicht Sinn und Inhalt.

Um ihm nahe zu sein, mußte man ihn auch in Frieden lassen können.

Ich bewunderte ihn, er wirkte auf mich stark und unabhängig. Ich wollte so werden wie er und war stolz, wenn jemand Ähnlichkeiten zwischen uns entdeckte.

Als kleines Mädchen merkte ich, daß es ihn freute, wenn ich mich zusammenriß und nicht zimperlich, sondern ausdauernd war. Er nahm mich und Mama ein paarmal auf kleinere Wochenendtouren ins Karwendel mit, um mich allmählich „berggängig" zu machen. Lange Hüttenaufstiege in seinem Tempo waren natürlich nicht mein Ding, es gab unzählige Ablenkungen für mich, die seine Geduld strapazierten: in Bergbächen plantschen, Blumen pflücken, Steine sammeln und so weiter.

Wenn er es nicht mehr aushielt, nahm er mich auf seine Schultern und düste los. Das gefiel mir besonders. Meine Kraxelversuche auf den Felsbrocken rund um die Hütte gefielen wiederum ihm recht gut. Er freute sich darüber und bestärkte mich, auch wenn meine Mutter Blut und Wasser schwitzte vor Angst, die Kleine könnte runterfallen. Seine Hoffnung war, in mir die Lust und irgendwann auch den Ehrgeiz am Bergsteigen zu wecken.

Die Gefahr war kein Thema für ihn. Vielleicht vertraute er dem Schutzengel.

Ich als kleine Tochter spürte mit der Zeit, wie ich Papas Herz gewinnen konnte: durch Leistungsbereitschaft und Zurückdrängen kindlicher Bedürfnisse.

Als er verunglückte, war ich knapp sechs. Mama war traurig und weinte viel, und viele Leute besuchten sie. Es war eine hektische, seltsame Stimmung, die ich nicht verstand.

Papa kam nicht mehr zurück, aber er war doch auch vorher nicht viel dagewesen. Er fehlte mir nicht wirklich. Er war mehr ein Traum von einem Vater.

Aber sein Wunsch ist in Erfüllung gegangen. Er hat mich geprägt. Ich habe Fremdsprachen studiert, bin Schriftstellerin geworden und genieße die Erstbegehungen auf dem unbeschriebenen Blatt Papier, so wie er die Erstbegehungen in Fels und Eis genossen hat.

Hin und wieder steige ich in den Bergen herum, um Luft zu schnappen. Dann spüre ich seine Gegenwart, seine Energie und sein Wohlwollen, und bin dankbar für diesen Vater.

Kriemhild Lornsen-Buhl

**„Er liebte sein Dreimäderlhaus (...) trotzdem sehr."
Von links Silvia, Ingrid und Kriemhild Buhl.**

„Hermann Buhl war kein Einzelgänger oder Sonderling, doch brauchte es Verständnis für seine unbürgerliche Lebensart. Bei Klubveranstaltungen und in der Bergsteigerrunde war er gesellig, erzählte gern und machte mit seinem improvisierten Löffel- und Kochtopfdeckel-Schlagzeug Schwung und Stimmung."

Hans Seidel

Der Anfang – die Berge als Heimat

Der Anfang. Hermann Buhl (links) und Ernst Vitavski als Bubenseilschaft an den Grubreisentürmen der Karwendel-Nordkette. Vitavski stürzte 1940 – beim Versuch, den Auckenthalerriß am Grubreisen-Südturm-Südgrat allein zu begehen – tödlich ab.

Hermann Buhls Bergsteigerleben beginnt im September 1934 mit einer Wanderung auf den Glungezer in den Tuxer Voralpen. Der Vater unternimmt sie zusammen mit dem Buben zur Feier von dessen zehntem Geburtstag. Vom Gipfel aus faszinieren Hermann die Zacken und Türme der Inntalkette des Karwendels, die die Innsbrucker „Nordkette" nennen – weil sie sich im Norden der Stadt erhebt.

Wenige Jahre später werden diese Berge zu Hermann Buhls Abenteuerspielplatz. Sonntag für Sonntag läuft und springt er dort droben herum. Das Steigen und Klettern fällt ihm so leicht. Hier, an den silbriggrauen Karwendelkämmen, -türmchen und -nadeln holt sich Buhl das Rüstzeug für seine spätere Karriere als Kletterer. Während dieser frühen Jahre des Allein-Unterwegsseins auf Pfaden, an Grasschrofen, im Schnee, an brüchigem und festem Fels erwirbt er sich – ähnlich wie Paul Preuß es tat – das Gefühl für sicheres Gehen im Gebirge.

Drunten in der Stadt steht Hermann vor den Schaufenstern der Sportgeschäfte. Ja, wenn er ein Seil hätte! Aber dafür fehlt ihm das Geld. Also muß es der Wäschestrick der Stiefmutter tun. Damit unternimmt der Bub mit gleichaltrigen Schulfreunden erste, leichte Klettertouren: den Südgrat des Vorderen Brandjochs und die Normalroute auf den sagenumwobenen Felsturm „Frau Hitt".

Vermutlich 1939 entdeckt Buhl die Grubreisentürme für sich. Allein, in Skistiefeln, versucht sich der Vierzehnjährige am Melzerturm, dessen üblicher Anstieg immerhin den unteren vierten Schwierigkeitsgrad aufweist. Hermann beginnt zu klettern, kommt auch ein gutes Stück hinauf, aber dann geht es nicht mehr weiter. Bergsteiger haben den Jungen von unten beobachtet und bieten ihm Seilhilfe an. Doch Buhl lehnt ab und kämpft sich Griff für Griff, Tritt für Tritt hinunter auf den sicheren Boden.

Dieser selbständige Rückzug imponiert den anderen. Sie laden Hermann ein, mit ihnen auf den Nordturm (III+) zu steigen. Und dabei erfährt der Bub auch, wer seine Führer sind: Peter Aschenbrenner, Wastl Mariner, Sepp Douschan.

Während des Abstiegs zeigen die Erfahrenen Hermann Buhl den Südgrat des Grubreisen-Südturms. Das sei eine schwierige Tour, erfährt er, aber sie wäre noch nichts für ihn. Schon eine Woche später stehen Buhl und sein Schulfreund Ernstl Vitavski am Einstieg. Oben am Grat klettert bereits eine Zweierpartie. Einer der beiden ruft hinunter, ob die Buben das beim Einstieg liegende Seil über den Normalweg auf den Südturm tragen könnten.

Das Seil. Welch eine Verlockung! Hermann und Ernstl binden sich ein, steigen den anderen über den Südgrat (V- und IV) nach, und schließen am Fuße der Gipfelwand zu ihnen auf.

So steht es dem Sinn nach in Buhls Bestseller „Achttausend drüber und drunter", der ja von Kurt Maix redigiert worden ist. Wir sagen hier ganz bewußt: dem Sinn nach! Denn in diesem Buch steht auch, daß Ernst Vitavski wenige Wochen nach der gemeinsamen Tour über den Südgrat – und die muß laut „Achttausend drüber und drunter" 1939 stattgefunden haben – beim Versuch, den Auckenthalerriß (VI-/A1), eine Gratvariante, allein zu erklettern, zu Tode gestürzt sei. Das aber kann, was den zeitlichen Ablauf betrifft, nicht stimmen. Denn gemäß Hermann Buhls Tourenbuch erstiegen er und Vitavski noch am 26. Mai 1940 (!) Vorderes Brandjoch, Frau Hitt und Sattelspitzen.

Es scheint, Kurt Maix hat Buhls Tourenbücher nicht gelesen. Vielleicht mochte Hermann seine Tourenbücher, die er liebevoll führte und die für ihn zweifellos persönliche „Schatztruhen" darstellten, auch nicht herausrücken. Wie dem auch sei: Es ist nicht bekannt, wie Buhl mit dem Tod seines frühen Kletterpartners umging und wie er ihn aufarbeitete.

Buhl kommt 1939 zur Jungmannschaftsgruppe der Sektion Innsbruck des (damals) „Deutschen Alpenvereins". Ab 1. Mai 1940 beginnt er, sein erstes Tourenbuch zu schreiben. Die Titelseite ziert eine selbstgefertigte Bleistiftzeichnung des Matterhorns, und darunter steht – in deutscher Schrift: „Die Berge, sie sind meine Heimat".

„Anfangs sah es gar nicht so aus, als hätte er ein besonderes Talent zum Klettern, er war körperlich unterentwickelt, eher schwächlich."

Wastl Mariner

23

Erstes Tourenbuch

1. Mai 1940 bis 20. Juli 1941
Auszüge

Das erste Tourenbuch des fünfzehn- und sechzehnjährigen Hermann Buhl ist ein Dokument über seine frühen Bergsteigerjahre; die Niederschrift seiner Erlebnisse bei leichteren, dann immer schwierigeren Klettertouren, bei denen Buhl öfters gefährliche Situationen überlebt.

Buhls Texte sind „ungeschminkt". Wir belassen sie, von einigen Interpunktionen abgesehen, bewußt im Original.

Der erste Versuch von Hermann Buhl und Karl Glätzle, den Grubreisen-Südturm-Südgrat zu klettern, verlief haarsträubend-abenteuerlich. Buhl wurde beinahe von einer herabfallenden Felsplatte erschlagen.

1. Mai 1940
Grubreisentürme, Karwendel
Südturm-Südgrat

Nun ist die Zeit gekommen, wo der Schifahrer die herrlichen Gletscherabfahrten genießt, aber auch der Kletterer kann seinem Drang nach himmelstrebendem Fels Folge leisten. Auch ich bin einer von denen, die das Klettern nicht mehr erwarten können, und ich beschloß, am kommenden Feiertag mit Karl Glätzle eine Kletterfahrt zu unternehmen.

Am 1. Mai verließ ich schon um 4 Uhr früh meine Wohnung und zog gegen die Seegrube, die ich um 7 Uhr erreichte. Dort erwartete ich meinen Bergkameraden, der um 1/2 8 Uhr mit der Bahn heraufkam. Wir fuhren gleich weiter zum Hafelekar. Hier war es bitter kalt. Der Abstieg ins Kar verlangte wegen des vielen Schnees große Vorsicht.

Bald waren wir drüben beim Einstieg. Nach einem kleinen Imbiß wechselten wir die Schuhe. Unser Vorhaben war der Südgrat des Grubreisen-Südturms. Glätzle packte gleich die senkrechte Einstiegswand an. Bald war er droben bei der lockeren Platte. Ich dachte mir, hoffentlich hält sie. Als sich Karl an ihr hinaufziehen wollte, brach die Platte herunter, und beide flogen auf mich zu. Doch der Haken, der einige Meter unter Karl war, hielt den Sturz auf. Mich riß es dadurch zur Wand hin, und so entging ich dem todbringenden Geschoß. Die Platte schlug genau dort auf, wo ich zuerst gesichert hatte. Glücklicherweise war alles gut abgelaufen. Wir kehrten um und warteten auf unseren Jungmannschaftsführer Hannes Schmidhuber, der gerade vom Kar herunterkam. Wir durchstiegen dann mit ihm einen Kamin, der zum Südgrat führt, und über diesen in abwechslungsreicher, schöner Kletterei den Gipfel.

Hannes hatte es sehr eilig und stieg sofort durch eine schnee-erfüllte Rinne zu unseren Rucksäcken ab. Karl und ich waren noch immer mit dem Seil verbunden und rutschten so die Steilrinne hinunter. Es ging immer schneller, und wir konnten mit den Patschen nicht mehr genug bremsen. Dann gings über Steine hinunter ins Kar. Das war für das Sitzleder eine harte Probe. Wir wechselten die Schuhe, rannten hinüber aufs Hafelekar und von dort nach Innsbruck hinunter.

„Z'Essen hat er net viel g'habt."

Luis Vigl

25

2. Mai 1940
Grubreisentürme, Karwendel
Südturm-Südgrat, Auckenthalerriß

Am zweiten Feiertag wollte ich wieder zu den Grubreisentürmen, der „Schule des Karwendelkletterers", hinauf. Meine Kameraden waren wieder Hannes Schmidhuber und Karl Glätzle. Wir waren diesmal etwas später dran und kamen erst um zehn Uhr zum Einstieg des Südgrats. Rebitsch war mit einigen Kameraden der Wehrmacht schon dort. Wir warteten mit dem Einsteigen, bis es etwas wärmer wurde. Inzwischen machte Rebitsch den Südturm-Südgrat im Auf- und im Abstieg allein.

Gegen Mittag stiegen wir ein. Das Einstiegswandl machte uns hart zu schaffen. Da die Platte jetzt herunten ist, erreicht man den Ringhaken nicht mehr so leicht. Nach einigen Seilmanövern war auch das geschafft. Bis zum Auckenthalerriß gings flott hinauf. Hier suchten wir uns einen guten Sicherungsplatz, dann stieg Hannes ein. (…) Der Riß war sehr schlecht genagelt. Es steckten nur vier Haken, die meisten mußten wir selber schlagen. Hannes sagte, er kommt sich vor wie in der Schüsselkar-Südostwand. Beim Überhang mußte er einmal zurück, und dann meisterte er ihn.

Nun kam ich an die Reihe. Durch das Warten war es mir zu kalt geworden. Aber das verging bald bei der schweren Kletterei. Am Überhang brauchte ich Zug von oben, und dann war auch diese Stelle hinter mir. Nun kam noch Glätzle, der unsere Haken herausschlagen mußte. Nach kurzer Kletterei erreichten wir den Gipfel. (…)

17. Mai 1940
Brandjoch, Karwendel
Aufstieg Südgrat – Abstieg Ostgrat

Diesen Sonntag war ich wieder einmal allein, und so beschloß ich, den Brandjoch-Südgrat zu machen. Es lag überall noch viel Schnee, und die Wächten glänzten im Sonnenlicht.

Am Sonntag verließ ich schon um vier Uhr früh die Wohnung und strebte dem Achselkopf zu. Die sich dort befindliche Hütte war bewirtschaftet. Ich kehrte zu. Als ich den Leuten mein Ziel bekanntgab, rieten sie mir ab und sagten, daß ich es bei dem vielen Neuschnee nicht schaffen würde. Ich ließ mich aber nicht abhalten und verließ bald die Hütte.

Nach kraftraubender Spurerei im tiefen Schnee erreichte ich das Brandjochkreuz. Hier setzt der Südgrat an. Alles um mich herum war weiß. Die Felsen waren mit Eis und Schnee bedeckt. Dichter Nebel umhüllte mich, und Flocken kamen vom Himmel. Ich stand bald auf der ersten großen Wächte und hielt mich immer weit weg vom Wächtenrand. Es war größte Vorsicht am Platze, da der Neuschnee auf Hartschnee und Eis auflag. Noch dazu war so ein diffuses Licht, so daß man, wenn man einige Meter vom Wächtenrand entfernt war, diesen nicht sah. Die Wächten hatten eine Höhe von acht bis zehn Metern. Sie waren mit dicken Eiszapfen und diese mit Rauhreif behangen.

Die erste Wächtengalerie hatte ich bald hinter mir. Dann kam Fels und danach die zweite große Wächte. Nach einer weiteren Felsstrecke folgte die dritte und letzte große Wächtengalerie, welche besonders steil und hart war. Nach dieser kam ein schweres Felsstück, der Kamin. Ich konnte von der Seite her nicht in ihn hinein, mußte absteigen, und nur von unten gelangte ich durch einen engen Spalt, der mit Eis ausgefüllt war, in den Kamin. Ich befürchtete immer, daß das Eis mit mir in die Tiefe stürzen würde. Bei jedem Pickelhieb brachen Eisschollen aus. Im Kamin verspreizte ich mich. Die kleine Wächte, die ihn überdachte, hatte ein Loch, durch welches ich hindurchschlüpfte. Nun kam ein scharfer Schneegrat mit doppelseitigen Wächten, eine Querung über ein steiles Schneefeld, und danach folgte der Gipfelhang. Bald darauf stand ich am Gipfel. (…) Wegen der großen Kälte und des Windes stieg ich bald über den Ostgrat ab. Hier war glatter, eisüberzogener Fels mit wenig Schnee. Eine Pickelsicherung war also nicht gut möglich. Plötzlich rutschte ich aus, der Pickel fand in dem niedrigen Schnee nicht genügend Halt – und dahin ging's. Bei einem Felsvorsprung glaubte ich, zum Halten zu kommen, aber ich rutschte über ihn hinaus. Bald auf dem Bauch, bald auf den Beinen, dann mich überschlagend sauste ich eine steile Schneerinne in der Nordflanke des Brandjochs hinunter. Weiter unten lag mehr Schnee. Hier kam ich zum Stehen, indem ich mit aller Kraft die Pickelhaue in den Schnee stieß.

Am Vorderen Brandjoch in der Karwendel-Nordkette trotzte der 15jährige Hermann Buhl heiklen winterlichen Verhältnissen.

Hermann Buhl, etwa 16jährig – er war bereits Mitglied der Jungmannschaft der Alpenvereinssektion Innsbruck –, vor der Erinnerungshütte am Scharnitzjoch im Wetterstein.

Zehn Meter unter mir war ein senkrechter, 50 Meter hoher Abbruch ins Kar. Der Schnee, der mit mir mitgerutscht war, donnerte ins Kar hinunter. Ich war fast die gesamte nördliche Brandjochflanke hinuntergerutscht. Ich querte dann etwas vorsichtiger zur „Frau Hitt" hinüber. Bis zur Höttinger Alm mußte ich noch ziemlich viel schneestapfen, und oft brach ich bis zur Brust im Schnee ein. Ganz durchnäßt kam ich ungefähr um vier Uhr nachmittags zur Alm. Ich wärmte mich auf, und dann ging ich wieder hinunter in die Stadt. So hatte ich das Brandjoch noch nie angetroffen, und so hatte ich es mir auch nicht vorgestellt. Nun war wieder ein erlebnisreicher Sonntag verstrichen, und ich bin vollauf befriedigt über meine Bergfahrt.

4. August 1940
Scharnitzspitze, Wetterstein
Südwestwand

Um sieben Uhr verließen Sepp Fuchs, Herbert Eberharter, Herta Maier und ich unser trauliches Heim in der Leutasch und gingen hinauf zum Einstieg. Um 10 Uhr stiegen wir ein: Herbert und die Herta, Sepp und ich. Den Welzenbach-Überhang und die folgenden Seillängen führte ich. Die ganze Wand durchzieht nun ein Kamin. Durch diesen gelangten wir in abwechslungsreicher, schöner und luftiger Kletterei zu einem Plattenwulst, welcher die letzten Schwierigkeiten bietet. Wir führten immer abwechselnd. Hier stürzte Franz Hermann (der die Route allein geklettert und die beiden Seilschaften überholt hatte; Anm.d.H.) tödlich 250 Meter tief ab. Wir bekamen dadurch einen Schrecken und kletterten etwas vorsichtiger. Bald stiegen wir am Gipfel aus und reichten uns die Hände. Auf der Wangscharte trafen wir die anderen und erzählten ihnen von dem Unfall.

18. August 1940
Schüsselkarspitze, Wetterstein
Südwand, Spindlerweg

Kuno Rainer und Herbert Eberharter nahmen uns auf eine ganz große Tour mit: die Schüsselkar-Südwand.

Am Samstag gingen wir auf die Erinnerungshütte, um am nächsten Tag schon nahe bei der Wand zu sein. Am Sonntag war schönes Wetter, weshalb wir auch schon um 8 Uhr einstiegen. Kuno führte mich und die Herta, und die zweite Partie führte Eberharter. Bald waren wir beim Quergang. Er ging reibungslos. Nun kamen immer wieder sehr schöne Seillängen bis zum Ausstieg. Über den Westgrat waren wir bald unten. Wir holten uns von der Erinnerungshütte unsere Sachen und liefen dann hinunter in die Leutasch.

1940 gelingen Hermann Buhl noch leichtere Touren im Ferwall und im Karwendel, er nimmt an einer Schulungsbergfahrt der Jungmannschaft in den Wilden Kaiser sowie an einer Bergwachtübung am Olperer in den Zillertaler Alpen teil, und im Herbst klettert er jeweils eine Route am Steingrubenkogel und an der Kleinen Ochsenwand in den Kalkkögeln. In jenem zu den Stubaier Alpen gehörenden Klettergebiet also, an dessen zum Teil brüchigen Wänden Buhl knapp zwei Jahre später zum extremen Seilersten reifen sollte.
Diese Bergsteigerjahre 1940/41 sind für Hermann Buhl geprägt vom Wechsel zwischen unbekümmerten – und dadurch oftmals haarsträubend gefährlichen – Touren und unbeschwerten Stunden im Kreis der „Jungmannschaftsblas'n". Das Tourenbuch verrät, daß Hermann übermütige Blödeleien zwar nicht initiiert, diese aber mit Vergnügen beobachtet.
Die Durchsteigung des Südwandrisses an der Martinswand (V+/A1) wird für Buhl zum Schlüsselerlebnis, das ihm endgültig den Weg zeigt, schwierige Unternehmungen selbständig durchzuziehen.

Innsbrucker Kletterer-Nachwuchs vor der Erinnerungshütte. Mit Herta Maier (rechts) kletterte Buhl (zweiter von rechts) extreme Felstouren im Wetterstein, im Wilden Kaiser, in den Kalkkögeln.

16. Februar 1941
Alpenklubscharte, Kalkkögel

Glätzle Franz, Karl und ich hatten eine Winterbegehung des Gipfelstürmerweges durch die Westwand der Kleinen Ochsenwand vor. Die Verhältnisse im Fels konnten für diese Unternehmung nicht besser sein. Der Föhn hatte den ganzen Neuschnee aus den Wänden geblasen. Durch die Wärme waren diese eisfrei und ziemlich trocken.
Um am nächsten Tag früh dran zu sein, fuhren wir schon am Samstag (mit den Ski; Anm.d.H.) zur Adolf-Pichler-Hütte. Am Sonntag verließen wir um 9 Uhr die Hütte. Bald spurten wir hinauf zum Einstieg. Das Wetter war sehr föhnig. Der Neuschnee war festgeblasen, und wir befürchteten Schneebrettgefahr. Karl war schon fast am Einstieg, Franz stieg ein Stück unter ihm im Trep-

penschritt empor, und ich war ganz rechts draußen. Plötzlich schrie Karl: „Lawine, Lawine." Ich hörte es auch schon rauschen, und nun kam sie wie ein tobender Wildbach mit einer Höhe von fünf Metern herunter. (…) Links von mir war ein Felssporn, und ich glaubte, daß sie links von diesem hinunterbraust. Karl hatte sie schon mitgerissen, von ihm sah ich nichts mehr. Die Lawine hatte an Ausmaß gewaltig zugenommen. Ich sah noch, wie sich der Hang in Schollen zerteilte, sprang und schoß nach links hinaus. Einige Meter hinter mir ging alles hinunter. Der Lawinenkegel war unten über hundert Meter breit. (…)

Vergebens sah ich nach meinen Kameraden. Gerade wollte ich hinunterfahren, da schrie mir Karl, der auf dem Felssporn stand, zu, wo denn der Franz wäre. Gleich darauf wühlte sich eine Gestalt aus dem Kegel, es war Franz. Er hatte nur sein Fell verloren, sonst war alles gut abgelaufen.

Karl erzählte mir dann, daß er oben den Hang abgehen sah, schrie, und dann hinunter zum Felssporn schoß, wo er sich gegen die Lawine stemmte, die ihn jedoch mitriß. Zum Glück konnte er noch den Skistock in ein Loch stecken und sich so festhalten. Die ganze Lawine ging über ihn hinweg.

Franz konnte, da er zu weit drinnen stand, nicht mehr heraus. (…) Bald wurde es ihm schwarz vor den Augen. Der lockere Pulverschnee drang ihm durch die Kleider und in die Luftröhre, weshalb ihm die Luft ausging. Plötzlich wurde es heller um ihn, und gleich ging er ans Ausgraben und putzte sich den Schnee aus dem Maul. Er war ungefähr 300 Meter mitgerissen worden.

Der heutige Tag war somit versaut, obwohl es schön geworden ist. Wir konnten nichts mehr machen, da wir zu spät dran waren. Glätzle Franz zeigte nun sein Können im Skilauf, indem er abenteuerliche Schwünge machte.

2. Juni 1941
Predigtstuhl, Wilder Kaiser
Nordgipfel-Nordkante, Mittelgipfel,
Abstieg Botzongkamin

Fred Schatz und ich bekamen von Hannes die Bewilligung, die Christaturmkante zu machen. Als wir aber am

Einstieg der Predigtstuhlkante waren, entschlossen wir uns, mit Wastl diese zu machen. Weber war auch mit uns. Den ersten Kamin waren wir rasch droben. Dann ging's etwas langsamer, da ein Seil nur 20 Meter lang war. Nun folgten Kulissen, und dann kam die senkrechte Kante. Am Fuße war gleich die Matejaktraverse, dann folgten Kamine und Risse. Danach kam leichteres Gelände und am Schluß die Gipfelwand, welche noch sehr nette Stellen barg.

Dann standen wir auf dem Nordgipfel. Wastl war schon ein Stück voraus. Wir erstiegen noch den Mittelgipfel und wollten auf den Hauptgipfel. Fred, der mich die ganze Tour über nicht führen ließ, ging auch hier voraus. Nun kam die schwerste Stelle. Wir konnten gut sichern. Fred sah den Haken nicht und ging an ihm vorbei, mußte aber bald wieder zurück und hielt sich längere Zeit an einem Griff. Wahrscheinlich hatte ihn das Schmalz verlassen, denn plötzlich sah ich einen Schatten über die Wand huschen. Ich konnte Weber gerade noch darauf aufmerksam machen, und wir hielten den 15-Meter-Sturz auf.

Fred stöhnte sehr. Weber ging zu ihm hinunter, und ich verständigte Wastl. Dieser sagte, wir sollen Fred durch den Botzongkamin abseilen. Wir begannen auch gleich damit. Fred hatte sich das Knie verletzt und zudem Prellungen an den Füßen, so daß er die erste Zeit nicht einmal stehen konnte. Ich seilte mich zuerst ab, suchte einen guten Standplatz und ließ Fred, welcher sich im Dülfersitz – gesichert von Weber – abseilte, nachkommen. Dann seilte sich Weber ab. Danach wurde das Seil abgezogen und das Manöver ging von vorne los.

Zum Abseilen gab es nur Blöcke. Nur an einer Stelle steckten zwei Haken. Durch den Kamin kam ein Wasserfall herunter, und außerdem lagen im Grund Schnee und Eis. Bald waren wir bis auf die Haut naß, und jeden schüttelte es vor Kälte ab. Das Seil war wie Draht, ließ sich kaum abziehen, und die Reibung am Körper war so groß, daß wir kaum weiterkamen. Es waren vier bis fünf Abseilstellen, und wir benötigten drei Stunden dafür. Herunten lösten uns Wastl, Pauli und Hans ab, die uns zugeschaut hatten. Fred wurde dann aufs Stripsenjoch hinübergetragen. Ich mußte mit einem Schuh hinunter, da der zweite ganz drunten lag.

Ganz durchnäßt und durchfroren kam ich in der Hütte an und freute mich auf trockene Kleidung und guten

Durch den Botzongkamin am Predigtstuhl (der dunkle Spalt im linken Bildteil) mußten Buhl und sein Kletterpartner Weber 1941 den beim Übergang vom Mittel- zum Hauptgipfel 15 Meter tief abgestürzten, verletzten Fred Schatz abseilen.

(weiter auf Seite 49)

Der Anfang

Hermann Buhl führte liebevoll Tourenbuch. Hier das Blatt „11. Oktober 1942" des zweiten Bändchens: Hermann kletterte an diesem Tag an den bizarren Nadeln der Erlspitzgruppe des Karwendelgebirges.

„Nun ist die Zeit gekommen, wo der Schifahrer die herrlichen Gletscherabfahrten genießt, aber auch der Kletterer kann seinem Drang nach himmelstrebendem Fels Folge leisten. Auch ich bin einer von denen, die das Klettern nicht mehr erwarten können."

Hermann Buhl

Rechte Seite:
Buhl in der Sellagruppe, Dolomiten; kein Bild aus der Anfangszeit. Es gibt keine Farbbilder, die Hermann Buhl in seiner frühen Jugend zeigen.

Hermann Buhl ist nicht nur der Erstbesteiger des Nanga Parbat, der erste „Westler" mit zwei Achttausender-Erfolgen. Hermann Buhl ist vor allem einer der besten Felskletterer der modernen Zeit. Das Jahrzehnt zwischen 1939 und 1948 ist in Buhls „Karriere" ebenso wichtig wie die neun Jahre danach, die ihn zuerst in Innsbruck, dann im deutschsprachigem Raum, zuletzt in der Bergsteigerszene weltweit berühmt machen sollten. Buhl war zuerst und in erster Linie Felskletterer, und dabei kletterte er frei, soweit Schuhe und Training es damals zuließen. Daß Buhl in Konkurrenz stand mit seinen Zeitgenossen – Erich Streng und Manfred Bachmann in Nordtirol; Erich Abram und Otto Eisenstecken in Südtirol; Martin Schließler und Hermann Köllensperger in Deutschland –, ist nur allzu verständlich. Später maß Buhl sein Können mit dem der erfolgreichsten Bergsteiger überhaupt: Lionel Terray, Gaston Rébuffat, Guido Magnone, Walter Bonatti...
Sicher war es nicht leicht für seine Vorgänger – Hias Rebitsch, Anderl Heckmair, Rudolf Peters, Riccardo Cassin – den „neuen Stern" aufgehen zu sehen. Die meisten jungen Kletterer aber orientierten sich in Zukunft an Buhl: Toni Egger, Kurt Diemberger, Joe Brown. Oder Lothar Brandler und Dietrich Hasse, die ihm ihre Erstbegehung an der Rotwand in den Dolomiten widmeten. Eine Geste, die Hermann Buhl nicht mehr abwehren konnte.

An den Grubreisentürmen, einer Ver-
zweigung der (Innsbrucker) Karwendel-Nordkette, wagte Hermann Buhl
seine frühen Kletterversuche. Der erste Eintrag Hermanns in sein erstes
Tourenbuch (1. Mai 1940) gilt denn
auch dem Südturm-Südgrat, der links
im Bild zu sehen ist.

Immer wieder Kalkkögel. Die Auckenthalerroute an der Westwand der Riepenwand (etwa in der Mitte der rechten Bildhälfte) glückte Hermann Buhl und Waldemar Gruber am 5. Juli 1942 als Drittbegehung.

Die Schüsselkarspitze im Wetterstein-
gebirge (vorn das „Erinnerungshüttl")
war Schauplatz der Stationen von
Hermann Buhls Entwicklung zum Spitzenkletterer: 1940 Spindlerweg,
1942 dessen zweite Winterbegehung, dann jeweils eine Durchsteigung der „Herzog-Fiechtl", der „Süd-
ost" (Peters/Haringer), der „Direkten"
(Kuno Rainer /Paul Aschenbrenner),
der Ostwand (Schober/ Kleisl) und –
Im Oktober – die erste Alleinbegehung des klassischen Herzog-Fiechtl-
Weges.

An der Dülferführe (sie verläuft etwa
in Bildmitte) der Totenkirchl-Westwand im Wilden Kaiser kletterte Hermann Buhl im August 1943 alle Quergänge ohne Seilzug. Buhls Begehung
dürfte also einer der ersten freien
Durchstiege – wenn nicht der erste
(VI+) – dieses Kaiser-Klassikers gewesen sein.

„Buhl war leicht, sehnig, durchtrainiert. Er hatte die ideale Kletterer-Figur. Seine Bewegungen waren weich, katzengleich und doch schnell und gleichmäßig. Dazu kam der in Jahren entwickelte Instinkt den Gefahren am Berg gegenüber. Im brüchigen Fels entwickelte sich Hermann Buhls volle Meisterschaft."

Reinhold Messner

Hermann Buhl in den 50er-Jahren frei kletternd an der Herzog-Fiechtl-Route der Schüsselkarspitze-Südwand (Wetterstein).

Oben: Die Erstbegehung der Maukspitze-West-wand (die markante, glatte Wand im rechten Bilddrittel) im Wilden Kaiser war die erste be-deutende Neutour Hermann Buhls (1943 mit Wastl Weiß und Hans Reischl).

Unten: Mit Luis Vigl, seinem lebenslangen Freund, glückte Hermann Buhl 1947 die erste Gesamtdurchsteigung der Direkten Laliderer-spitze-Nordwand im Karwendel.

Folgende Doppelseite: Montblanc-Brenvaflanke und Peutereygrat. 1948 bis 1951, 1955 und 1956 glückten Hermann Buhl schwierigste Unternehmungen, darunter die zweite Durch-steigung der Aiguille-Blanche-Nordwand und die erste Gesamtüberschreitung der Aiguilles von Chamonix, in der Gruppe des „Monarchen".

Die erste Winterbegehung der Marmolada-Südwestwand (in der linken Bildhälfte) schafften Hermann Buhl und Kuno Rainer nach zwei vorangegangenen Versuchen im März 1950.

Erst mit seinen Erfolgen außerhalb der Nordtiroler Berge – zwischen der Marmolada in den Dolomiten und der Aiguille de Triolet in der Montblancgruppe – wurde Hermann Buhl zum allseits bewunderten Bergsteiger der Nachkriegszeit. Plötzlich war er „der Buhl". Im Kalk und im Granit, im Eis und im Schnee wußte er sich zu bewegen wie wenige andere. Dabei hatte er auch Glück, entwickelte er Willen, Instinkt und Idee zu noch Größerem. Sein Aufstieg war auch von jenen nicht mehr aufzuhalten, die dem armen Kriegsheimkehrer eine derart reiche Erfolgsserie nicht zugetraut hatten.

„Der Hermann is gangen wia'r a Katz'".

Luis Vigl

Während ihrer ersten Westalpenfahrt 1948 gelang Hermann Buhl und Luis Vigl die fünfte Begehung der Nordwand der Aiguille de Triolet in der Montblancgruppe.

41

Der Walkerpfeiler der Grandes Jorasses (links der Bildmitte) stand 1950 noch im Ruf, die größte bergsteigerische Unternehmung in den Alpen zu sein. Hermann Buhl und Kuno Rainer glückte in jenem Jahr die siebente Begehung.

„Des is eahm einfach alles zu langsam gangen, do draußen in Frankreich. Er war ein unruhiger Geist. Er war ein Besessener."

Kuno Rainer

Große Namen haben die Kletterwege, die der fünfundzwanzigjährige Buhl bevorzugt: Soldà (Marmolada), Walkerpfeiler, Cassin (Westliche Zinne). Er will zeigen, daß er schneller ist als seine Vorgänger, und trotzdem zollt er den Pionieren Respekt: einem Auckenthaler, einem Allain, einem Lachenal. Hermann Buhl war ein klassischer Extrembergsteiger: verankert in der Tradition des Freikletterns und ganz der zukünftigen Tat verpflichtet.

Eine Durchsteigung der Cassinführe an der Westlichen-Zinne-Nordwand (rechts der Bildmitte) im Herbst 1950 war der würdige Abschluß des Erfolgsjahres der Seilschaft Hermann Buhl/Kuno Rainer.

Der Aufstieg

Hermann Buhl nach der ersten Allein-durchsteigung der Nordostwand auf dem Badile-Gipfel (1952).

Seite 45 oben: Die Nordostwand des Piz Badile (Südliche Bergeller Berge). Buhl glückte die erste Solobegehung in viereinhalb Stunden.

Unten links: 1952 kletterte Hermann Buhl zusammen mit Sepp Jöchler durch die Eiger-Nordwand (achte Begehung).

Unten rechts: Ebenfalls 1952 erkletterten Buhl und Jöchler den „Tofana-pfeiler". Es war die vierte Begehung.

Wie rasch doch dieser „Buhl" zur Legende wurde: „Badilewand seilfrei"; „Eiger-Nordwand im Wettersturz"; „Tofanapfeiler mit Biwak". Daß mit den Sensationsmeldungen die Neugierde der Öffentlichkeit wuchs und die Genauigkeit der Berichterstattung litt, merkte Hermann Buhl nicht. Er wollte weiter, höher hinauf; wollte trotz aller Schwierigkeiten bis an die Grenze des Machbaren. Buhl wollte in den Himalaya.

Vorhergehende Doppelseite:
Der Nanga Parbat. Diese Flugaufnah-
me zeigt die Aufstiegsroute Hermann
Buhls über Silberplateau (links, Mitte),
Vorgipfel, Bazhinscharte bis zum
Hauptgipfel.

„Buhl wäre auch zum Nanga
Parbat gegangen, wenn er
im voraus gewußt hätte, was
Herrligkoffer und seine Cla-
queure aus seinem (Buhls)
Erfolg machen würden. Der
Nanga Parbat war sein
Schicksalsberg, der Gipfel
seiner Bewährung. Dort
oben endete Buhls Aufstieg.
Als er ins Basislager zurückgekehrt war, begann sein
Absturz, den all seine Neider
und ein paar Geschäftema-
cher immer schon geahnt
hatten."
                    Reinhold Messner

Die Leiter durch den Eisbruch des
Rakhiotgletschers (1953), die den
kürzestmöglichen Zugang nach Lager 2 am Nanga Parbat ermöglichte.

Fraß. Jedoch, die Hütte war ganz voll und der Rucksack lag am Einstieg, so legte ich mich gleich nieder. Am nächsten Tag in der Früh ging ich den Rucksack holen. Nachmittags transportierten wir den Fred nach Kufstein und fuhren mit dem Zug wieder nach Innsbruck.

29. Juni 1941
Martinswand, Karwendel

Nun kam endlich der Sonntag, an welchem mein sehnsüchtiger Wunsch Erfüllung werden sollte. Es ging in die Martinswand. Ich fühlte mich trainiert, und das Wetter schien auch gut dafür zu sein. Um 1/2 9 Uhr früh fuhren wir nach Kranebitten. Von dort gingen wir zum Einstieg.

Um 1/2 12 Uhr stiegen wir ein. Da ich der Leichtere bin, führte ich. Den Kamin im unteren Teil waren wir, da ich ihn vom Frühjahr her kannte, bald droben. Am Beginn der Verschneidung überlegten wir lange, ob wir durchgehen oder umkehren sollten, doch wir entschlossen uns für den Durchstieg. Nun kam unsere Ausrüstung, Doppelseil und 15 Karabiner, zum Einsatz. Die erste Seillänge gab uns bereits einen Vorgeschmack auf die Wand. Jede weitere Seillänge wurde nun schwerer. Gras erschwerte die Kletterei. Jedoch steckten in jeder Seillänge sechs bis zehn Haken, welche von der richtigen Hand – von Hias Auckenthaler – geschlagen sind, und auf die man sich auch verlassen kann. Die Verschneidung ist teilweise brüchig und im oberen Teil sehr ausgesetzt.

Nach fünf Seillängen, von denen die zwei letzten die schwersten sind, standen wir am Überhang. Er ist mit neun Haken bestückt, und es gingen mir die Karabiner aus. Nun legt sich die Wand zurück. Wir machten alles ohne Zug. Nach zwei Seillängen, die infolge der schlechten Sicherungsmöglichkeit, der Brüchigkeit und dem Gras große Vorsicht erheischten, standen wir bei den ersten Bäumen.

Nun gings durch den Wald hinauf zum Jägersteigl und über dieses hinunter nach Zirl. Ganz ausgetrocknet kamen wir um sieben Uhr an der Straße an. Da kein Zug mehr ging, marschierten wir zu Fuß nach Innsbruck.

Die Durchsteigung des Südwandrisses an der Martinswand bei Zirl im Inntal war für Hermann Buhl ein Meilenstein während seiner frühen Jahre als Kletterer.

6. Juli 1941
Scharnitzspitze, Wetterstein
Südwestwand

Es ist Auckenthaler-Gedenktour. Ungefähr 20 Jungmannen trafen sich am Samstag in der Leutasch, wo wir übernachteten. Am nächsten Tag gings schon früh hinauf zur Wangalm. Es wurde ein Kranz gebunden und ein Julfeuer entzündet, und zwei machten eine Hechtrolle nach der anderen darüber. Die Kühe hatten natürlich von Albert keine Ruhe. Unser neues Rettungsgerät wurde ausprobiert. Es bewährte sich nicht, und bald war es in Stücken.
Nachmittags machte jeder seine Tour. Karl und ich gingen die „Kadner", welche wir in einer Stunde hinter uns hatten. Dann war die Gedenkfeier. Der Kranz wurde aufgehängt, und Kerzen wurden angezündet. Karl und Hans sprachen zum Gedenken einige Worte. Dann gingen wir wieder hinunter in die Leutasch. Hans ließ das Rad vom Rettungsgerät den Hang hinunterrollen. Es bekam immer mehr Tempo, die Kühe konnten gerade noch rechtzeitig davonspringen. Das Rad machte Sprünge bis zu zehn Meter Höhe und kam in einer Schlucht zu liegen, natürlich beschädigt. Von der Leutasch gings dann mit dem Rad nach Innsbruck, wo wir um 11 Uhr nachts ankamen.

„Der Bergsteiger, der nur den Fels sieht, erlebt die Natur genauso wenig wie der Wanderer, der nur die Blumen sieht."

Hermann Buhl

Zweites Tourenbuch

1. Januar 1942 bis 21. November 1943
Auszüge

Buhls zweites Tourenbuch gibt wie kein anderes Dokument Aufschluß über seine Entwicklung zum Extremkletterer. Es enthält nach etlichen Skitouren-Schilderungen die Eintragung der zweiten Winterbegehung des Spindlerweges an der Schüsselkarspitze-Südwand, die Aufzeichnung einer Durchsteigung der Schüsselkarspitze-Südverschneidung mit Auckenthalerriß und – endlich – am 10. Mai 1942 den Vermerk über die so sehr gewünschte Begehung der Herzog-Fiechtl-Führe an der Schüsselkarspitze-Süd: „Ein lang ersehnter Wunsch wurde Erfüllung! Ich war in bester Form, alles ging reibungslos. Mein Partner war Herbert Eberharter, der auf Fronturlaub hier war. Bachmann Manfred und Gruber Waldemar waren auch in der Wand. Zeit: 4 1/2 Std."
Sechs Tage später durchklettert Buhl die „Auckenthaler" an der Martinswand in 2 1/2 Stunden, und am 24. Mai gelingt ihm die Fleischbank-Südostwand im Wilden Kaiser. Tags darauf „läuft" Hermann mit Waldemar Gruber in einer Stunde über die Christaturm-Südostkante hinauf, und anschließend klettern die beiden in 3 1/2 Stunden auf der Dülferroute durch die Fleischbank-Ostwand.
Am 5. Juli klettern Hermann Buhl und Waldemar Gruber als dritte Partie die Westwand der Riepenwand in den Kalkkögeln. Buhls erste Route sechsten Schwierigkeitsgrades! Um drei Uhr nachmittags steigen sie ein, um 10 Uhr – bei Einbruch der Dunkelheit – haben sie es geschafft. Noch im Juli klettert Hermann, wiederum mit Waldemar Gruber, die Nordwestverschneidung der Riepenwand. Es ist dies die achte Begehung, und die Tour „zählt zu den schwierigsten Klettertouren in den Kalkkögeln. (…) In der letzten Verschneidung stürzte Waldi sechsmal ins Seil und konnte nur mittels Prusikschlingen hinaufkommen. – Hut ab vorm Auckenthaler Hias."
Auch der August 1942 bringt in Folge Sechserrouten in den Kalkkögeln, aber auch die Schüsselkarspitze-Südostwand. Nach sechs Zeilen Tourenbucheintrags („Stein auf den Kopf – Loch; sonst alles gut gegangen"…) schreibt Hermann Poetisches auf das Blatt:

Gipfelrast
Feenhände füllen die Täler mit Wolken,
heben sie höher und höher.
Langsam versunken sind schon die Berge.
Über den Gipfeln und Spitzen
baut sich ein zweites, glänzend weites Gebirge.
L. Lang

Die Steigerung geht linear weiter: Schüsselkarspitze, Direkte Südwand, Schüsselkarspitze-Ostwand, Öfelekopf-Südpfeiler. Insgesamt sind sieben Extremrouten innerhalb von vier Wochen vermerkt. Im September 1942 klettern Hermann Buhl und Waldemar Gruber ihre erste große Karwendeltour:

1942 gelang Hermann Buhl und Waldemar Gruber die achte Begehung der Riepenwand-Nordwestverschneidung (Bildmitte) in den Kalkkögeln.

6. September 1942
Laliderer Nordwand, Karwendel
Auckenthalerweg
7. Begehung

Mit Gruber Waldi; Wandhöhe: 1000 m, Zeit: 10 Std. mit 2 1/2 Std. Verhauer, äußerst schw., großzügigste Bergfahrt der nördl. Kalkalpen; narrisch lang. Wetter: schlecht, Morgenrot, Wind, Nebel, kalt.
Samstag 8 Uhr früh mit Rad von Innsbruck aufs Karwendelhaus und zu Fuß zur Falkenhütte. 6 Uhr abends Ankunft. Hütte unbewirtschaftet.
Sonntag 5 Uhr früh auf, 8 Uhr eingestiegen; 6 Uhr abends am Gipfel; Abstieg Spindlerschlucht im Nebel; 1/2 8 Uhr abends wieder auf der Hütte. Einzige Partie im Gebiet der Falkenhütte. Bei strömendem Regen und stockdunkler Nacht zum Karwendelhaus, dort übernachtet. Montag früh 1/4 Meter Neuschnee und Schneesturm. Vormittags mit Rad nach Innsbruck.

Die siebente Begehung der Auckenthalerroute an der Laliderer-Spitze-Nordwand im Karwendel war für Hermann Buhl und Waldemar Gruber ein großes Erlebnis.

Anhand seiner Tourenbuch-Aufzeichnungen werden ab hier weitere markante „Stationen" des achtzehn-/neunzehnjährigen Hermann Buhl dargelegt: von der zweiten Durchsteigung der Auckenthalerführe an der Praxmarerkarspitze-Nordwand in der Gleiersch-Halltal-Kette des Karwendels bis hin zu Buhls erster bedeutender Neutour, der Westwand der Maukspitze im Wilden Kaiser.
Die Aussagekraft dieser Aufzeichnungen ist bestechend. Etwa der emotionelle „Ausbruch" von Kuno Rainer, nachdem dieser als Zweiter die Schlüsselseillänge der Praxmarerkarspitze-Nordwand hinter sich gebracht hatte: „Bua, Bua", ruft er Buhl am Standplatz

zu, und darin stecken Besorgnis und Anerkennung gleichermaßen. Oder die dürren Zeilen über die erste Solobegehung der Herzog-Fiechtl-Route an der Schüsselkarspitze-Südwand, die mit einem einzigen Satz das enorme Freikletterkönnen Buhls transparent machen. Und wie packend ist doch der Originalbericht Buhls über seinen 50-Meter-Sturz an der Fleischbank-Ostwand!

Fast als eine kleine alpinistische Sensation aber darf die freie Begehung der Dülferroute an der Totenkirchl-Westwand gewertet werden: „Alle Quergänge geklettert; ohne Seilzug", schreibt Buhl ins Tourenbuch. Das bedeutet, daß der Tiroler 1943 bereits den „Nasenquergang" (VI+) frei geklettert haben muß, und daß Sepp Gschwendtner, Andreas Kubin und Herwig Sedlmeyer 1979 (!) „nur" die Zweiten waren, denen dies gelang. (Sedlmeyer hält übrigens eine freie Begehung durch Buhl durchaus für möglich.)

Dann Hermann Buhls Bericht über die erste Begehung der Maukspitze-Westwand! Nirgendwo sonst ist eine Kletterei am damaligen Limit spannender dargestellt. Eine haarsträubende Schilderung!

13. September 1942
Östliche-Praxmarerkarspitze-Nordwand, Karwendel
Auckenthaler-Schmidhuber-Weg
2. Begehung

Mit Kuno Rainer, Bachmann und Knoll als 2. Partie. Wandhöhe: 600 – 700 m, Zeit: 6 – 7 Stunden; äußerst schwierig, narrisch brüchig; typische Karwendeltour; zählt zu meinen schwersten Touren und gefährlichsten Wänden. Im unteren Teil überm Pfeiler rotgelber, überhängender Fels. Die Wand machte einen gewaltigen Eindruck auf mich.

Samstag (…) ins Hallerangerhaus; dort Gewitter abgewartet und dann weiter, Richtung Lafatscher-Hochleger; stockdunkle Nacht, Weg verfehlt; wir hatten kein Licht bei uns. Nach langem Hin und Her und Auf und Ab in den wilden Karwendelwäldern gaben wir es auf und legten uns auf den patschnassen Boden, konnten aber wegen der Kälte nicht einschlafen.

Endlich kam der Morgen, und bald hatten wir auch den Weg. 2 Stunden hatten wir noch zur Hochlegeralm. Dann noch 1 1/2 Stunden weglos zur Praxmarerkar-Reissen. Über haltlosen Schutt erreichten wir den Einstieg. Wie durch einen Zufall kamen von unten herauf Bachmann und Knoll, und beim Einstieg trafen wir uns. Zehn Jahre hatte die Wand Ruhe, und nun waren auf einmal zwei Bewerber darum.

Ohne Streit wurden wir uns einig. Kuno und ich gingen vor. Bis zum Pfeiler gings noch angenehm. Dann baut

Im September 1942 glückte Hermann Buhl und Kuno Rainer die zweite Begehung des Auckenthaler-Schmidhuber-Weges an der brüchigen Praxmarerkarspitze-Nordwand (Karwendel, Gleiersch-Halltal-Kette). Der 18jährige Buhl führte die Schlüsselstelle.

„Der Fels ist im Karwendel brüchig, ein sterbendes Gebirge. Den Fuß der Wände säumen riesige, graue Schuttmäntel, die Kare, die den Verfall des Berges erkennen lassen."

Hermann Buhl

53

sich die Wand aber unheimlich auf. 250 m, alles überhängend. Während ich die Sache anging, mußten die anderen in Deckung verweilen. Steinsalve auf Steinsalve ging in die grausige Tiefe. Fast keine Haken kamen daher. Froh war ich, als ich nach den ersten zwei Seillängen am Band stand. Nun kam ein Kriechband nach rechts, eine Wandstelle, ein kurzer, schwerer Quergang nach links und noch eine Seillänge unter eine Verschneidung. Plötzlich ein furchtbares Krachen, als ob die Wand bersten würde. Eine Viertelstunde lang hörte das Prasseln nicht mehr auf. Ein kleiner Turm war der zweiten Partie wahrscheinlich im Weg.

Nun die Schlüsselstelle: Eine 40-Meter-Verschneidung, überhängend, abwärtsgeschichtet, brüchig, und nirgends ging ein Haken in den Fels. Vorsichtig stieg ich höher, nur hier nicht die Kraft verlieren. Ich kam auch durch. Unten gings überhängend ins Kar hinab. „Bua, Bua", sagte der Kuno, als er heroben war. Beim Letzten brach in der Mitte der Verschneidung eine schmale Leiste aus, aber als Zweiter hing er gleich im Seil. Über leichteren Fels erreichten wir den Gipfel.

Bachmann und Knoll gingen über die Jägerkarscharte ins Hinterautal, und wir über die Arzlerscharte nach Innsbruck. Kunos Bauchschuß machte sich stark bemerkbar. Bei stockdunkler Nacht durch die Arzlerscharte. (...) Kuno bekam noch einen Stein auf den Fuß und konnte kaum mehr hatschen. 1 Uhr nachts Ankunft zu Hause.

6. Oktober 1942
Schüsselkarspitze-Südwand, Wetterstein
Herzog-Fiechtl-Weg
1. Begehung allein

Zeit: 3 Std. In der Früh ins Wetterstein, Erinnerungshüttl, mit Fischer Werner und Fohrsinger Sepp. 2 Uhr eingestiegen; 5 Uhr am Gipfel, 7 Uhr in der Hütte. Alles bis auf Pendler und Plattenverschneidung ohne Seilsicherung gegangen. 8-m-Wandl ohne Haken und Karabiner gegangen. Narrische Hitze; keine Hemmungen. Auf der Hütte bärig gegessen. Am Pendler Visitenkarten hinterlegt und ins Wandbuch eingetragen. Alles gut gegangen.

Das selbstbewußt-kecke Gesicht des Hermann Buhl am 6. Oktober 1942 vor der ersten Alleinbegehung der „Herzog-Fiechtl" an der Schüsselkarspitze-Südwand (Wetterstein).

14. Juni 1943
Fleischbank-Ostwand, Wilder Kaiser
Asch-Luck-Weg

Neuer Weg durch die Fleischbank-Ostwand, von Aschenbrenner und Lucke erstmals 1930 bezwungen. Bisher viermal gemacht. Wetter schön. Wir wollten gleich zum Einstieg der Mittelgipfel-Westwand (des Predigtstuhls; Anm.d.H.). Am Tor fiel mein Auge auf die Asch-Luck; die sah mich auch an. Also machten wir die. Bis zum Überhang gingen wir seilfrei. Dieser selbst war noch naß, aber wie schaut er aus? 45 m hoch und ungefähr 5 m Ausladung; jeder Meter hängt über. Also nun alles Schlosserei. Klettern konnte man da nicht mehr, aber wir sahen fast keinen Haken drin, wo sonst beinahe 50 stecken. Zum Glück hatte ich viele und lange Haken mit. Der ständige Zug und dabei immer Haken schlagend, machte mich hundshin. Dann mußte ich auf spärlichem Platz Waldemar im Zug halten, da er die Haken wieder herausschlug. So fertig war ich selten wie da.
Nach einer Seillänge mit einem sauschweren Überhang kam ich in einen Kamin, da ging's einige Seillängen leicht empor bis hundert Meter unter den Nordgrat. Nun versperrte ein überhängender, glatter Kamin den Weiterweg. Kein Haken, kein Loch. Ein Verhauer, das merkte ich gleich.

Beim Versuch einer Begehung der Aschenbrenner-Lucke-Führe an der Fleischbank-Ostwand (Wilder Kaiser) gerieten Hermann Buhl und Waldemar Gruber versehentlich in einen glatten Kamin „verhauer" (in den späteren Schmuckkamin), wo Buhl wegen des Ausbrechens einer kleinen Felskanzel 50 Meter tief abstürzte.

20 m über dem Stand war im Kamin eine Kanzel. Hier schien die Welt mit Brettern vernagelt. Ich spreizte auf diese Kanzel, aber kaum stand ich, brach sie unter mir

ab. Ich konnte mich nicht mehr halten, sprang noch geistesgegenwärtig von der Wand weg und stürzte – in den Kamin. 50 m betrug die Fallhöhe. Ich war bei normaler Besinnung. Spürte alles. Fiel vier- bis fünfmal im Kamin auf, mit dem Kopf nach unten. Plötzlich ein Ruck, es riß mich mit dem Kopf wieder nach oben, aber weiter gings. Gedacht hatte ich mir nicht viel, nur lang kam mir der Flug vor.

Bald blieb ich aufrecht auf ganz kleinem Stand im Kamin stehen; 30 m unter Waldemar. Im ersten Moment spürte ich nichts und war sogar ganz gut gelaunt. Ich tastete mich ab. Am Kopf Blut, also ein Loch. Die neue Schnürlsamthose zerrissen, um die tat's mir am meisten leid, da ich immer so auf sie aufpaßte. Die Knie und Hände zerschunden, die Hüfte vom Seil aufgeschürft. Dann wollte ich zum Waldi hinaufklettern. Keine Kraft in der linken Hand. Der Mittelhandknochen des kleinen Fingers war gebrochen. Waldi staunte nur, daß ich noch leb'. Sein Haken ging heraus, ihn zog es mit, und als er an der äußersten Kante des Schotterbandes anlangte – er sah schon den Absturz beider vor Augen –, blieb ich im Kamin stehen. Wir hatten eigentlich beide keinen Schrecken davongetragen, es ging zu schnell. Mit einer Ruhe sagte Waldemar, wir müssen durch. Aber er kam auch nicht über meinen Standplatz hinaus.

Nun seilten wir uns ab. Bald waren wir am großen Überhang angelangt. Ohne Sicherung standen wir zu zweit auf einem winzigen Standplatz. Das heißt, ich stand mit einem Fuß im Tritt, den anderen in der Luft, und er saß auf meinem Knie. Beide an einen Haken gebunden, so versuchten wir das Seil abzuziehen. Dann ging ich als erster ohne Sicherung die Fahrt ins Blaue an. Bald wölbte sich der Fels nach innen und ich hing in der Luft; ein, zwei, drei, vier, fünf Meter von der Wand weg. Es drehte mich im Kreis herum. Da riß mir beim Anorak am Hals die Naht und ich hatte das Seil im Nacken. Dazu kam noch das Gewicht der beiden frei in die Luft hängenden Seile, das mich fast nach hinten hinabzog.

Bald war ich in der Höhe des Standplatzes, das Seil war aus, ich hing aber noch in der Luft. Nun kam es drauf an. Ich pendelte, immer stärker, dabei noch immer im Kreis drehend. Im günstigen Moment holte ich aus, kam mit den Füßen auf den Standplatz, schwang den Oberkörper nach und stand. Nun folgte Waldi, der es leichter hatte, ich zog ihn einfach zu mir her. Lang hätte ich mich in der Lage nicht mehr halten können, die Hände schmerzten vom Festhalten, und am Hals hatte ich eine nette Brandwunde.

Nun kam noch zu allem Überfluß ein Gewitter, das Seil war naß und ließ sich nicht abziehen. Wir kamen uns vor wie in einer Mausfalle. Hinauf konnten wir nicht, hinunter ohne Seil auch nicht. Mit allen Raffinessen versuchten wir, das Seil zu bekommen. Er schwang, ich zog was ich konnte. (…) Anfangs durch das Gegengewicht noch langsam, dann immer schneller werdend kam das Seil herab. Nun flog es im Bogen daher. Wir waren froh, als wir es in der Hand hatten. Noch eine 40-Meter-Abseilstelle kam, dann waren wir in der Steinernen Rinne, gerade als das Gewitter richtig losbrach. Aber was scherte uns das, wir waren froh, aus dieser Wand noch so herausgekommen zu sein.

Nun merkte ich erst die Prellungen in den Füßen und an der Hüfte, alles schmerzte beim Gehen. Da ich nur langsam vorwärts kam, ging ich voraus, während Waldi noch die Seile rollte und etwas aß. Als ich allein, so ungewohnt langsam, daherkam, wußten die Kameraden schon, daß da etwas nicht stimmte, und kamen mir entgegen. Als sie mein noch vom Blut verkrustetes Gesicht sahen, fürchteten sie schon Schlimmstes und fragten, ob der Waldi tot sei. Sie hatten sich aber bald beruhigt, als ich ihnen alles erzählte und sie sahen, daß es gar nicht so arg ist. Ich bekam erst einmal pfundig zu Essen und ein Bett zum Schlafen. Am nächsten Morgen konnte ich kaum aufstehen, so schmerzten die Fußgelenke. Vier Wochen Revierruhe verschrieb mir daraufhin unser Truppenarzt.

„Klettern ist kein kraftvolles Höherklimmen, sondern ein elegantes Emporgleiten."

Hermann Buhl

8. August 1943
Totenkirchl-Westwand, Wilder Kaiser
Dülferweg

Mit Herbert Eberharter; 2. Partie: Ernst Waldhof, Fr. Glätzle.

Bei Nebel und Regen vom Stripsenjoch weg zum Einstieg; der Nebel riß entzwei, mittlerweile wurde schönes Wetter. Einstieg von der Winklerschlucht (in die Westwand; Anm.d.H.) schwer zu finden. Bis zum ersten Quergang – bes. Kennz.: Scheunentorhaken – seilfrei;

Die Maukspitze-Westwand im Wilden Kaiser. In sie hatte sich der Kitzbüheler Wastl Weiß „verbissen". Zusammen mit Hermann Buhl und Hans Reischl glückte ihm die Erstbegehung.

wunderbare Kletterei, fester Fels. Alle Quergänge geklettert; ohne Seilzug, luftig; Ausstiegsrisse fantastisch; sehr lang. Wandhöhe: 600 m. Zählt zu den schönsten Kaisertouren. Am Gipfel Nebel, Gewitterstimmung; Abstieg Führerweg.
Zeit f. Wand: 5 Std.

22. August 1943
Maukspitze-Westwand, Wilder Kaiser
1. Begehung

Die Maukspitze im Ostkaiser weist zwischen dem Spenglerkamin links und der Südverschneidung rechts eine ganz glatte, senkrechte Wand auf, die Westwand. Sie wurde schon mehrmals von den besten Innsbrucker, Münchner und Kitzbüheler Kletterern versucht, aber die glatten Quergänge in der oberen Hälfte wiesen jede Partie zurück.

Der eifrigste Anwärter auf die Wand war wohl der Kitzbüheler Spitzenkletterer Wastl Weiß. Mit seinen 31 Jahren stand er keinem Jüngeren was zurück. Er hatte diesen Sommer schon mehrmals die Wand versucht. Einmal hatte er die Quergänge schon hinter sich, als er knapp vor Überwindung der Schlüsselstelle durch Ausbrechen eines Hakens 20 Meter stürzte. Sämtliche Haken bis auf den Standhaken gingen heraus. (…) Als er einmal hörte, daß Münchner in die Wand gehen wollten, nachdem sie vorgenagelt hatte, seilte er sich allein vom Gipfel die ganze 500 Meter hohe Wand ab, ohne zu wissen, ob er überhaupt das Kar erreicht, und schlug sämtliche Haken heraus. Die Münchner stiegen auch ein, aber sie mußten bereits im unteren Teil, in den überhängenden, kraftraubenden Kaminen umkehren.

Wastl hätte für die Wand sein Leben gegeben. Als Kitzbüheler und Hüttenwirt der Ackerlhütte, die direkt unter der Wand liegt, hielt er es auch für seine Ehre, ihre Erstbegehung zu machen. Wastl sah aber keine ernsthaften Bewerber mehr, und so wollte er warten, bis er den richtigen Partner für die Wand hatte. Sie hatte auch fast den ganzen Sommer Ruhe.

Ich wußte wohl davon, hatte aber kein Interesse dafür, weil mir klar war, wie sich Wastl für die Wand einsetzte. Bis mich eines Tages Hans Reischl, mit dem ich die

Mühlsturzkante gemacht habe, dazu überredete, dieses letzte Problem im Kaiser zu versuchen. Es sah mich doch wieder an, und so sollte der kommende Samstag dieser Wand gelten. Bergurlaub bekam ich natürlich keinen, so flog ich schwarz ab.

Wir waren schon früh am Ackerlhüttl und benützten den Nachmittag, um die Wand zu studieren. In der Nähe der Hütte saßen wir auf einem Felsblock und betrachteten die Wand. Der Weg war ziemlich vorgeschrieben. Im unteren Teil die Kamin- oder Rißreihe, dann ein leichterer, grasdurchsetzter Teil, und zum Schluß das Felsdach, das die ganze Wand nach oben sperrt. Hier war das große Fragezeichen. Darunter, darüber, rechts, links davon alles glatte, senkrechte Platten, wo wir nicht einmal mit unserem Feldstecher ein Rißl oder sonst einen Haltepunkt entdeckten. Und wenn schon ein Quergang nach rechts möglich war, so mußte man rechts des Wulstes hinauf. Es handelte sich da nur um zwei Seillängen. Wir konnten schauen so viel wir wollten, auch abends bei besserem Licht, wir sahen nichts. Wir müssen's halt einmal versuchen, sagten wir uns.

Inzwischen kam Wastl daher, der uns schon länger beobachtet hatte. Er wußte ja gleich, was da vorging und war sichtlich verärgert darüber. Wenn wir morgen einsteigen, schiaßt er uns herab, meinte er. Ich wollte mich mit dem Wastl nicht verstreiten und hätte auch abgesagt, aber mein Partner versteifte sich einmal auf diese Tour. Nach langem Reden, ich mußte meine ganze Redekunst anwenden, gelang es mir, Wastl so weit zu bringen, daß er auch mitging. So waren wir zu dritt. Mir fiel ein Stein vom Herzen, jeder war somit zufriedengestellt. Lieber wär's mir zwar zu zweit mit dem Wastl gewesen.

Wastl richtete noch alles her, seine „Spezialhaggei". Wir bekamen auf der Ackerlhütte kräftig zu essen und legten uns dann schlafen. Anderntags wurden wir um 5 Uhr früh geweckt. Ein kräftiges Essen war schon bereit, und um 6 Uhr verließen wir das liebliche Hüttl.

Um 7 Uhr stiegen wir ein. Meine Kletterpatschen waren mir um einige Nummern zu groß, so mußte ich Tücher hinten hineinstopfen. 15 m rechts des Spenglerkamins ist der Einstieg. Eine Seillänge geht's leicht empor bis zu einer Höhle. Wastl überließ mir gleich die Führung, die ich bis zur Schlüsselstelle behalten sollte. Er ging als Letzter.

Die erste Seillänge geht noch an, trotzdem auch hier schon der Fels überhängt und teilweise sehr brüchig ist. Dann kommen aber Kamine, wie ich sie noch nie machte. Drei Seillängen sind es. Äußerst anstrengend und kraftraubend sind sie. Eine Stelle ist mir besonders in Erinnerung. Innen ist der Kamin ganz eng, aber er weitet sich nach außen komisch mit ganz glatten Wänden, und das hängt alles noch dazu ganz nett über. Ich wußte nicht, wie ich da hinauf soll. Mit den Füßen verklemmte ich mich im Kamin, und mit der linken Hand erreichte ich einen Griff, nur so klein, daß ich mich mit einigen Fingerspitzen daran hochziehen konnte. Das alles fast ohne Sicherung, denn Haken gingen keine hinein.

Nach einigen sehr schwierigen Stellen, wobei ich einmal nach links aus dem Kamin herausmußte, stand ich im mittleren Teil unter dem Riß, der vom Wulst herabzieht. Es war 10 Uhr. (…) Wir verspürten Hunger und nahmen was zu uns, denn hier war die letzte Möglichkeit, mit Ruhe und im Sitzen zu essen. Wie mochte erst die Schlüsselstelle sein, ich konnte es mir schwieriger nicht mehr vorstellen.

Bald ging ich die Kletterei wieder an. Der Riß zum ersten Quergang ging ganz gut. Nun ließ ich Wastl nachkommen. Ich querte unter dem Dach nach rechts, an ziemlich schlechtsitzenden Haken, bis mir endgültig ein Halt geboten wurde. So hoch als möglich schlug ich nun einen Haken hinter eine Schulpen (= Schuppe; Anm.d.H.), vorsichtig, nur einige Zentimeter tief, damit der Fels nicht herausbricht. Ein langer Ringhaken weiter unten in ganz glatter Platte zeugt von einem Versuch, er stammt von Rebitsch. Nun ging ich den Quergang an. Vorsichtig, jede Bewegung überlegend, kam ich langsam hinüber. Nach 5 m ist fast in gleicher Höhe des Querganghakens ein kleiner Tritt. Den zu erreichen gilt es. Ich konnte ihn wohl erreichen, aber nur mit den Händen. Das nützte mir aber nichts, da ich nicht hinaufkam, denn unten herum ist alles glatt. Plötzlich bricht der Querganghaken heraus und ich pendle schon zurück, wo mich Wastl auffängt.

Gleich bin ich wieder oben, schlage den Quergangshaken etwas tiefer hinein und gehe den Quergang von vorne an, aber etwas höher als zuvor. Es ist ein völlig

Mauk-Westwand, erste Begehung. Wastl Weiß im Riß zu den Quergängen.

waagrechter Quergang, wirklich glatt, mit Rauhigkeiten für die Fingernägel. Er stellt wohl alles bisherige an Quergängen in den Schatten. Endlich bin ich drüben, ich schwinge mich hinauf und stehe mit einem Fuß am Tritt, der andere ist in der Luft. Mit den Händen den Fels streichelnd, halte ich das Gleichgewicht.

Über mir ist eine vier Meter hohe, glatte Wandstelle, griff- und trittlos. In ein kleines Felslöchl stecke ich einen Holzkeil, und in diesen einen Spezialhaken, kurz und vierkantig, der sitzt gut. Dann gehe ich auf Zug, steige auf den Haken, schlage weiter oben in einen Riß von unten zwei Haken hinein, nur ein, zwei Zentimeter, gehe kurz auf Zug nach oben und erreiche den ersten Griff. Dann klettere ich einige Meter empor und bin am Standplatz unterm Wulst. Standplatz ist gut gesagt; es ist mehr ein Hängen im Haken. Wastl und Hans waren mit Hilfe von meinem Zug bald bei mir. Ich machte den Wastl noch aufmerksam, er soll den Haken mit dem Holzkeil stecken lassen, denn sonst ist ein Durchkommen für andere unmöglich. Ich überzeugte mich auch davon, er blieb in der Wand. (Hermann Buhl glückte am 26./27. Dezember 1948 zusammen mit Peter Hofer die erste Winterbegehung der Mauk-Westwand; Anm.d.H.).

Die Sonne brannte inzwischen heiß herab und machte uns stark schwitzen. Aber wir achteten gar nicht darauf, unsere Gedanken waren nur beim Klettern. Nun seilte ich mich auf einen kleinen Standplatz ab, wo ich wartete, bis Wastl den Hans nachgesichert hatte. Das Stehen auf dem kleinen Platz war mir zu anstrengend, und so querte ich einige Meter nach links, wo eine kleine Nische in der Wand war. Mein Körper hatte darin gerade Platz. Durch die Hitze und die Müdigkeit nickte ich bald ein. Als ich die Augen aufmachte und mich von meiner luftigen Lage überzeugt hatte, war ich etwas vorsichtiger. Aber die Müdigkeit nahm überhand. Dreimal nickte ich ein, bis mir die Sache zu gefährlich wurde und ich wieder meinen alten Standplatz aufsuchte. Bald kam Wastl nach. Ich ging nun weiter; zehn Meter einen Riß hinauf, von wo ich mich wieder nach rechts abseilte, einen kurzen Quergang nach rechts machte und mich abermals abseilte. Nun war ich am tiefsten Punkt der Querung angelangt, und über mir baute sich die Schlüsselstelle auf.

Mauk-Westwand, erste Begehung. Der führende Hermann Buhl, fotografiert von Wastl Weiß, knapp unterhalb der Schlüsselstelle. Buhls Originalroute ist nur sehr selten wiederholt worden.

Einige Zeit verging, bis wir alle hier auf dem kleinen Standplatz versammelt waren. Nichtsahnend, daß nun die Schlüsselstelle kommen sollte, ging ich die nächste Seillänge an. Viel Haken hatte ich nicht mehr, besonders die kurzen waren mir ausgegangen. Nach einem kurzen Quergang nach rechts kam ich in eine seichte Verschneidung, welche aber bald einer glatten Platte Platz machte. Vereinzelte kurze Risse waren in ihr nun sichtbar. Ich glaubte, meine Kletterkunst ist nun zu Ende und fragte Wastl, wie ich da tun soll. „Ja, da gehst halt so hinauf", war die Antwort. Dann sagte ich mir, wenn er hinauf gekommen ist, muß ich auch hinaufkommen.

Ich ging's halt auf gut Glück an. Haltepunkte waren keine da, nur an Haken kam ich höher, und die saßen nur ein bis zwei Zentimeter im Fels. Mein gesamtes Gewicht mußte ich ihnen anvertrauen. Wenn einer herausgeht, gehen alle mit. So kam ich die 10 Meter bis unter einen Überhang. Hier war die Krönung. Unter dem Überhang war eine Schulpen, ein kleiner Riß, wo ich meinen kürzesten Haken anbrachte, und zwar von unten hinaufgeschlagen, ungefähr einen Zentimeter tief. Wenn nur der Haken hält, dachte ich mir.

Ich ging nun vorsichtig auf Zug nach oben, stemmte mich mit dem Körper über den Haken, langte über den Überhang und erreichte einen kleinen Griff. Die zweite Hand griff nach. Seil nachlassen, und nun rutschten die Patschen am glatten, überhängenden Fels ständig ab. Nur jetzt nicht lockerlassen, und mit meinem ganzen Aufwand an Kraft und Energie kam ich über die Stelle und stand am Standplatz.

Zwei Ringhaken gingen in den Fels, dann konnte Wastl nachkommen. Einige Haken gingen schon durch das Seil und durch bloßes Berühren heraus, darunter auch der letzte, kurze Haken. Beim Dritten war schon fast kein Haken mehr drin, ihn mußten wir regelrecht heraufziehen, ganz fertig kam er heroben an.

Jetzt sagte mir Wastl, daß das die Schlüsselstelle war. Ich war natürlich sehr erfreut darüber. Nun löste mich Wastl in der Führung ab, darüber war ich froh. Für diese Seillängen seit der Rast hatten wir 9 Stunden benötigt. Die Sonne war bereits im Sinken und wir mußten uns beeilen, wollten wir vor Dunkelwerden noch den Gipfel erreichen. Nun kamen noch zwei sehr schwere Seillängen, die aber an das Vorhergegangene niemals herankamen, dann waren wir aus den Schwierigkeiten. Über leichten Fels erreichten wir den Grat, der zum Gipfel führt – gerade als es dunkel wurde, um 9 Uhr abends.

Seit dem Einstieg waren wir 14 Stunden unterwegs, und somit ist die schwerste Kaiserwand und auch meine schwerste Klettertour gefallen. Auf der Ackerlhütte wurden wir ganz groß empfangen und konnten erst einmal unsere Mägen füllen.

„Am wohlsten fühlte er sich immer hart am Rande des Möglichen. Er war der typische Mann für das 'Gerade-noch!` Daß er diese Grenze niemals überschritt, war eine seiner hervorragendsten Eigenschaften im Fels."

Marcus Schmuck

Drittes Tourenbuch

21. Juni 1944 bis 3. August 1950
Auszüge

Das dritte Tourenbuch Hermann Buhls beginnt mit der Eintragung „Fronturlaub – Sommer 1944". Buhl war 1943 als Sanitäter der Hochgebirgstruppe von der Ausbildungseinheit in St. Johann/Tirol an die Italienfront versetzt worden. Während der Urlaubstage zwischen 21. Juni und 16. Juli 1944 unternimmt er bei immer besser werdender Form elf Klettertouren, hauptsächlich mit Herta Maier. Zusammen mit ihr und Fritz Stadler gelingt Buhl die Predigtstuhl-Mittelgipfel-Westwand, an der er eine Variante (wahrscheinlich) zur Haslacher-Behringer-Führe eröffnet:

1. Juli 1944
Predigtstuhl-Mittelgipfel-Westwand, Wilder Kaiser

Mit Herta Maier und Fritz Stadler.
Dürfte die schwerste Tour am Predigtstuhl sein. Am Morgen war's saukalt; bis zur Westschlucht leicht, dann wird jede Seillänge schwerer und luftiger; eine Fleißaufgabe gemacht; statt rechts in die Wand gequert, den Riß direkt hinauf erstiegen. Narrisch schwer; überhängend, kleingriffig und alles ohne Haken; war am Ende meiner Kräfte; der Riß, wo Rittler und Brendel stürzten; mußte sogar dem Fritz Seilzug geben. Wandhöhe: 300 Meter; obere vier Seillängen äußerst schwierig.

Allein neun der elf Urlaubstouren unternimmt Buhl in den Kalkkögeln. Neben amüsanten Episoden kommt bei einer Schilderung, jener der Durchsteigung der Kleinen-Ochsenwand-Nordostwand, schon sehr deutlich die Kompromißlosigkeit durch, mit der Hermann Buhl „nach oben" geht. Gewittersturm, Blitz, Donner, Hagelschlag halten ihn nicht davon ab, die Schlüsselstelle – einen schwierigen Quergang – ohne Zwischensicherung zu bewältigen. Aus dem unmittelbar folgenden Text aber ist abzuleiten, daß Buhl diese Unternehmungen nicht gleich hinterher in sein Tourenbuch eingeschrieben, sondern sie erst zwei Jahre später – also 1946 und etwa ein Jahr nach Rückkehr aus der Gefangenschaft – nachgetragen hatte.

An der Predigtstuhl-Mittelgipfel-Westwand (links der Bildmitte) im Wilden Kaiser kletterten Hermann Buhl, Fritz Stadler und Herta Maier eine damals äußerst schwierige Rißvariante zur Haslacher-Behringer-Führe.

7. Juli 1944
Große Ochsenwand, direkte Ostkante, Kalkkögel
Rebitschweg
3. Begehung

Mit Herta Maier. Herta mußte Rucksack und zwei Paar Schuhe tragen; muß ich heute, nach zwei Jahren, noch immer hören. Pfundstour. Höhe: 600 m, äußerst schwierig; Schlüsselstelle eine 40 m-Verschneidung, überhängend, ohne Haken; im unteren Teil sehr luftig; der Herta zum Trotz Fleißaufgaben gemacht; immer an der Kante gegangen, im oberen Teil gratartig zum Gipfel. Wunderbarer Tag. Lang am Gipfel gesessen und gesungen.

8. Juli 1944
Kleine Ochsenwand-Nordpfeiler, Kalkkögel
Schmidhuberweg, Hangeltraverse

Mit Herta Maier. Am Einstieg kleine Auseinandersetzung wegen Anseilens. Ich befehle „kurz" wegen zu knappem Seil, sie hat ihren Schädel, seilt sich lang an mit Schulterschlinge. Wunderbare Stemmkletterei im Kamin. Vom Pfeilerkopf Spreizschritt auf gegenüberliegende Wand; kurze schwere Wandstelle, dann folgt Hangeltraverse, dies im wahrsten Sinne des Wortes „zwischen Himmel und Erde". Die Füße fast in der Luft, 30 Meter mit wenigen Haken hinüber unter Dach.
Ich muß noch einmal maulen. Die Herta hat narrisch „Schiß"; traut sich ohne Seilschwanz nicht nachgehen, und nun kommt das, was ich sagte: die Seile geben nicht nach, sie kommt kaum herüber. Ich muß noch einmal zurück, Seile aushängen. Den nun bekannten Weg weiter; äußerst schwierig.

„Er war ein Nur-Bergsteiger. Er hat lange keine anderen Ausweichfreuden gekannt."

Hans Seidel

9. Juli 1944
Mittlere (Schlicker) Zinne-Nordwestkante
Kleine Ochsenwand-Nordostwand, Kalkkögel
9. Begehung

Mit Herta Maier, Pertl Ernst, Laichner Walter. An der Weggabelung zur Alpenklubscharte überlegen wir. Ich will die Kleine Ochsen NO, sie wollen Schlickerzinnen, jeder sagt, mir is' gleich, und doch hat jeder seinen Kopf. Der Herta ist die Kleine Ochsen NO zu wenig, es ist keine „Sechs obere Grenze". Sie ist eben verwöhnt. Nach einer halben Stunde losen wir aus. Wir entscheiden uns für die Schlickerzinnen. Schinder zum Einstieg. Narrisch brüchig. Zwei schwere Seillängen, narrischer Überhang (Seilwurfstelle). Ich erklettere ihn frei, ohne Haken. Walter packt der Ehrgeiz, er ging ihn auch frei. Machten Pfundsquergang, dann immer an der Kante über mehrere Überhänge zum Gipfel. Ganze Türme wackeln. Die unzufriedene Herta ging mit Walter Schlicker-Nordturm, ich mit Ernst zur Alpenklubscharte. Ich bin ohne Seil abgestiegen, worüber die Herta wieder einige Worte zu verlieren hatte.

Nachmittags Kleine Ochsen NO Wand gemacht. Höhe 250 m, fast senkrecht, äußerst schwierig. Zeit: 1 Stunde. Alles ohne Haken gegangen. Nur zwei Haken waren in der Wand. In der Mitte überraschte uns ein heftiges Gewitter. Der Sturm blies narrisch über die A.K.Scharte her und peitschte den Regen waagrecht in die Wand. Er warf uns fast von den kleinen Standplätzen. Wir gingen trotzdem weiter. Das Seil hing im Bogen in die Luft hinaus. Nebel fiel ein, es blitzte und donnerte um uns, und als ich gerade an der Schlüsselstelle hing, fing es narrisch zu hageln an. In den Griffen lagen im Nu Hagelkörner und Eis. Ich war patschnaß, die Finger waren steif vor Kälte und Nässe. Ich überlegte, ob ich einen Haken schlagen sollte oder nicht, fand aber kein geeignetes Loch und machte den Quergang dann frei. Das Seil hing im Bogen 40 Meter zum Kameraden hinunter. Er folgte auch frei, wäre aber bald geflogen, da ihm ein Griff ausbrach. Noch eine Seillänge, dann waren wir draußen am Schotterband.

Die anderen zwei saßen bereits im Kar, geschützt unter einem großen Block, und sorgten sich um uns. Wir waren aber in einer Stunde durchgestiegen. Eine narrische Zeit, noch dazu bei diesem Wetter. Beim Abstieg ließ der Regen nach, wir kamen patschnaß auf der Hütte an. Bald klarte es auf, und abends war das schönste Wetter.

Die Kleine Ochsen NO Wand ist wohl die schönste Tour in den Kögeln. Das Gestein ist im Unterschied zu den anderen Touren eisenfest und gut griffig.

„Einstieg. Gipfel. Die beiden eindrucksvollsten Momente."

Hermann Buhl

16. Juli 1944
Riepen-Westkante, Kalkkögel
allein

Meine letzte Urlaubstour. Ich streife unter den Riepen herum, schaue mir die Wände an, geh' allein zur Hangeltraverse der Verschneidung hinauf und wieder zurück, dann entschließe ich mich für die Westkante. Rechts der Kante ist der Einstieg. Eine Seillänge geht's sehr schwer und überhängend empor zur Kante, dann in luftiger, schöner Kletterei an dieser hinauf. Hinter mir folgen Ernst und Walter, die aber wegen des bald einsetzenden Gewitters umkehren. Der Fels ist naß, und ich muß vorsichtig gehen. Die obersten Wandstellen sind sehr ausgesetzt, da man direkt über der überhängenden Westwand steigt.
Schwer fällt der Abschied von den Kögeln, aber es muß sein. Am nächsten Tag fahre ich zurück nach Italien.

Zurück nach Italien, das bedeutet: zurück an die Front. Der nächstfolgende Tourenbucheintrag steht unter dem Titel: „Sommer 1945!". Und: „Am 16. August 1945 aus der Gefangenschaft aus Tarrent zurückgekehrt, machte ich bald nachher meinen ersten Kletterversuch."
Mit Herbert Eberharter geht Buhl in die Nordostwand der Kleinen Ochsenwand, doch er merkt, „daß mein Können und meine Sicherheit stark gelitten hatten". Bald darauf, an der Scharnitzspitze, ist Hermann „schon wieder besser in Form", und im gleichen Monat klettert er bereits die „Herzog-Fiechtl" an der Schüsselkarspitze-Südwand.
Im Spätherbst glückt Buhl, der nun sein altes Können zurückgewonnen hat, die zweite Alleinbegehung der Auckenthalerführe an der Martinswand:

1. November 1945
Martinswand, Karwendel
2. Beg. im Alleingang

Nach einer längeren Pause wollten wir am 1. November – einem richtigen Novembertag, es war kalt und nebelig – zu dritt die Martinswand machen. Gruber W. und noch ein Innsbrucker waren die Wagemutigen. Ich dachte mir, hoffentlich kommt der Rebitsch Hias nicht, sonst gibts noch eine Blamage.
Den Kamin ging ich seilfrei, und in der Verschneidung wollte ich warten. Doch es dauerte mir zu lange, so

*„Wer Hermann Buhl richtig
‚haben' wollte, mußte mit ihm
ins Karwendel gehen."*

Marcus Schmuck

Mathias Rebitsch hatte Hermann Buhl durchaus als jüngeren Konkurrenten empfunden, gratulierte diesem aber mit einem Kartengruß ins Broad-Peak-Basislager neidlos zum zweiten Achttausender.

ging ich Seillänge um Seillänge weiter, von einem Standplatz zum anderen; immer mit der Absicht, dort zu warten. So ging ich schließlich die ganze Wand allein in der Zeit von 1 Stunde. Als ich wieder auf die Straße kam, waren die anderen gerade in der Wandmitte.

Hierher paßt nun recht gut eine Episode des von Buhl bewunderten Mathias Rebitsch:

„An eine kleine, an sich unbedeutende Begegnung mit Hermann Buhl erinnere ich mich eigenartigerweise besonders lebhaft; viel stärker als an unsere später, fast dramatisch verlaufene gemeinsame Durchsteigung der Grands-Charmoz-Nordwand: Es war noch zur Zeit, da er darum rang, sich einen Namen zu machen. Wir hatten uns zufällig auf der Straße getroffen. Es schien mir, als hätte er irgendwie eine heimliche Scheu vor mir gehabt. Er gab sich etwas zurückhaltend, fast ein wenig gehemmt. Vielleicht argwöhnte er, mißtrauisch gegen seine Umwelt durch trübe Erfahrungen aus seiner frühen Jugend her, daß ich ihn neidisch als ‚Kletterkonkurrenz' betrachten würde und seinem aufflammenden Ruhm im Wege stehen wolle. Er war sehr hager und sah recht hungrig aus – nicht nur nach Essen… In seinen Augen brannte es…

Ich lud ihn zu einem Mittagessen ein. Das war damals, gleich nach dem Krieg, nicht so einfach und bedeutete etwas. Es ging noch alles auf Marken und jeder hatte zu schauen, wie er sich mit seinem Wenigen durchfrettete.

Vom Klettern redeten wir natürlich. Ich sagte ihm ein paar freundliche, anerkennende Worte über seine kühnen Felsfahrten. Und da bekamen seine Augen auf einmal einen ganz anderen, einen weichen Glanz, fast einen feuchten Schimmer, wie mir schien. Er wirkte plötzlich gelöst, fröhlich, aufgeschlossen, fast knabenhaft weich. Da saß vor mir auf einmal nicht mehr der beinharte Felskletterer Buhl mit den stählernen Nerven in steilster Wand – das war der andere, der feinnervige, empfindsame, gefühlsweiche Hermann. Da war es in ihm aufgebrochen, in dem mit seinem schrankenlosen Höhendrang oft alleinstehenden, sich oft verkannt fühlenden Jungen, der keine gute Kindheit gehabt hatte, und der deshalb nach guten Worten, nach Verständnis und Anerkennung hungerte, der sich nach innen verzehrte. Dem daneben – im verrückten Sturm und Drang – der Aufbau einer ‚bürgerlichen Existenz' vorerst nichts bedeutete, und der den darob gegen ihn vielleicht zu oft mahnend erhobenen Zeigefinger zutiefst haßte. Er suchte und fand den Ausgleich, seine Traumwelt und sein Glück in den Bergen, in denen er dann blieb. (…)

Ich hatte Hermann noch nie so ganz gelöst erlebt wie bei diesem einfachen Mittagessen, auch später nicht mehr. Und er bedankte sich so nett und so herzlich für die kleine Einladung, daß auch mir ganz warm wurde."

Hermann Buhls drittes Tourenbuch ist, obwohl die Eintragungen bis weit in den Sommer des Jahres 1950 hineinreichen, lückenhaft. Sehr wahrscheinlich fehlte Hermann nun die Muße, Tourenbuch zu führen. Denn in dessen Zeitraum fällt eine Reihe von Buhls wichtigen Erstbegehungen: etwa die erste Gesamtdurchsteigung der Geraden Nordwand der Laliderer Spitze (mit Luis Vigl), die beiden Routen am Lamsen-Hüttenturm (mit Luis Vigl und Rudolf Schiendl), die Gerade Nordwand des Rotwandlspitze-Ostgipfels, die Gerade Westwand des Speckkarspitze-Nordwestecks (beide mit Luis Vigl) oder die Dach-Verschneidung an der Ostwand des Sagzahns (mit Fritz Stadler) im Rofangebirge – um nur einige Neutouren zu nennen.

Als einzige seiner Erstbegehungen der damaligen Zeit schreibt Hermann Buhl die „Rofanturm-Direkte-Westkante" (25.7.1946, mit Wolfi Girardi) in das kleine, leinengebundene „Büchl" ein. Danach kommen nur noch ein paar stichwortartige Eintragungen, unter anderen über eine Alleindurchsteigung des Melzerweges (V) an der Pflerscher-Tribulaun-Nordwand.

1948 fährt Buhl zusammen mit Luis Vigl, Erwin Schneider und Mathias Rebitsch zum ersten Mal in die Westalpen. Die Verhältnisse sind schlecht. Trotzdem gelingen die Nordwand der Grands Charmoz (Buhl/Vigl/Rebitsch) und die Nordwand der Aiguille de Triolet (Buhl/Vigl).

1949 hakt Hermann Buhl frühe Wiederholungen großer Dolomitenrouten ab. Im Sommer desselben Jahres fährt er mit dem jungen, leistungsstarken Martin Schließler aus Mannheim erneut in die Montblancgruppe. Ein Wettersturz vereitelt die Begehung des Walkerpfeilers. Danach versuchen sich Buhl und Schließler am gesamten Peutereygrat. Doch treibt sie von der Aiguille Noire – nachdem sie deren berühmten Südgrat in Rekordzeit geklettert haben – ein schweres Gewitter zur Noirehütte zurück.

Unter den dünnen Decken holt sich Schließler eine Erkältung. Am Morgen des darauffolgenden Tages steigen er und Buhl zum Zeltplatz in Entrèves ab. Sie sortieren ihr Material und steigen zur Brenva-Biwakschachtel auf. Schlaflos und schweißgebadet liegt Martin Schließler auf dem Lager. Er ist ernsthaft krank, bricht aber trotzdem kurz nach Mitternacht mit dem unbeirrbaren Buhl auf, um die Nordwand der Aiguille Blanche (zweite Begehung) zu machen und im Anschluß über den Peutereygrat den Montblancgipfel zu erreichen.

Wieder droht das Wetter umzuschlagen. Schließler schafft die schwierige Eiswand und schleppt sich – es schneit mittlerweile – zum Col de Peuterey.

Sie steigen zum Gipfel des Montblanc und retten sich über den Bossesgrat hinunter in die Vallothütte. Keine Decken, keine Daunenjacken – die Nacht, nur im Zeltsack auf einem Eisenrost, gleicht einem Biwak. Für den kranken Schließler die Hölle: „Schüttelfrost und rasendes Kopfweh lassen mich keinen Schlaf finden."

Der nächste Morgen ist strahlend schön. Buhl möchte nicht über die Normalroute absteigen, sondern wieder hinauf zum Montblanc und über Col de la Brenva, Mont Maudit, Montblanc du Tacul und den Géantgletscher zur Turiner Hütte und nach Entrèves zurück. „An diesem Tag habe ich alle Gefühle abgeschaltet, bin einfach gelaufen, gelaufen und noch einmal gelaufen. Ich habe (…) nur noch

Im Verlauf ihrer ersten Westalpenfahrt durchstiegen Hermann Buhl und Luis Vigl in Begleitung von Hias Rebitsch die knapp 900 Meter hohe Nordwand der Grands Charmoz in den Aiguilles von Chamonix.

die Spur vor mir gesehen, zwölf Stunden lang, dann kroch ich wie ein todkrankes Tier ins Zelt." (Schließler)

Zwei Tage später versucht sich Martin Schließler doch noch einmal aufzuraffen und mit Hermann Buhl die Aiguille-Noire-Westwand zu durchsteigen. Aber es geht nicht mehr. An der Gambahütte bricht der Kranke mit schwerem Schüttelfrost und Untertemperatur zusammen. „Nur mit Aufputschmitteln kam ich wieder zurück zum Zeltplatz. Einige Tage später fuhr ich mit einer Gruppe Innsbrucker Bergsteiger heimwärts. Hermann blieb noch einige Tage in Entrèves, er wollte versuchen, doch noch irgendeine Wand zu machen."

Soweit Martin Schließler, der damals Unvorstellbares leistete. Diese Geschichte macht wie kaum eine andere die Art und Weise deutlich, wie kompromißlos Hermann Buhl seine Partner forderte. „Schlechte Tage" gab es für ihn nicht, Müdigkeit nur kurzfristig. Vor dem Nanga Parbat hat sich der nimmersatte Buhl ein einziges Mal bis zur tödlichen Erschöpfung verausgabt. Das war bei einem fürchterlichen Wettersturz in der verschneiten und vereisten Eiger-Nordwand.

Ab 1951 beginnt Hermann Buhl, in Bergzeitschriften – vorwiegend im „Bergsteiger" – Artikel über seine großen Touren zu veröffentlichen. Ob und wieweit diese Aufsätze vom damaligen Chefredakteur Josef Julius Schätz lektoriert und möglicherweise verändert worden sind, läßt sich nicht mehr feststellen. Vergleicht man aber die wenigen noch vorhandenen Original-Aufsatzmanuskripte des Hermann Buhl mit den in den Zeitschriften – später auch im Jahrbuch des Deutschen Alpenvereins – veröffentlichten Geschichten, so dürfen wir seine Erzählungen guten Gewissens als „Buhl original" lesen.

Hermann Buhl (zweiter von rechts) Anfang der 50er-Jahre vor dem Taschachhaus (Ötztaler Alpen). Links Sepp Fürreiter, daneben Rudolf Schiendl (Buhls Partner bei Erstbegehungen im Rofan), ganz rechts Rudl Steinlechner.

Erste Winterbegehung der Marmolata-Südwestwand

4. März 1950. Die Berge liegen im tiefen Neuschnee-
kleid, doch ein stahlblauer Himmel breitet sich über
ihnen aus. Zu viert flitzen wir, im Auto eines Klubkame-
raden, die Brennerstraße aufwärts. Unsere Begleiter
sind Theo Plattner und Rudl Seiwald. Vom winterlichen
Brenner geht es hinunter in das grüne, sonnige Etschtal. In Bozen wird Rast gemacht. Bei einem Bekannten
erkundigen wir uns vorsichtig über die Verhältnisse an
der Marmolata, doch dieser rät uns ab. Es sei jetzt zu
lawinengefährlich, und wir sollten es bleiben lassen.
Von unserem wirklichen Vorhaben erwähnten wir natürlich nichts. Eine wunderbare Autofahrt durchs Fleimstal
nach Predazzo führte uns wieder hinein in den Winter.
Rechts und links der Straße meterhohe Schneewände,
die einem die ganze Aussicht verwehren. Nach einer
Reifenpanne erreichen wir um vier Uhr nachmittags
Canazei, den Ausgangspunkt zum Contrinhaus. Wir erkundigen uns nach dem Wirt und werden ins Hotel Maria gewiesen. Herr Dezulian nimmt uns sehr gast-
freundlich auf. Auch er war einmal Bergsteiger und hat
darum Verständnis. Als wir unsere Bitte um den Schlüssel des Contrinhauses vorbringen, war er anfangs nicht
sehr begeistert. Die Hütte gehört einer Mailänder Sektion des C. A. I., er habe nicht die Erlaubnis, den
Schlüssel auszuhändigen. Nach einigen undurchführ-
baren Vorschlägen fand sich ein Ausweg: ein Bergführer ging mit, um uns die Hütte zu übergeben. Nach
herzlichen Glückwünschen verlassen wir das gastliche
Haus. Tief versinken die Schi im unberührten Pulverschnee und schwer drücken die Rucksäcke. Um sieben
Uhr abends erreichen wir die Hütte.
Ich schaue nachts zum Fenster hinaus. Über der Marmolata hängen Nebel, und ein heftiger Sturm rüttelt an
der Hütte. Doch um acht Uhr morgens ist es wieder
schön. Nun sehen wir zum erstenmal die Südwand der
Marmolata. Im Winterkleid sieht sie eindrucksvoll aus,
so arg haben wir sie uns nicht vorgestellt. Trotzdem
wollen wir sie einmal versuchen. Die Wandrucksäcke

Mit Kuno Rainer glückten
Hermann Buhl 1950 große
Touren; zu Beginn des Jahres
die erste Winterbegehung
der Marmolada-Südwest-
wand.

werden gepackt, und dann schleppen Kuno Rainer und ich die schweren Säcke die drei Stunden zum Einstieg. Ein heftiger Nordost treibt den lockeren Pulverschnee der Nordseite über den Grat zu uns herüber, wo er wie Silberschlangen über die Wand herabrieselt.

Es ist beißend kalt. Das Doppelseil verbindet uns, jeder hat eine 30-Meter-Reepschnur und das Eisenzeug umgehängt, dazu kommt noch der Kletterrucksack mit jeweils 10 kg. So beginnt Kuno die Kletterei. Der Fels ist vereist, jeder Griff vom Triebschnee bedeckt, und die Finger sind bald gefühllos. Ein 40 Meter langer, nach links geneigter Kamin bildet den Weiterweg. Auch er ist zum Teil mit Schnee erfüllt und weist dazu oben noch einige glatte Verengungen auf. Mit äußerster Vorsicht steige ich diesen nach außen offenen Kamin hinauf. Stellen, die in der Beschreibung mit IV und V angeführt sind, verlangen von uns schon das Äußerste. Doch was in dieser Wand IV und V ist, würde woanders vielleicht schon VI bedeuten. Wir kommen zu einer Reihe verschneiter Platten. Ohne jegliche Sicherung steige ich in sie ein. So geht es 30 Meter hinauf zu einem Stand. Die Hände wühlen im Pulver vergebens nach Griffen, und die Füße stehen auf den vereisten Platten. Kaum wage ich zu atmen. Hätte der Schnee nicht gehalten, wäre es nicht gegangen. Doch auch dieses schlimmste Stück des bisherigen Aufstiegs liegt jetzt hinter mir. Kuno geht an mir vorbei und verschwindet bald nach links in einem Riß. In ununterbrochener Folge rieselt Schnee zu mir herab. 30 Meter zieht der Riß nach oben unter eine Zone überhängender, glatter Plattenschüsse. Trotz der enormen Steilheit stecken wir bis zur Brust im Schnee. Wenn wir in die Tiefe schauen, sehen wir nichts als Schnee. Der Einstieg liegt unsichtbar unter den überhängenden Wandteilen. Von oben schauen schwarze Dächer und Plattenschüsse zu uns herab. Es ist fünf Uhr abends. Erst 150 Meter, kaum ein Viertel der Wand haben wir in den vergangenen sechs Stunden geschafft. Wir rechnen, daß wir vielleicht noch bis zur zweiten Terrasse kommen würden, auch die überhängende Verschneidung könnte noch gehen, aber die anschließenden Quergänge, welche zum Schwersten zählen, diese drei Seillängen haltloser überschneiter Platten würden wir wahrscheinlich nicht mehr schaffen. Von der Gipfel-

„Beim Bergsteigen gibt es keine Zuschauer, keine Preise, keine Medaillen."

Hermann Buhl

schlucht gar nicht zu reden. So entschließen wir uns zum Rückzug. Einen Großteil der Schlosserei lassen wir hier. Da der Fels in der Fallinie derart überhängt, daß man ihn nicht mehr erreichen kann, müssen wir aufs Abseilen verzichten und in der Anstiegslinie zurückklettern. Dunkel ist es schon, als wir die letzten Seillängen hinuntertasten.

Einige Tage wollen wir warten, bis der meiste Neuschnee aus der Wand geschmolzen ist, um es dann von neuem zu versuchen. (…) Während Kuno am Contrinhaus auf mich wartet, fahre ich mit den Kameraden nach Innsbruck um Proviant für eine längere Belagerung. Am 9. März fahre ich wieder südwärts. Meine mir an der Marmolata geholte Augenentzündung macht sich unangenehm bemerkbar. Jeder Lichtstrahl ist wie ein Nadelstich. Mit den dunkelsten Brillen vor den Augen komme ich aufs Sellajoch, wo mich ein eisiger Westwind empfängt. Auf der Südseite des Passes ist der Schnee bis zum Grund faul. So brauche ich entlang der Straße volle zwei Stunden hinunter nach Canazei. Knapp vor Sonnenuntergang mache ich mich auf den Weg zur Hütte. Kuno, der mich schon erwartet hat, sorgt gleich für meinen Magen. Wir stellen den Wecker auf vier Uhr und gehen bald schlafen.

Am nächsten Morgen sind meine Augen dank des Hausmittels von Frau Dezulian, nämlich zu Schnee geschlagenes Eiklar über Nacht aufzulegen, wesentlich besser. Die Entzündung ist weg. Um halb fünf Uhr verlassen wir die Hütte. Der Himmel ist von leichten Wolkenschleiern überzogen, doch diese lösen sich bald auf. Um acht Uhr legen wir Hand an den Fels. Wesentlich anders schaut die Wand heute aus. Wenn auch noch genug Schnee die Felsen verkleidet, so ist doch der kalte Neuschnee weg. Dafür bläst ein eisiger Westwind direkt in die Wand hinein. Nach zwei Stunden sind wir bereits an unserer Umkehrstelle. Die zurückgelassene Schlosserei verteilen wir, dann nehme ich die erste extreme Seillänge der Wand in Angriff. Über ein Dach erreiche ich einen überhängenden Riß, welcher mich nach 20 Metern auf eine Kanzel führt. Der Fels ist wunderbar fest. Ein vertikaler Riß führt weiter. So kommt Kuno in schwerer Arbeit in diesem von einigen überhängenden Aufschwüngen unterbrochenen Riß 40 Meter hoch. Auf einem Pfeilerkopf treffen wir zusammen, wo wir die Routenbeschreibung studieren. „Einige Meter absteigen und zehn Meter nach links in einen versteckten Riß." Mit leichtem Seilzug schiebe ich mich an den grifflosen Platten nach links. Der erste Haken dieser Wand begegnet uns, doch auch dieser sieht nicht vertrauenswürdig aus. Unter einem Wulst herum komme ich zum Beginn des feinen Risses, der sich aber bald wieder in glatten, überhängenden Wülsten verliert. Zehn Meter über mir sehe ich einen Haken. Die Hände am Riß, die Füße weit gespreizt, komme ich ihm langsam näher. Inzwischen haben uns die wärmenden Sonnenstrahlen erreicht. Immer neue Überhänge stellen sich in den Weg. Einige Haken helfen ein kurzes Stück weiter, doch bald verläuft der Riß nur mehr ganz oberflächlich, läßt kein Hakenschlagen zu und ist ziemlich grifflos. „Seil aus", ertönt es von unten, ich kann gerade zur Not stehen. Beim Aufseilen reißt die ganze Rucksackseite auf, und nur der dort befindliche Zeltsack verhindert es, daß sich der gesamte Inhalt nach unten selbständig macht. Zu einem Paket verschnürt, kommt er wieder auf den Rücken (…)

Um zwei Uhr nachmittags stehen wir auf den geräumigen Schneebändern der zweiten Terrasse inmitten haltloser, überhängender Plattenfluchten. Im Westen hat sich schweres Gewölk zusammengeballt und schiebt sich drohend gegen das Etschtal. Nur kurz ist unsere Rast, die riesige, gelbe Verschneidung am linken Ende der Terrasse weckt unsere Neugierde. Über Schnee queren wir zu ihr hinüber. Derart imposante Kletterstellen kann man nur in den Dolomiten finden. Der rechte Teil dieser Verschneidung ist eine riesige Platte, wie aus einem Guß, während zur Linken enorme Dächer über diese hereinhängen. 200 Meter höher und 20 Meter außerhalb der Terrasse erkennen wir den Ausgang der Schlucht, dazwischen legt sich der Fels etwas zurück, dort müssen die Querungen sein. Wir entschließen uns zum Weiterweg. Gewaltig drückt die Verschneidung nach außen. Wie eine Spinne komme ich mir vor, die Hände und Füße in fast gleicher Höhe weit gespreizt, taste mich mich nur auf Reibung höher. Griffe sind selten. Bald mit dem Rücken zur Platte, dann wieder in Spreizstellung schiebe ich mich 30 Meter hinauf. Bei einem kleinen Köpfel will ich nachkommen lassen. Doch Kuno mahnt zum Rückzug. Die Wolkenwand sei näher gekommen, ein sicherer Wetterumschlag stehe

„Sinn des Bergsteigens: Naturerlebnis, die Gefahr, die lockt, Gefühl der vollkommenen Freiheit, der ungeheuren Tiefe unter sich, wie ein Rausch…"

Hermann Buhl

uns bevor. Eine Seilschlinge lege ich um das Köpfel und gehe dann auf Zug wieder hinunter, wobei mich Kuno, mit Hilfe des zweiten Seiles, immer wieder zur Wand zieht. Inzwischen hat es im Rosengarten schon zu schneien begonnen. Über der Pala braut sich ein richtiges Gewitter zusammen. Orkanartig kommt eine geschlossene graue Wolkenbank von Westen her auf uns zu. Als wir uns zu unserem weiteren Abstieg fertig machen, jagen über den Ombrettapaß bereits die Nebel. Es ist sechs Uhr abends.

Im dritten Anlauf kamen Buhl und Rainer an der winterlichen Soldà-Conforto-Führe (sie verläuft im linken Wandteil) durch.

Wir knüpfen die zwei 40-Meter-Seile zusammen, sichern uns mit der Reepschnur und beginnen den weiteren Abstieg. Meistens ist es eine freie Luftfahrt. Wieder gleite ich im Karabinersitz zur Tiefe. Die Enden der Seile kann ich nicht sehen, weiß aber, das Seil reicht nicht bis zum nächsten Standplatz. Ich bin an der Querung. Pendelnd schwinge ich hin und her, bis ich den Pfeilerkopf erreiche. Während Kuno die Seile abzieht, schlage ich bereits den nächsten Abseilhaken. Mit dem geraden Abseilen ist es nun wieder vorbei. Gleich dem erstenmal müssen wir entlang unseres Anstieges die Wand hinunter. Inzwischen ist der Sturm aufgekommen, hat es zu schneien begonnen, und oft stehen die Seile in weitem Bogen von der Wand. Um acht Uhr abends stehen wir wieder am Einstieg bei unseren Schi. (…)

Ein Wintersonntag steht uns noch zur Verfügung. Das Wetter hält immer noch. Am 18. März um sechs Uhr früh treffen wir uns sechs Karwendler, Kuno Baumgartner, Dr. Fischer, Hugo Vigl, Karl Gombotz und wir zwei. Wieder geht es brennerwärts.

19. März, drei Uhr früh. Der Himmel ist überzogen, trotzdem rüsten wir für die große Fahrt. Diesmal haben wir die Ausrüstung auf ein Minimum gebracht, um ein rascheres Fortkommen zu ermöglichen. Nur ein Rucksack geht mit, weniger Schlosserei, ein Biwaksack, keine Reservekleidung und nur für zwei Tage Proviant. Wir müssen also in zwei Tagen durchkommen oder wieder umdrehen. Um sechs Uhr, am Einstieg, ist der Himmel drohend schwarz. Civetta und Pala sind ganz verschleiert. Blutrot geht die Sonne auf. Schwer lastet dies alles auf unseren Gemütern. Dabei streicht ein eisiger Westwind herüber und läßt den bisher kältesten Tag noch kälter erscheinen. Schneller als das letztemal kommen wir weiter und erreichen um die Mittagszeit die zweite Terrasse. Trotz dem gleichbleibenden Wetter spricht keiner von Rückzug. Über uns nur gelbe Dächer und gewaltige Überhänge. (…)

Allmählich beginnt es zu schneien, vom Ombrettapaß steigt der Nebel herauf und hüllt uns in eintöniges Grau. Nach der nächsten Seillänge sind wir am Beginn der Querungen. Die Platte rechts von uns ist hier etwas geneigt, jedoch vollkommen glatt. Schräg rechts ansteigend erreiche ich, meist nur mit der Reibung der Profilgummisohle, welche sich hier glänzend bewährt, eine kleine Plattform. Ohne Haken geht es noch 20 Meter weiter unter einen wulstartigen Überhang. Das Wetter verschlechtert sich immer mehr, wir müssen uns sehr beeilen, wollen wir noch zur Gipfelschlucht gelangen. Inzwischen bedeckt der Neuschnee schon wieder Griffe und Tritte. Nach einer 15-Meter-Abseilstelle erreichen wir wieder kletterbares Gelände, eine Rampe,

die von links nach rechts oben zieht. Unter einer überhängenden, glatten Verschneidung lasse ich Kuno
nachkommen. Diese, das letzte Bollwerk vor dem Biwakplatz, macht uns noch schwer zu schaffen. Dann
stehe ich auf einem geräumigen Platz, doch der richtige Biwakplatz, die Nische, soll zwei Seillängen weiter
rechts sein. Um sechs Uhr abends sind wir unter der
Gipfelschlucht. Kleine Neuschneerutscher kommen aus
dieser herab und ergießen sich über unsere Köpfe, zudem ist die Wetterlage bedrohlich. Heute noch müssen
wir die Seillänge in die Schlucht, die schwerste der
ganzen Wand, herrichten, wollen wir nicht Gefangene
dieser Wand werden. Der Fels ist vereist, überall liegt
Schnee. Nachdem ich die Hälfte der Seillänge überwunden habe, zwingt mich die Dunkelheit, umzukeh-
ren. Die Seile lassen wir hängen, dann suchen wir im
Schein unserer Taschenlampen einen Biwakplatz. Die
Nische rechts von uns, der übliche Biwakplatz, ist unbrauchbar, da sie ganz mit Schnee und Eis ausgefüllt
ist. Auf einer handbreiten Leiste etwas unterhalb finden
wir die einzige Möglichkeit, die Nacht halbwegs sit-
zend zu verbringen. Einige Haken werden geschlagen,
Sitzschlingen und Steigbügel hineingehängt und der
Biwaksack übergestülpt. Es ist mehr ein Hängen als ein
Sitzen, zudem reicht der Sack nur bis zu den Knien, und
der aus der Schlucht herausrieselnde Pulverschnee er-
gießt sich in unsere Kletterschuhe. Kochen können wir
in dieser Lage nicht, so müssen wir uns mit kalter Verpflegung begnügen. An einer Kerze wärmen wir uns
ein wenig die Hände. Unsere Lage ist trostlos. Wir rechnen, daß es am Morgen einen halben Meter Neuschnee hat, wenn es so weitermacht. Ob wir dann
durchkommen? Der Rückweg ist uns abgeschnitten.
Unendlich langsam verrinnt die Zeit. Die Füße sind
schon längst gefühllos, die Beine eingeschlafen. Endlich läßt das monotone Rieseln auf unseren Biwaksack
nach. Um Mitternacht schauen wir aus dem Sack, es hat
aufgeklart. Wenn es auch empfindlich kälter wird, so ist
uns dies doch lieber als der Schnee. Wir sind nun wieder voll Zuversicht. Um fünf Uhr morgens geben wir den
Kameraden auf der Hütte das verabredete Lichtsignal.
Um sechs Uhr schlüpfen wir aus dem vereisten Sack und
kochen schnell Kakao. Nun erst merken wir die Ausgesetztheit unseres Biwakplatzes. Um sieben Uhr geht es
weiter. Gut, daß wir tags zuvor die folgende Seillänge

„Wenn er in der Wand war,
konnte geschehen was wollte.
Es existierte für ihn nichts
mehr als diese Wand."

Marcus Schmuck

vorbereitet haben. Bei der jetzt herrschenden Kälte könnte man sonst nicht weiter, zudem sind in der Nacht zehn Zentimeter Neuschnee gefallen. Mit den Fäustlingen an den Händen, arbeite ich mich die 20 Meter an dem Seil hinauf. Somit habe ich warme Hände bekommen und kann die Kletterei von neuem beginnen. Es ist mehr eine Feuerwehrübung als eine Kletterei, ein Hinaufnageln, da der Neuschnee jeden Halt verwehrt. Endlich bin ich in der Schlucht. Sie legt sich wohl etwas zurück, ist aber dafür um so glatter. Schon nach 30 Metern kommt wieder ein überhängender, stark vereister Aufschwung. Das Gestein ist hier äußerst glatt, nach abwärts geschichtet und schon im Sommer eine reine Reibungsangelegenheit. Bei den heutigen Verhältnissen stellt dieses Stück wohl die größten Anforderungen der ganzen Fahrt an uns. Oft glaube ich ganz gut zu stehen, doch hänge ich plötzlich im nächsten Haken. So kann ich nie eine größere Strecke ohne Sicherung ausgehen, das Risiko wäre zu groß. Aber gerade das Hakenschlagen ist meistens ein Kunstwerk, das schwerer fällt als die Kletterei als solche. Das Wetter hat sich wieder verschlechtert, es ist eisig kalt, das Eisenzeug klebt förmlich an den Fingern. Nach einer weiteren schweren Seillänge legt sich die Schlucht etwas zurück, und wir können zum Grat hinaufsehen.

Um drei Uhr nachmittags stehen wir am Gipfel der Punta Penia. Kaum können wir es glauben, daß die Wand hinter uns liegt. Ein kräftiger Händedruck sagt mehr als viele Worte. Drüben, am Gipfel der Punta di Rocca, dort, wo die berühmte Standardabfahrt hinabgeht, stehen unsere Kameraden und winken uns zu. Doch der Weg dorthin ist nicht leicht. Der Grat, die Nordflanke mit blankem Eis unter dem Pulverschnee, die lange Querung in die Scharte waren gefährlich genug. Im Nebel kommen wir zu zwei Rucksäcken und zu unseren Schuhen, die uns unsere beiden Freunde heraufgebracht hatten, und bald sind wir dann bei ihnen. In der kleinen Hütte unterhalb des Gipfels finden wir Unterschlupf und Platz für die wohlverdiente Nachtruhe. Tags darauf geht's im schlechten Schnee hinunter zum Fedajapaß. Noch einmal sind wir Gast bei Herrn Dezulian in Canazei, der diesmal nicht mit unserem Erfolg rechnete. Von Freude und Stolz erfüllt, die schwierigste Wand der Dolomiten erstmalig im Winter durchstiegen zu haben, fahren wir heim.

Durch die Nordwand
der Westlichen Zinne

Spät abends erreichen wir die Umbertohütte. Die Nacht ist kurz, um 4 Uhr treten wir vor das gastliche Haus. Über den Paternsattel gelangen wir auf die Nordseite der Drei Zinnen, verfolgen das kleine Steiglein, welches unter den Wänden durchführt. Immer wieder drückt es uns den Kopf in den Nacken zurück. Wir können es kaum glauben, daß sich Menschenkraft hier an der Allgewalt der Natur messen kann. Doch wir sind ja selbst diese Wege gegangen. Unter der Nordwand der Westlichen Zinne bleiben wir stehen. Hier reicht des Menschen Phantasie nicht mehr aus, nur eiserner Wille und unerschütterlicher Mut können da den Weg zum Ziele messen. Gewaltige Dächer entziehen den oberen Teil der Wand unseren Blicken. Oberhalb dieser muß sich die Kletterei bewegen. Mit Hochachtung denke ich an die Männer, die hier harte Pionierarbeit geleistet, bis schließlich zwei junge verwegene Italiener, Cassin und Ratti, das Werk ihrer Vorgänger vollendeten. Erst nach drei Tagen, dem Wahnsinn nahe, ließ sie die Wand frei. In der Zwischenzeit wurde sie mehrmals wiederholt, doch behielt sie bis zum heutigen Tage das Prädikat „An der Grenze des Menschenmöglichen".

Stumm seilen wir uns zusammen. Es ist noch bissig kalt. Immer wieder müssen wir unsere kältestarren Finger in den Hosentaschen wärmen. Der Fels ist sehr brüchig. Ich erreiche einen Kamin. Von hier glaube ich, nach links hinausqueren zu müssen. Schmale Leisten führen in die glatte Wand. Überall versuche ich mein Glück, doch immer komme ich mit dem Ergebnis, „da geht nix", zurück. Die Beschreibung ist sehr schlecht. Ober uns sperrt ein gewaltiges Dach den Überblick. Es kann nur nach rechts hinausgehen. Ich steige bis unter das Dach hinauf. Ein feiner Riß zieht sich waagrecht nach rechts auf eine Kanzel in überhängender Wand. Der Stand ist sehr luftig. Doch dahinter geht es wieder ziemlich manierlich weiter. Ein Band wird überstiegen, wir kommen zu einem Turm. Hier muß es aber links hin-

„Keine Flüchtigkeit, nichts Beiläufiges, vielmehr ein sehr genaues Klettern, obwohl alles so schnell ging, daß ich kaum mit den Augen folgen konnte. Nichts übersah er, keine Möglichkeit blieb ungenützt. Wahrhaftig: Hermann Buhl war ein Meister im Fels."

Marcus Schmuck

Im Herbst 1950 durchstiegen Hermann Buhl und Kuno Rainer die Cassinführe an der Westlichen-Zinne-Nordwand (ganz rechts), die zu diesem Zeitpunkt noch zu den schwierigsten Dolomitenklettereien zählte. Buhl wäre an einer Stelle um ein Haar als Seilerster gestürzt.

ausgehen. Wir müssen doch nun einmal in die freie Wand hinaus! Nirgends ein Haken. Gelber, abdrängender Fels, brüchig. „Das kann nicht stimmen." Ich steige noch höher, hier gelingt es mir dann auch, wir erreichen ein Band, welches nach links in die gelbe, überhängende Wand hinauszieht. Das hätten wir auch leichter haben können, wenn wir rechts hinter der Kante eingestiegen wären. Doch wir wollen ja die Nordwand machen!

Vom Ende des Bandes zieht ein Riß senkrecht zur Höhe. Einige rostige Haken schauen verstohlen herab, als wollten sie sagen: „Ihr braucht uns doch noch". Bald hänge ich auch schon dran. Das Seil läßt sich schwer durch die Karabiner ziehen. In einer Seilschlinge hängend lasse ich Kuno Rainer nachkommen. Die Haken sind nicht sehr vertrauenerweckend. Ziemlich schwierig gestaltet sich der Standwechsel. Kuno muß meinen Standplatz einnehmen. Ja, Standplatz ist leicht übertrieben. Man hängt in einer Sitzschlinge an zwei Haken gebunden, die Füße, ebenfalls in Schlingen, spreizen an der glatten, haltlosen Wand. Unmittelbar unter unseren Füßen bricht der Fels in gewaltigen Dächern ab. 300 Meter tief ist das Kar, den Einstieg können wir nicht sehen. An kleinsten Griffen gewinne ich ein paar Meter. Beim Anblick des Weiterweges läuft es mir kalt über den Rücken. Es sieht nicht sehr ermunternd aus. Einige Haken, stark nach unten gebogen, nur mit der Spitze im Fels, sind der einzige Anhaltspunkt für die Augen. Dafür sind die zerdroschenen Hakenlöcher, in die nur mehr widerwillig die Eisenstifte hineingehen wollen, um so zahlreicher. Vielleicht zwei Stunden hänge ich so, äußerst exponiert, an ein und derselben Stelle. Zurück kann ich nicht, da ja Kuno den Standplatz einnimmt. Kaum einen Zentimeter bringe ich einen Stift in eine Ritze ober mir. Eine Seilschlinge wird eingehängt. Vorsichtig will ich den Haken belasten. Doch was ist, wenn er herausgeht, kann mich Kuno halten? Ich schaue zu ihm hinüber, betrachte den Abgrund, lasse einen Stein in die Tiefe fallen, er kommt 20 bis 30 Meter vom Fels entfernt im Kar auf. Kunos Sicherung scheint mir sehr fragwürdig. Geduckt hänge ich an einem Haken. Einige Male stehe ich auf, greife in die Seilschlinge, will mich dran halten, doch dann gehe ich wieder in die alte Position zurück, sie erscheint mir sicherer. Doch so komme ich nicht weiter! Es bleibt mir keine andere Möglichkeit. Nun ist mir alles gleich, ich versuch's. Vorsichtig belaste ich den Haken, steige in die Trittschlinge, richte mich auf, schlage noch einen Haken, nicht viel anders wie seinen Vorgänger. „Vorsichtig Zug", rufe ich zu Kuno hinunter, das heißt, ich flüstere es fast, um ja den Haken nicht zu erschrecken. Die Füße balancieren an glatter Wand. Peinlichst genau ist jede Bewegung, ein jäher Ruck würde den Haken unweigerlich herausreißen. Endlich bin ich bei einem alten Haken, der Karabiner schnappt ein. „Perlon Zug", kurz verschnaufe ich, dann schiebe ich mich wieder höher. Nur nicht zu lange in den Haken hängenbleiben. Ich gehe auf Zug nach oben, schlage wieder einen Haken, es kostet mir sehr viel Mühe, bis der Karabiner eingehängt ist, da fällt auch schon der letzte Haken samt Karabiner dem Seil entlang hinunter. Dieses aufreibende Spiel wiederholt sich noch einige Male, bis ich endlich das schmale Band erreicht habe. Vorerst verschnaufe ich und mache Fingermassage.

Nun kommt Kuno an die Reihe. Er ist froh, endlich von seinem unbequemen Stand wegzukommen. Für ihn ist es eine sehr schwierige Arbeit, da er jedesmal beim Aushängen hinauspendelt. Mit Hilfe des Seils kommt er doch ganz gut herauf. Wir stehen auf schmalem Gesimse und entwirren den Seilsalat. Das Gesimse zieht nach links in die gelbe Wand hinaus, verliert sich aber bald und setzt sich in Form eines Daches fort. Die ersten Meter sind noch leidlich, doch bald drückt der oben stark vorspringende Fels den Oberkörper weit nach außen. An Stelle des Gesimses gibt es nur noch kleine Tritte. Nach 10 Metern springt das Dach derart weit vor, daß ich die darüber befindlichen Griffe kaum mehr erreichen kann. Ich hänge ja schon fast waagrecht im Fels. Einen Meter muß ich tiefer steigen. Doch das ist nicht so einfach. Die Griffe unter dem Dach kann ich nicht erreichen, die Arme sind zu kurz. So komme ich auf eine sonderbare Idee. Die Füße, ziemlich hoch, stemmen sich gegen den Fels. Mit dem Kopf schlüpfe ich nun unter das Dach, während sich die Hände noch darüber festhalten. Nun stemme ich mich mit dem Kopf für einen Augenblick gegen das Dach. Ich kann so gerade für Sekunden das Körpergewicht halten. Fast waagrecht liege ich unter dem Dach. Die Hände lassen nun aus, greifen nach unten nach, und schon umklam-

„Baut Eure Häuser an den Rand des Vesuvs. Höchste Befriedigung! Man steht förmlich über der Erde, wie ein Adler über seinem Reich."

Hermann Buhl

mern die Finger feste Griffe. Das ist Akrobatik im Fels. Noch ein paar Meter steige ich ab und erreiche bald leichteres Gelände.

Doch wenn wir nun glauben, die Schwierigkeiten hinter uns zu haben, so sollten wir uns arg getäuscht haben. Wir sind etwas rechts des Ausganges des großen Couloirs, welches die Wand als schwarzer Streifen im oberen Teil durchzieht. Eissplitter surren an uns vorbei. Ein wunderbares Bild, tausendfaches Glitzern hebt sich gegen den blauen Himmel ab. Äußerst schwierige Wandstellen, Hangeltraversen, exponierte Quergänge folgen noch, wobei sich bei mir die Müdigkeit in den Fingern schon merklich fühlbar macht. Des öfteren muß ich, wenn ich glaube, eine Stelle so ohne weiteres durchgehen zu können, wieder zurück zum letzten Stand. Senkrecht unter uns im Kar sitzen einige Italiener und verfolgen gespannt unser Tun. Wir sind auf dem großen Band in der Wandmitte. Noch ein letzter Überhang wölbt sich vor, dann legt sich die Wand endgültig zurück. Ich gehe 20 Meter nach links. Hier findet sich eine schwache Stelle in der überhängenden Zone. Sie neigt sich schon noch stark heraus, doch was hängt in dieser Wand nicht über. Das Auge hat sich schon so gewöhnt, es findet nichts mehr daran. Über eine kurze Wandstelle erreiche ich eine schmale Leiste, die ich nach links verfolge. Fünf Meter weiter drüben zieht ein Kamin empor. Der Fels drückt mit jedem Schritt mehr nach außen. Ich hänge fast buchstäblich nur an den Fingern. Plötzlich verspüre ich, wie diese langsam den Dienst versagen, unheimliche Müdigkeit überfällt mich. Ein Blick hinunter führt mir so richtig das Schauerliche meiner Situation vor Augen. Ich bin schon über dem Band draußen. Überhängend bricht die Wand zu meinen Füßen ab, tief drunten das Kar. Zurück kann ich nicht mehr, dazu reicht die Kraft nicht aus. Kuno steht 20 Meter abseits von mir am Bande, das Seil hängt in weitem Bogen zu ihm durch. Er hat ja nicht einmal einen Haken zur Sicherung. „Kuno, ich komme", schreie ich, dann gehen mir auch schon die Finger auf, lösen sich vom Fels, als ob ich Butter darin hätte. Mit letzter Energie gelingt es mir noch, den Oberkörper in den Kamin hinüberzuwerfen, so kann ich mich ein wenig verspreizen und für Sekunden nur ausrasten. Doch der überhängende Fels drängt den Körper zu

Manches Mal hatte ich das Gefühl, als würde ihm erst das Zusammentreffen möglichst vieler ungünstiger Umstände – schlechtes Wetter, brüchige Wand, Nebel, der die Orientierung behindert – richtig Spaß machen."

Marcus Schmuck

sehr ab. Knapp an der Sturzgrenze, immer wenn ich nahe dem Abgleiten bin, kann ich gerade noch mit irgendeinem Körperteil am Fels Reibung finden. Dieser verzweifelte Kampf dauert einige Minuten, wobei es mir den Angstschweiß auf die Stirn treibt, bis ich endlich im Kamin bin und ein Haken in den Fels fährt. Ich schaue zu Kuno hinüber, der mit bewundernswerter Ruhe mein aufregendes Spiel verfolgt hat. Das Seil läuft über einen Zapfen zu mir. „Unterschätzt", sage ich zu Kuno. Die Wand hat eben schon sehr viel von den Kräften geraubt. Außerdem legt man hier schon einen anderen Maßstab an. Unter normalen Verhältnissen wäre so etwas kein Problem. Mich befriedigt wenigstens wieder, daß sich Kuno hier auch nicht so leicht tut. Frei liegt nun die Wand bis zum Gipfel vor uns. Das große Couloir sowie die rechte Begrenzungswand sind von riesigen Eiskaskaden überzogen, die die ganze Wand überdecken. Der Ursprung der Geschosse, die vereinzelt daherschwirrten. Die Schwierigkeit nimmt nun merklich ab, wir haben auch nichts dagegen. Vereinzelt stellt sich Wassereis in den Weg, doch das kann uns nichts mehr anhaben.

Um sechs Uhr abends, elf Stunden nachdem wir eingestiegen, reichen wir uns am Gipfel die Hände. Wir machen uns gleich an den Abstieg, denn es fängt schon zu dämmern an. Kuno kennt ihn. Bald hat uns auch die Nacht in ihre Klauen genommen. Wir setzen den Abstieg fort. Unheimlich steil sieht alles aus. Wir kommen auf eine Scharte, rutschen durch einen Kamin hinab und stecken bald in einer Schotterrinne. Ich will natürlich gefühlsmäßig die Rinne absteigen, doch Kuno meint, die bricht ab, wir müssen uns links in den Felsen halten. Diese sind aber unheimlich steil. Von Band zu Band steigen wir tiefer. Sehen können wir nichts. Nur gefühlsmäßig tasten wir uns hinab. Immer steiler wird der Fels. Schließlich wird es uns doch zu riskant. Wir richten uns zum Biwak her. Es ist zwar erst 8 Uhr und unsere Kameraden würden auf uns warten, doch was nützt das alles, die Gefahren bei einem nächtlichen Abstieg sind zu groß. Von der Umbertohütte herauf dringt Lärm und Motorengeräusch. Wir hören jemand unsere Namen rufen. Im Kar geht jemand mit der Taschenlampe umher, leuchtet das Gelände ab, unsere Kameraden. Wir geben ihnen zu verstehen, daß wir biwakieren. Lang ist die Nacht und kalt der Morgen. Beim ersten Licht schälen wir uns aus der Biwakhülle. Doch – wie mögen wir dreingeschaut haben, als wir 20 Meter weiter rechts die Schuttrinne sehen, die leicht ins Kar hinabführt. Eine halbe Stunde später sind wir auf der Umbertohütte.

Am Walkerpfeiler
der Grandes Jorasses

Ein schwüler Hochsommertag lastet bedrückend über dem Tal von Chamonix. Die Sonne steht gerade im Zenit, als wir die Mer de Glace einwärts schreiten, Richtung Leschauxhütte. Ein lauer Wind streicht von den Gletschern, angenehm kühlt er unsere schweißtriefenden Körper. Im blendenden Weiß erstrahlen die Eisriesen des Montblanc. Nur ganz hinten, als Abschluß des Leschauxgletschers sticht eine schwarze, düstere Wand in den azurblauen Himmel.

Vor zwei Tagen hatten wir diese Wand vom Gipfel des Petit Dru in ihrer ganzen Erhabenheit bewundert. Kleinmut hatte uns bei ihrem Anblick beschlichen, da wir uns doch mit dem Gedanken befaßten, ihr die Stirne zu bieten. Ein Bollwerk aus Fels und Eis, wie es vielleicht in den Alpen einzig dasteht, diese Nordwand der Grandes Jorasses. Wir waren diesmal etwas mehr vom Glück begünstigt als während meiner Montblanc-Aufenthalte der vergangenen zwei Jahre. Auf Anhieb gelang uns, mein Kamerad war diesmal Kuno Rainer, die Nordwand des Petit Dru mit der vierten Begehung des äußerst schwierigen Allainrisses. Nach der Überschreitung zum Grand Dru und einem abenteuerlichen Abstieg haben wir schließlich an der Mer de Glace auf einem Gletschertisch unser zweites Biwak (das erste war am Einstieg der Nordwand) bezogen.

Am späten Nachmittag erreichen wir die Leschauxhütte am Fuße unserer „Hübschen". Wir werden von einigen Gleichgesinnten bald als Pfeilerkandidaten verdächtigt. Vor dem Schlafengehen überzeugen wir uns noch einmal zu unserer Zufriedenheit von der Witterung und studieren an Hand der Routenbeschreibung den Weg. Bevor die Sonne hinter der Zackenreihe der Aiguilles von Chamonix versinkt, liebkosen ihre wärmespendenden Strahlen noch die Plattenschüsse der Jorasses, die Geheimnisse der Wand preisgebend.

Vom Hauptgipfel der Jorasses, der 4208 m hohen Pointe Walker, stürzt in 1200 m hohem Schuß mit einer Durchschnittsneigung von 70 bis 80 Grad der Pfeiler

„Er war (...) der absolute Kletterer. Ein Fanatiker in allem, was das Bergsteigen betraf, unerbittlich und hart gegen sich wie gegen andere. Erst im Fels war er ganz der, der er sein wollte."

Marcus Schmuck

Kuno Rainer vor dem Quergang nach der „30-Meter-Verschneidung" am Walkerpfeiler der Grandes Jorasses (Montblancgruppe).

„In der modernen Alpinistik blieb Hermann Buhls Name an der Spitze der Weltklasse. Die schwersten und gewaltigsten Wände der Alpen wurden angegangen und in unglaublich kurzer Durchstiegszeit gemeistert."

Hugo und Luis Vigl

ins wildzerklüftete Eis des Mallétgletschers ab. Während sich in der Nordwand Fels und Eis harmonisch das Gleichgewalt halten, ist am Pfeiler infolge seiner Steilheit und Glätte Fels überwiegend. Nur durch die Ungunst der Witterung der letzten Wochen hat sich in den Rinnen und Runsen der Wand Eis gebildet, welches filigranartig die Flanken ziert und so dem Ganzen einen noch viel abweisenderen Eindruck verleiht.

Gleichzeitig mit dem Kampf um die Matterhorn-Nordwand begann auch das Werben um die Nordwand der Grandes Jorasses. Die bis zum Jahre 1934 erfolgreichste Seilschaft, Peters-Haringer, mußte sich 150 m unterm Gipfel der Pointe Croz im Wettersturz geschlagen geben und den Rückzug antreten. Haringer stürzte zu Tode. Peters kämpfte sich allein im Toben der Elemente aus der Wand. Ein Jahr darauf gelang Peters mit Meier endgültig der Durchstieg zum Gipfel. Der Bann um die Wand war gebrochen, doch die ideale Lösung, der gerade Durchstieg zum Hauptgipfel, stand noch offen. Man glaubte damals noch nicht an die Verwirklichung des Problems. Bereits an der ersten großen Verschneidung, wenig über dem Einstieg, scheiterten die Versuche der Franzosen. Als im Sommer des Jahres 1938 der Sieg über die Eiger-Nordwand die alpine Welt in Erstaunen versetzte, rüstete eine italienische Seilschaft, selbst Eigerbewerber, für den Jorassespfeiler. Es waren dies der hervorragende Dolomitenkletterer Riccardo Cassin aus Lecco mit seinen Gefährten Esposito und Tizzoni. Es war ein unerhört kühnes Unternehmen. Die drei waren das erstemal im Montblancgebiet, und vielleicht gerade deshalb gelang ihnen der Sieg gleich auf den ersten Anhieb, denn sie beurteilten die Wand nach Dolomitenbegriffen. Drei Tage währte der Kampf mit Felsschwierigkeiten und Eis. Am letzten Tag wurden sie noch von einem Unwetter überrascht, erreichten aber schließlich doch im Schneesturm den Gipfel der Pointe Walker. Zufolge Unkenntnis des Abstieges mußte noch ein viertes Biwak am Gipfel in Kauf genommen werden, ehe sie der Berg freiließ. So wurden in einem Jahr die zwei größten Probleme der Alpen gelöst. Wenn auch der Jorassespfeiler die wesentlich größeren technischen Schwierigkeiten bietet als die Eiger-Nordwand, so ist letztere objektiv gefährlicher. Nach weiteren Versuchen fand eine Wiederholung erst im Sommer 1945 durch die Franzosen Frendo-Rébuffat statt. Die erste große Verschneidung, das schwerste Stück der Wand, wurde dabei links umgangen, jedoch auch diese Umgehung bietet äußerste Schwierigkeiten. Diese Seilschaft benötigte ebenfalls noch drei Tage. Die weiteren Begehungen, alle durch Bergführer aus Chamonix, folgten bald darauf, doch gelang es keinem dieser Nachfolger, an einem Tag zum Gipfel zu gelangen. Die sechste und erste nichteinheimische Seilschaft waren Italiener aus Monza bei Mailand. (Walter Bonatti, Andrea Oggioni, Emilio Villa und Mario Bianchi; Anm. d. H.)

Man schreibt den 29. Juli 1950. Um 2 Uhr nachts verschließen wir die Tür der Leschauxhütte. Noch schlaftrunken stolpern wir über Geröll zur Moräne hinab, überspringen grobes Blockwerk und stehen bald darauf am Gletscherstrom. Klarer Sternenhimmel wölbt sich über den Giganten des Montblanc. Totenstille herrscht, die nur vom Knirschen unseres Randbeschlages unterbrochen wird. Einige Wasserläufe überspringend, biegen wir rechts ab, den Mallétgletscher ansteigend. Die Firngrenze ist erreicht, die Spalten werden immer zahlreicher und mahnen zur Vorsicht. Ein Labyrinth von Kreuzspalten hält uns lange Zeit auf. Die einzige Möglichkeit, mit Hilfe einer eingestürzten Schneebrücke eine grundlos erscheinende Spalte zu überspringen, wäre uns beinahe zum Verhängnis geworden. Der Gletscher nimmt an Steilheit zu, wird aber dafür geschlossener. Im Osten färbt sich der Himmel langsam grau. Wir richten uns für den schweren Gang her, wir sind heuer sehr gut ausgerüstet, vor allem haben wir leichtes Wandgepäck. Unter der haushohen Randkluft am Fuße des großen Couloirs, das zwischen Pfeiler und Petersroute herabzieht, queren wir zum Einstieg.
Die Kletterei ist vorerst noch leicht. So gut es geht, halten wir uns am Fels. Die Umkehrstelle vom vergangenen Jahr ist bald erreicht. Im Zickzack steigen wir über steile, sehr glatte Platten zum Fuße der „30-Meter-Verschneidung", der ersten äußerst schwierigen Stelle der Wand, an.

Ich steige in den linken der beiden emporziehenden Risse, den Rébuffatriß, ein. Die Sache wird wirklich ganz extrem, das merkt man gleich an den ersten Me-

tern der Verschneidung. Ein „Sechser" am Jorassespfeiler ist eben auch nicht leichter als im Kaiser oder in
den Dolomiten, eher noch anstrengender. Bald verliert
sich dieses feine Rißlein in glatten Platten. Durch eine
kurze Querung an einer nach unten abgerundeten
Hangelleiste erreiche ich den Parallelriß, den Allainriß.
Der Einstieg dieses Risses ist stark überhängend und
furchtbar kraftraubend. Wir biegen um eine Kante,
haben nun etwas flacheres, dafür aber stark von Wassereis und Schnee überkleidetes Gelände vor uns.
Etliche Seillängen steigen wir in kombiniertem Gelände rechts zur Pfeilerkante an.
Die Wand bäumt sich von neuem senkrecht auf. Leicht
überhängend mit glatten Außenwänden zieht eine ko-
lossale Verschneidung über uns empor und verliert
sich, von einigen Überhängen gekrönt, im Blau des
Äthers. Das Kletterfieber hat uns gepackt, ich kann es
kaum erwarten, bis Kuno bei mir ist. Trügerisches,
kaum sichtbares Eis überdeckt die Granitplatten. Ein
feiner Riß zieht sich im Grunde der Verschneidung hinauf und ermöglicht so ein Höherkommen. Die Hände
im Riß verkeilt, die Füße weit gespreizt, schinde ich
mich langsam aufwärts.
Der Rucksack mit Eispickel behindert mich sehr in meiner Bewegungsfreiheit, der griff- und trittarme Granit
erlaubt kein so elegantes Klettern wie im Kalk. Über
viele Stellen hilft nur eine Ruckstemme hinweg, wobei
ich mir, von der Natur mit einem bescheidenen Bizeps
ausgestattet, besonders schwer tue. Keuchend geht
der Atem, des öfteren scharren die Gummisohlen meiner Leichtbergschuhe am flechtigen Gestein, während
die Finger jede Unebenheit der Wand abtasten. Die
Kletterei grenzt manchmal beinahe an das Unmögliche. Noch zwei Seillängen mit einigen Überdachungen
wollen erkämpft sein. Die wenigen Haken erinnern an
frühere Begehungen. Die Beschreibung ist sehr genau.
Ein Kamin leitet uns in die Höhe, bis eine Überdachung
den Weg nach oben versperrt. Ich quere nach rechts,
eine steile Plattenrampe zieht dort durch die Überhänge. Nach drei Seillängen stehen wir wieder an einem
mächtigen Dach an. Zwei Abseilhaken weisen den Weg
zur Tiefe. 15 m tiefer unter einem Überhang ist eine
schmale Leiste, doch der Fels drängt den Körper zu
sehr weg. Mittels Pendelschwung erreiche ich etwas
rechts einen kleinen Standplatz. Über einem schwarzen

vereisten Überhang lädt ein bequemer Platz zum Nach-kommenlassen. Kuno kommt am Seilgeländer nach. Wir werfen noch einen Blick nach oben, wo noch kein Ende abzusehen ist. Das Wetter scheint zu halten.

Schwach links ansteigend gelangen wir unter den zweiten Steilaufschwung des Pfeilers, die „Schwarzen Platten", der Schlüsselstelle der Wand. Jede Seilschaft ist hier anders gegangen, das bezeugen die verstreu-ten Haken, doch liegen die einzelnen Routen ziemlich nahe beieinander. Mittels eines überhängenden Risses gelange ich zu einer überdachten Hangelleiste, welche mich nach links an einen kleinen Stand bringt. Ein rosti-ger Haken mit morscher Seilschlinge verleitet zum Ge-brauch. In der Folge wechseln Überhänge mit Platten, bis mich ein feines Rißchen aufnimmt, welches aber nach 20 m wieder in Überhängen endet. Rechts drüben sehe ich einige Haken stecken. Doch was dazwi-schenliegt, ist glatter abschüssiger Fels. Unter einem Dach entdecke ich einen feinen Spalt, ein Haken singt in den Fels, und mittels Seilzug gelingt mir dieses un-überwindbar aussehende Stück. Ein Quergang, der jeder Kaisertour alle Ehre machen würde, und das mit schwereren Schuhen, Kletterrucksack und Pickel! Ein mehrmals überhängender Riß leitet zur Höhe. Vorerst gilt es, die Überhänge zu übersteigen. Um Zeit und Kraft zu sparen, überwinde ich sie in freier Kletterei. Der erwähnte Riß ist äußerst glatt und grifflos. Einige Meter trennen mich noch vom Standplatz, da läßt sich das Seil nicht mehr nachziehen. Ich muß das ganze schwer er-kämpfte Stück bis unter das Dach zurück, hole genü-gend Seil ein und packe den Riß aufs neue an. Doch wieder hat sich das Seil verklemmt. Noch zweimal muß ich zurück, um schließlich am Ende meiner Kräfte und Geduld den Standplatz, den ersten richtigen seit den letzten 150 Metern, zu erreichen. Während ich von den Anstrengungen verschnaufe, werfe ich einen Blick zur Tiefe, aus der die offenen Spalten des fast flach er-scheinenden Mallétgletschers ihre schwarzen Schlünde herauffrecken. Die Ausgesetztheit ist enorm. Kuno, auf kleinstem Stand ausharrend, ist nicht minder froh, end-lich weitergehen zu können. Über eine Eisrampe errei-chen wir eine geräumige, schneebedeckte Terrasse, welche erkerartig aus der Wand vorspringt, der zweite Biwakplatz der Ersteigsteiger.

„Klettern ist keine athletische Betätigung, es ist – richtig be-trieben – eine akrobatische. Man braucht dazu nicht viel Kraft, nur eine gute Technik."

Hermann Buhl

Es ist Mittag vorbei, die „Schwarzen Platten", das Schwerste, liegt hinter uns.

Kuno Rainer am Vormittag des zweiten Klettertages an einer Querung im oberen Teil des Nordpfeilers der Pointe Walker (Grandes Jorasses).

Senkrecht bricht der Fels ins große Couloir ab, in welchem zuweilen größere Steinkanonaden niederprasseln. Wir lassen uns zu kurzer Rast nieder. Doch die Ungewißheit des Weiterweges und die bevorstehenden Schwierigkeiten erlauben uns kein längeres Verweilen. Ein innerer Drang treibt uns hinauf zum Gipfel, den wir heute noch zu erreichen glauben. Der Fels setzt senkrecht an. Nach drei Seillängen sind wir wieder an der Pfeilerkante, die hier wirklich eine Kante bildet, und können Einblick in die Nordseite des Pfeilers nehmen, welche in enorm steilen Eisflanken abbricht, weiter unten in Fels übergeht und unseren Blicken entschwindet.

Das Gestein wird endlich etwas griffiger, die Kletterei geradezu schön.

Plötzlich werden wir aufgeschreckt. Ein riesiger Block hat sich aus der Gipfelwand der Pointe Whymper gelöst und rast mit ungeheurem Getöse, einen schwefeligen Geruch zurücklassend, die 1000 m hohe Wandflucht ins Couloir hinab. Wir gehen unwillkürlich in Deckung, obwohl wir weit aus dem Gefahrenbereich des Steinschlags sind. Über die Aiguille du Tacul hinweg können wir, wenn wir gerade Zeit haben, einen Blick zu den Nadeln von Chamonix hinüberwerfen, über welchen sich eben ein Gewitter zusammenbraut, und hinunter nach Montenvers, von wo das Pfeifen der Zahnradbahn die nahe „Zivilisation" ankündet. Seillänge um Seillänge ringen wir der Wand an Höhe ab. Über der großen Schlucht drüben in gleicher Höhe zieht das zweite Eisfeld des Petersweges zur Höhe, welches sich als scharfe Firnkante aus der Wand abhebt. Erst jetzt bekommen wir eine richtige Vorstellung von den Ausmaßen dieser Wand. Donnerrollen erfüllt die Luft, vom Gipfel fällt Nebel in die Wand ein. Im nächsten Augenblick sind wir im Mittelpunkt eines sich über uns entladenden Hochgewitters. Blitz folgt auf Blitz, Donner widerhallt tausendfach in den Wänden. Der Himmel öffnet seine Schleusen und überschüttet uns mit Hagelschauern. Wir stehen im Nu bis zu den Knöcheln in einer beweglichen Masse. Es scheint, als würde die Wand unter unseren Füßen versinken. Durch jede Falte des Berges rauschen, gischtenden Wasserfällen gleich, Lawinen von Graupeln und Schnee. Unheimliches Lärmen erfüllt die ganze Umgebung, wir können kaum unser eigenes Wort verstehen. Das Tempo wird noch mehr beschleunigt, hoffen wir doch, daß das Gewitter bald abziehen würde. Für Augenblicke läßt das Toben der Elemente nach, um dann mit noch größerer Gewalt erneut loszubrechen. Ein Gewitter jagt das andere. Ein heftiger Nordweststurm peitscht die Seile. Fieberhaft suchen wir nach einem geschützten Platz. Ein kleines Schartl an der Pfeilerkante, wo wir zur Not Platz finden können, ist die einzige Möglichkeit, hier das Unwetter abzuwarten. Wir stülpen den Biwaksack über und fühlen uns vorerst geborgen. Es ist drei Uhr nachmittags, 250 m trennen uns noch vom Gipfel. Mein Höhenmesser zeigt 3950 m an. Wir warten und war-

„Das schönste ist die Gipfelstunde mit einem netten Kameraden, die Gedanken noch ganz in der Wand, der man soeben entstiegen ist, und dabei schweifen die Blicke schon wieder weiter zu einem anderen Ziel."

Hermann Buhl

ten..., jedoch das Toben des Sturmes läßt nicht nach. Erst jetzt kommen wir dazu, dem Körper etwas Eßbares zuzuführen. Müdigkeit macht sich langsam bemerkbar. Besonders die Füße, verursacht durch die schwere Kletterei, schmerzen mich. Nach geraumer Zeit wirft Kuno wieder einen Blick auf die Uhr und stellt entsetzt fest, daß es bereits 1/2 8 Uhr abends ist. Wir müssen uns zum Biwak herrichten. Alle verfügbaren Kleidungsstücke, deren wir ja nicht viele besitzen, werden angezogen. Vor allem meine Daunenjacke leistet mir außerordentlich gute Dienste. Einige Haken sollen die nötige Sicherheit geben, mit dem Seil bauen wir uns eine Rückenlehne, während die Füße frei über einem 1000 Meter tiefen Abgrund baumeln, und schließlich wird der Biwaksack übergestülpt, was bei dem Sturm gar nicht so leicht ist.

Lange dösen wir in die Nacht hinein und lauschen gelassen dem Orgeln des Sturms. Schließlich hat mich der Schlaf übermannt, was wahrscheinlich auf die Müdigkeit zurückzuführen ist. Kälte rüttelt mich wieder wach. Unerbittlich werde ich in die Wirklichkeit versetzt. Ich bin erstaunt, daß bereits der Tag angebrochen ist. Durchs Fensterl im Biwaksack sehe ich nur eine Waschküche. Die Felsen in nächster Umgebung sind von Eis und Anraum überkleidet. Der Sturm tobt noch wie tags zuvor, nur daß der Hagel in Schneefall übergegangen ist. Wir wissen nicht, was wir vom Wetter halten sollen und wollen vorerst einmal noch abwarten. Kuno sagt mir, daß er eine sehr schlechte Nacht hinter sich hat und andauernd von Kälteschauern gerüttelt wurde.
Um neun Uhr, als noch keine Änderung eingetreten ist, entschließen wir uns zum weiteren Anstieg, denn wir wollen nicht die Gefangenen der Wand werden. Es kostet einige Überwindung, aus dem Sack herauszukriechen und den Kampf mit Schwierigkeiten und Wetter aufs neue aufzunehmen, denn der Körper ist noch ganz starr, die Muskeln sind verkrampft. Der Randbeschlag wird angeschnallt, das Perlonseil ist von einem dicken Rauhreifpelz überzogen. Die Haken, welche zum Teil ganz im Eis vergraben sind, werden entfernt, dann beginne ich wieder die Querung zurück in die steile Eisrinne, aus der wir gestern vor den rauschenden Hagelmassen flüchteten. Im Zickzack hacke ich mich die an

die 60 Grad steile Rinne hinauf, bis ich direkt über unserem Biwakplatz anlange. Über das dreieckige Schneefeld stapfen wir höher zum Beginn eines überhängenden Aufschwungs. Die Handschuhe müssen wohl oder übel ausgezogen werden, denn der Fels wird zu kleingriffig. Nach einer äußerst schwierigen Querung nach rechts erreiche ich den Beginn einer Steilrinne. Der Fels ist glatt und abwärtsgeschichtet, zudem sehr brüchig. Jeder Griff und Tritt muß erst von Eis befreit werden. Der Randbeschlag leistet uns dabei vorzügliche Dienste. Einige Überhänge erschweren noch das Ganze. Nach zwei Seillängen geht die Steilrinne in eine Eisrinne über. Ich überlasse Kuno die Führung. Stufe für Stufe hackt er ins spröde Eis, welches in dünner, gefährlicher Schicht den Fels überkleidet, wobei ich das Ziel der niederprasselnden Eisbrocken bin. Neugierig bin ich nur, wie wir aus dieser Sackgasse herauskommen, denn ober uns dräuen schwarze, von riesigen Eiskaskaden behangene Überhänge, die ein Durchkommen als aussichtslos erscheinen lassen. Kuno verschwindet hinter einer Felsecke. Das Seil, als stummer Vermittler, geht ruckweise auf und ab und läßt die Schwierigkeiten da oben ahnen. Ein Fluch aus Kunos Mund, ich höre etwas aufschlagen, durch die Luft sausen, umkrampfe das Seil fester, doch Gott sei Dank, es war nur der Pickel, den der Abgrund verschlungen hat. Allmählich kommt mir zum Bewußtsein, welche Folgen der Verlust des Pickels für uns haben könnte.

Über glatte Plattenschüsse queren wir zwei Seillängen nach rechts unter gewaltigen Überhängen, bis der Fels wieder ein Höhersteigen erlaubt. Wenn sich hie und da der Nebel lichtet, erkennen wir ganz nahe den Gipfelgrat der Jorasses. Nach einem nicht besonders schweren Überhang nehmen uns steile, vereiste Felsrinnen auf, welche zur Pfeilerkante emporziehen. Die Kletterei wird merklich leichter, wir wollen unser Tempo beschleunigen, doch die dünne Luft läßt es nicht zu. Je höher wir kommen, desto brüchiger wird der Fels, ein sicheres Zeichen der Gipfelnähe. Die Wand will schier kein Ende nehmen –, da taucht aus dem einförmigen Grau etwas Helles auf, nimmt Formen an: Die Gipfelwächte der Pointe Walker. Um 1/2 5 Uhr abends reichen wir uns auf dem höchsten Punkt der Grandes Jorasses die Hände.

„Was treibt eigentlich den Menschen zu diesem verwegenen Spiel? Wir leben in einer Zeit, wo jedem von uns durch gesetzliche Bestimmungen und gesellschaftliche Regelungen die Freiheit genommen ist. Man sucht einen Ausweg aus dieser Zwangsjacke der Zivilisation und flieht in die Natur; in die Ruhe und Abgeschiedenheit der Berge."

Hermann Buhl

Der Pfeiler liegt wohl hinter uns, doch ist die Tour noch lange nicht zu Ende. Wir wollen nämlich nicht, wie alle anderen Pfeilerbegeher, nach Courmayeur absteigen, sondern gleich die Überschreitung des Grandes-Jorasses-Stockes anschließen, um vom Col des Jorasses direkt nach Chamonix absteigen zu können. Dadurch würden wir uns den langen Umweg über den Col du Géant ersparen. Trotzdem die Jorassesüberschreitung eine richtige Tagestour ist, machen wir uns noch auf den Weg zum Col des Jorasses und hoffen, vielleicht heute noch die sich dort befindliche Biwakschachtel zu erreichen. Das Wetter ändert sich langsam zum Besseren, aber wir stecken noch immer im Nebel. Von der Pointe Walker steigen wir südwärts den Gletscher ab, queren zur Scharte zwischen Pointe Walker und Pointe Whymper und ersteigen letztere über einen sehr ausgesetzten Wächtengrat. Bis zur Pointe Croz geht es noch ganz gut, dann wird der Grat sehr scharf. Kuno zweifelt, dem Grat noch länger folgen zu können, und so steigen wir in die Südflanke ab. Die vom Grat abbrechenden Plattenschüsse zwingen uns immer weiter in die Tiefe. Mir gefällt dieser Abstieg gar nicht mehr, denn wir sind schon zu weit vom Grat abgekommen. Ich geh noch um eine Ecke, um die folgende Rinne anzuschauen, vielleicht daß wir durch diese wieder den Grat erreichen. Doch sie erweist sich als ungangbar; also wieder zurück zum Grat. Erst jetzt verspüren wir die Strapazen der letzten zwei Tage. Langsam keuchen wir den Verhauer zurück. Über eine sehr ausgesetzte, scharfe Gratschneide steigen wir zur Pointe Margherita an. Der Fels ist ungemein rauh, die Finger schmerzen uns, denn sie sind völlig durchgeklettert und hinterlassen blutige Abdrücke am Gestein. Hie und da, wenn sich der Nebel etwas lichtet, erhaschen wir einen Blick in die gewaltige Nordwand. Der Grat wird nun sehr zerrissen. Von der Pointe Margherita müssen wir uns mehrmals abseilen, unterdessen, noch bevor wir die Pointe Elena erreichen, überrascht uns die Nacht. Über glatte Platten rutschen wir im Abseilsitz hinunter ins Dunkel. Der Nordweststurm hat wieder an Stärke zugenommen. Die Seile, weit weg vom Fels, peitschen im Winde. Noch kommt der letzte Anstieg zur Pointe Young, welche gerade noch um einige Meter die 4000er-Grenze überschreitet. Dieser, der letzte

Gipfel der Jorasses, bricht nach allen Seiten sehr steil ab. Wir können in der Dunkelheit nichts mehr unternehmen, und so entschließen wir uns, 100 Meter oberhalb des Col des Jorasses noch ein Biwak zu beziehen. Ein windstilles, geräumiges Plätzchen, deren es hier ja mehr gibt als am Pfeiler, wird ausfindig gemacht.

Beim ersten Licht des neuen Tages sind wir wieder auf den Beinen. Zum Col können wir nicht absteigen, da sich hier ein sehr steiles Eisfeld in den Weg stellt und wir uns mangels Eisbearbeitungsinstrumente auf das spröde Element nicht einlassen können. So steigen wir eine endlos lange Felsrippe, die in die Nordwand hinabzieht, ab. Die letzten Felsen und im Eis festgefrorene Blöcke benützen wir noch zum Abseilen. So erreichen wir etwas umständlich, aber sicher den oberen Boden des Mallétgletschers, gerade unter dem riesigen Bergschrund des Col des Jorasses. Wir sind froh, endlich wieder sicheren Boden unter den Füßen zu verspüren. Die Sonne meint es nun auch wieder besser mit uns. Im Abstieg über den sehr zerrissenen Mallétgletscher richten sich unsere Blicke immer wieder nach oben, wo in schier überirdischen Höhen gewaltige Felsbastionen in den Himmel ragen, abweisend und doch lockend – der Walkerpfeiler der Grandes Jorasses.

„Ich kann mich nicht erinnern, daß er einmal einen Haken zuviel eingeschlagen hätte. Aber es kam oft genug vor, daß er mir zuwenig Haken setzte."

Marcus Schmuck

Erste vollständige Überschreitung der Aiguilles von Chamonix

Wer erstmals in Chamonix weilt und an der Erhabenheit der Bergwelt Gefallen findet, wird wohl vom Mont Blanc als dem höchsten Punkt unserer Alpen, seinen gleißenden Firnflächen und Eisbastionen zutiefst beeindruckt sein, doch was seine Blicke mehr fesselt und immer wieder nach oben lenkt, was ihn in Erstaunen versetzt, das ist die dem Montblanc vorgelagerte Kette der Aiguilles von Chamonix. (…)

Anläßlich meines ersten Montblanc-Aufenthaltes lernte ich diese Gruppe näher kennen. Die Verhältnisse waren seinerzeit so winterlich, daß an große Wege im Bereich der Viertausender nicht zu denken war. So waren die Klettertouren in den Aiguilles von Chamonix gerade das Geeignete. Ich durchstieg die verschiedenen Wände der Grands Charmoz, darunter auch die direkte Nordwand, übrigens meine erste Westalpentour, lernte die Überschreitung des Grépon kennen sowie die Blaitière, und bekam damals als Felsgeher schon eine besondere Vorliebe für diese abenteuerlichen Nadeln, die einerseits die Zerrissenheit der Dolomiten und andererseits die Großzügigkeit und den Ernst der Westalpen vereinen. (…)

Nach einem Tag des Ausgleiches und Ausruhens entfliehen wir wieder dem Trubel des Menschenstromes, der Chamonix bevölkert, denn wir wollen die letzten Tage unseres Urlaubes noch nützen. Leider ist das Wetter nicht zufriedenstellend. Graues Gewölk verhängt die Bergflanken, und bald fällt leichter Regen vom Himmel. In Montenvers treffen wir französische Bergsteiger, die gerade von der Aiguille Verte zurückkommen und uns raten, mit ihnen wieder hinunterzufahren. Doch wir gehen weiter. Der Weg ist uns zur Genüge bekannt. Dort, wo man zum Eisbruch des Géantgletschers kommt, zweigen wir rechts ab. Ein kleines, nur schwach angedeutetes Steiglein führt im Zickzack die rechten Steilhänge empor, welche von einer wunderbaren Flora bewachsen sind. Das Bunt der Blumen weicht langsam dem Grün der flechtenbewachsenen Plattenschüsse. Ein kleiner Hängegletscher trennt uns noch von den Felsen der Ostwand der Grands Charmoz, dem östlichen Ausläufer der Nadeln von Chamonix. Über eine weit klaffende Randkluft erreichen wir den Fuß derselben. Terrassen und Plattenschüsse wechseln in steter Folge. Ein Hüttenanstieg, so ganz nach Montblanc-Begriffen. Wir kommen zu einer glatten, senkrechten Verschneidung, der Schlüsselstelle dieses „Hüttenanstieges". Kuno ist sehr beeindruckt von der Art dieser „Wege". Diese Verschneidung ist nach heutigen Begriffen eine Viererstelle. Inzwischen hat es zu regnen aufgehört, doch das Wetter ist immer noch beständig schlecht. Ebenfalls nicht wenig erstaunt ist Kuno, als er plötzlich in steiler Wand, auf einer Felskanzel aufgebaut, die Hütte erblickt, die ihren Namen nach dem „Tour Rouge", dem Roten Turm, hat. Hütte ist wohl leicht übertrieben, es ist nichts anderes als eine Bretterbude mit etwas Stroh darinnen. (…) Anderntags – 4 Uhr – Tagwache. Wir schauen vor die Hütte. Schwer hängen die Wolken hernieder. Nebel verwehrt uns den Überblick über die Wand, die Felsen sind noch regennaß. Doch wir entschließen uns zum Aufbruch. Über breite Bänder queren wir nach rechts, bis uns eine lange Reihe von Rissen und Verschneidungen in die Höhe leitet. Mit einer nochmaligen Rechtsquerung erreichen wir den Nordostgrat der Charmoz etwas unterhalb der Cornes de Chamois, zweier Felssäulen. Wir umgehen sie auf der Mer-de-Glace-Seite und steigen in die Flanke der Aiguille de la République ein. Die Kletterei wird schwerer, manchmal sind wir gezwungen, das Seil zur Hilfe zu nehmen. Der Fels täuscht zuweilen ungemein. Leicht erscheinende Stellen bieten oft die größten Schwierigkeiten, und umgekehrt. Ungefähr 200 bis 300 m geht es in sehr steiler Wand aufwärts, bis wir rechts ober uns die Scharte hinter der Aiguille de la République erblicken.

Die Rucksäcke werden auf der Scharte gelassen, das Seil umgehängt, dann stürmen wir gleichzeitig den 150 m hohen Aufschwung der Aiguille de la République hinan. Der zur Scharte gerichtete, überhängende Wandteil wird rechts umgangen, bis wir die Ostkante dieser kühnen Nadel erreichen, über welche es in lufti-

Ebenfalls 1950 glückte der Erfolgsseilschaft Buhl-Rainer die erste Überschreitung der Nadeln („Aiguilles") von Chamonix. Auf dem Foto ein Teil dieser kühnen Granittürme (von links): Aiguille de Blaitière, unmittelbar daneben Aiguille des Ciseaux, dann Aiguille du Fou, Pointe de Lépiney, Dent du Crocodile, Aiguille du Plan und Glacier du Plan.

„Senkrecht bäumt sich die glatte Granitwand auf. Mitten hindurch zieht ein enger, lotrechter Riß, und freudestrahlend ruft mir Hermann zu: ‚Ich hab' ihn, den Mummeryriß!"

Kuno Rainer

ger, nicht leichter Kletterei noch einige Seillängen aufwärts geht. 40 m trennen uns vom Gipfel. Unter dem monolithartigen Gipfelblock, auf einer breiten Schulter, halten wir Kriegsrat. Der oberste Aufschwung der Nadel ist noch nie in freier Kletterei erstiegen worden. Die Franzosen bedienten sich hier einer Art Harpune, um das Seil über den Gipfel auf die Nordseite hinüberzuschleudern und mit dessen Hilfe aufzusteigen. Allerdings, wie sie das Seil in der überhängenden, kaum zugänglichen Nordseite erreichten, ist uns etwas sonderbar. Es ist dies eine uns fremd erscheinende Art der Bezwingung eines Gipfels, doch die Franzosen hatten diese öfters schon angewandt und finden es vollkommen fair, eben bedingt durch den eigenartig glatten Aufbau mancher Gipfel im Montblanc. Wir versuchen zuerst, das Seil nach Wildwestart über den Gipfel zu schleudern, doch dies erweist sich als aussichtslos. Nach einigem Suchen entdecken wir dann eine Spule aufgerollten Spagats, an dessen Ende ein Bleiklötzchen befestigt ist. Doch als auch damit jegliche Versuche scheitern, wollen wir es in freier Kletterei probieren. Die rechte Wand, eine vollkommen glatte, 70 bis 80 Grad geneigte Platte, läßt sich mit der Reibung der Gummisohlen nicht mehr machen. So will ich an die linke, in die Nordwand abstürzende Kante hinausgelangen, welche wohl enorm überhängt, dafür aber in gewissen Abständen schmale Leisten trägt. Durch Seilwurf gelingt es mir, einen vorstehenden Zacken an der Kante einzufangen und das Seil als Geländer zu fixieren, an welchem ich über die glatte, ungangbare Platte an die Kante hinüberrutsche. Nachdem ich das Seil abziehe, um mich anzuseilen, ist mir der Rückzug abgeschnitten. Doch mit den Leisten hab ich mich auch etwas getäuscht, denn sie sind derart weit auseinander, daß ich nicht, wie vermutet, auf einer stehend die andere erreichen kann. So muß ich das dazwischenliegende, glatte und überhängende Stück frei erklettern. Ich komme so ungefähr zehn Meter hoch, der Fels drängt furchtbar ab und verlangt ein raffiniertes Gleichgewichtsspiel. Schließlich ist es aber mit meiner Kunst zu Ende. Noch 15 m trennen mich vom Gipfel der Aiguille de la République. Ich will einen Haken schlagen, merke aber erst jetzt, daß ich gar keinen bei mir habe. Kuno hat sich auf mich verlassen, und so liegt die Schlosserei wohlbehütet in unseren Rucksäcken auf der

Scharte. Kuno bleibt nichts übrig, als den Standhaken herauszuschlagen und mitsamt dem Hammer herüberzuseilen. Doch vergeblich versuche ich diesen etwas dicken Haken in eine der feinen Ritzen hineinzubringen. Ich sehe das Aussichtslose meines Beginnens ein und will die Stelle wieder frei abklettern, doch jedesmal, wenn ich mit den Händen auf das Gesimse, auf dem ich stehe, hinunterlangen will, droht der Fels mich aus dem Gleichgewicht zu bringen. Die Füße fangen schon langsam zu zittern an, die allen Kletterern bekannte „Nähmaschine" droht mich aus dem Stand zu werfen. Mit aller Energie muß ich Ruhe bewahren. Endlich glaube ich eine geeignete Ritze gefunden zu haben, der Haken fährt hinein, allerdings nicht tief; erleichtert atme ich auf, und mit mir wahrscheinlich auch Kuno. Zur Vorsicht will ich den Stift noch ausprobieren, bevor ich mich ihm anvertraue. Doch nach einigen gewaltsamen Rucken geht er heraus und schlägt mir direkt ins Gesicht. Warm rinnt es mir über Wange und Hals herunter. Eine kleine Verletzung der Nase hat mir eine nicht geringe Blutung eingebracht. Ich merke, daß mir langsam die Kräfte schwinden und rufe Kuno zu: „Paß auf, es ist möglich, daß ich fliege." Dabei überzeuge ich mich noch von dem Gelände unter mir und stelle mit nicht geringem Unbehagen fest, daß ich im Falle eines Sturzes direkt an die gegenüberliegende Wand geschleudert werden würde, um nach 20 m Fallhöhe auf einer Terrasse zu landen. Nochmals versuche ich den Haken anzubringen, und in der Verzweiflung gelingt es mir auch. Da wir auch zuwenig Karabiner haben und ich keinen opfern möchte, seile ich mich los, ziehe das Seil durch den Haken, binde mich wieder an und lasse mich, von Kuno gesichert, in freier Luftfahrt auf die erwähnte Plattform hinunter. Mit Kunos Hilfe komme ich dann wieder auf die Schulter zurück und bin heilfroh, wieder dort angelangt zu sein.

Kostbare Zeit hat dieser Versuch geraubt, es mögen ungefähr drei Stunden verstrichen sein. Wir verzichten nun gerne auf diesen Zacken und machen uns an den Abstieg zur Scharte. Eine steile, beinahe senkrechte Wand leitet auf der anderen Seite zur Höhe. Endlos lang ist der Grat, doch abwechslungsreich die Kletterei. Je näher wir dem Charmozgipfel kommen, desto schärfer wird der Grat, nimmt aber dafür an Steilheit ab. Einige Zacken müssen wir in der Nordseite umgehen,

„Hermann hält an, prüft den Kamin nach oben, schaut die Wand hinunter. Ein warnendes Wort: ‚Magst guat aufpassen, glatt is' wia a Fensterscheib'n!' Dann schiebt, dreht und windet er sich hinauf."

Kuno Rainer

99

und schließlich sind wir in der Scharte vor dem Gipfel-aufbau, da, wo wir seinerzeit aus der direkten Nord-wand ausgestiegen sind. Wenn ich einen Blick in diese schaurige Wand hinunterwerfe, in steile, schwarze Eis-rinnen, so laufen mir kalte Schauer über den Rücken, und ich kann es kaum glauben, daß wir uns hier einen Weg heraufgebahnt haben. Nun betreten wir wieder bekanntes Gelände und kommen schneller vorwärts.

Im Abstieg von der Aiguille des Grands Charmoz (3480 m) hält uns nur ein sehr enger Kamin etwas auf. Im all-gemeinen braucht man ja bei diesem Gipfel nur den Pa-pierresten und Konservenbüchsen zu folgen, um am richtigen Weg zu bleiben. Von der Scharte zwischen Charmoz und Grépon zieht eine Eisrinne zum Mum-meryriß hinauf. Besonders der Einstieg zu diesem Riß, der ja das schwierigste Stück der ganzen Gréponüber-schreitung bedeutet, ist nicht leicht. Hut ab vor Mum-mery, denk ich mir, als ich mich da wie ein Wurm im Riß höherplage. Vor zwei Jahren ging ich schon die Gré-ponüberschreitung mit Luis Vigl, allerdings in umge-kehrter Richtung. Da mußten wir die Abseilstellen in schwieriger Kletterei erzwingen. Durch ein Felsfenster gelangen wir auf die Westseite des Berges und über gutgriffige Risse auf den ersten Gratturm. An einem rie-sigen, wackeligen Block, der zur Hälfte über dem Ab-grund hängt, befestigen wir unser Seil. Nur auf Grund der vielen alten Seilschlingen, die seine Verläßlichkeit bezeugen, vertrauen wir uns dem Block an, doch mit etwas Mißtrauen lasse ich mich über die Kante hinab-gleiten. 40 m tiefer, auf einer Scharte, sind wir wieder vereint, ziehen das Seil ab und queren nun in die Ost-seite, wo sich das „Fahrradband" befindet. Man könnte hier wirklich mit einem Fahrrad fahren, nur der gewalti-ge Tiefblick von 900 m zur Mer de Glace würde wahr-scheinlich etwas stören. Leider stecken wir wieder wie vor zwei Jahren im Nebel, das mittägliche Gewitter bleibt nicht aus. Durch einen ganz engen Schluff queren wir wieder auf die Westseite, wo uns nun Sturm emp-fängt. Schräge Risse leiten empor zum Hauptgipfel des Grépon, dessen Scheitel eine Madonna in Lebensgröße trägt. Eine letzte Abseilstelle, ein kurzer Quergang, und wir sind wieder am Grat. Kurze Schneefelder werden gequert, einige Einschartungen überschritten, von denen düstere Schluchten zur Mer de Glace abbrechen, bis wir am Fuße des Gipfelaufbaus der Aiguille de Blaitière sind.

Dieser Grat ist mir auch noch wohlbekannt. Eine Messerschneide bildet das schwerste Stück des Anstieges. Nach vielem Hin und Her und Auf und Ab stehen wir vor der Überquerung eines Couloirs, welches von der Scharte zwischen den Blaitièregipfeln zum Nantillonsgletscher niederstürzt. Das Eis ist ziemlich spröd. Wir legen den Randbeschlag an und hacken uns Stufe um Stufe hinüber. Doch das 40-m-Seil reicht nicht, und so müssen wir eben, einer auf den anderen vertrauend, gleichzeitig diese steile Eisrinne queren. Bis jetzt sind wir im dichten Nebel gesteckt, so daß uns der Weiterweg oft sehr fraglich erschien. Für uns kommt nun wieder Neuland, und nur die Routenskizzen im französischen Montblanc-Führer zeigen uns einigermaßen den einzuschlagenden Weg. Wie gewünscht, reißt es für einen Augenblick auf und gibt uns Gelegenheit zur raschen Orientierung. Die Rucksäcke lassen wir wieder auf der Scharte, und im Eilschritt berennen wir den etwas leichteren Nordgipfel. Die anderen beiden Gipfel bieten schon wesentlich größere Schwierigkeiten. Die verwickelten Aufstiege und die schlechte Sicht erschweren die Besteigung wesentlich. Jeder Riß, jede Wandstufe, die aus der Entfernung klein anmutet, zeigt sich in unmittelbarer Nähe als riesenhaft. Die Zeit ist schon ziemlich fortgeschritten, der Tag geht langsam zur Neige, wir machen uns auf die Suche nach einem geeigneten Biwakplatz, deren es hier ja genügend gibt. An der Westseite der Aiguille de Blaitière, auf einem Felsband, machen wir uns ein Plätzchen zurecht. Der Abend wird noch mit Kochen von Tee verbracht. Das Wetter hat sich inzwischen gebessert, und frei liegt das Tal der Arve uns zu Füßen. Langsam schleicht sich dort unten die Dämmerung ein. Wir sitzen einsam auf hoher Warte und lauschen in die Nacht hinein. Nur hie und da unterbricht Lawinendonner die nächtliche Stille. Aus dem Tale glitzern unzählige Lichter. Dieses Vorsichhinträumen tut den Nerven gut, welche von den Strapazen des Tages arg mitgenommen sind. Erst die Kälte, die sich langsam durch unsere Kleider frißt, treibt uns in den Biwaksack.

Um 5 Uhr nehmen wir die Kletterei wieder auf. Etwas absteigend zur Scharte stehen wir vor dem Gipfelaufbau der Aiguille du Fou. Kuno macht sich an ihre Er-

Die Überschreitung der Aiguille de Grépon war „Teiletappe" am ersten Tag der insgesamt dreitägigen Unternehmung.

steigung, ich möchte aber noch einen vorgelagerten Gratzacken, die Aiguille des Ciseaux, eine doppelgipfelige Nadel, die die Form einer geöffneten Schere hat, ersteigen. Der Rucksack bliebt unten, und in meinem jugendlichen Leichtsinn finde ich es nicht notwendig, das Seil mitzunehmen. Durch einen glatten Kamin gelange ich zwischen die beiden Gipfel der Aiguille des Ciseaux. Den westlichen der beiden habe ich mir aufs Korn genommen. Über eine steile Wand, welche unter mir Hunderte von Metern abbricht, erreiche ich die Gratkante, die einer Messerschneide gleicht. Ungeheuer ausgesetzt ist dieses Stück. Der Gipfel ist eine richtige Nadel, in beiden Händen kann ich ihn halten. Nun bin ich wohl heroben, doch an den Abstieg habe ich nicht gedacht. Ich komme mir vor wie eine Maus, die in die Falle gegangen ist. Peinlichst achtsam steige ich wieder diese kritischen 20 m zurück, nur auf Reibung stehe ich an der Gratkante, ich wage kaum zu atmen. Knapp unter dem Gipfel der Aiguille du Fou treffe ich wieder mit Kuno zusammen. Der letzte Gipfelblock macht uns noch ein wenig zu schaffen, dann liegt auch dieser schlanke Felsturm hinter uns. Steil fällt der Südwestgrat zur nächsten Einschartung ab. Das oberste Stück muß geklettert werden, ehe der Grat senkrecht abbricht, dann lädt uns schon die erste Seilschlinge zum Abseilen ein.

Wir sind auf der Scharte zwischen der Aiguille du Fou und der Pointe de Lépiney. Es ist noch früher Vormittag, doch ein schönes Plätzchen verlockt zu kurzer Rast. Wohin unser Blick fällt, reiht sich Zacken an Zacken, so scharf geformt, wie man sie eben nur im Granit des Montblanc findet, ein wahrer Urwald von Nadeln. Dahinter, wie zum Ausgleich, die weißen Flächen des Géant- und Taculgletschers. Nebelfetzen, die Vorboten eines Gewitters, lecken gierig die Flanken herauf und mahnen zum Aufbruch. Von der Scharte müssen wir ein Stück in die Nordflanke absteigen. Der Nachtfrost liegt noch in den Flanken, harter Firn, die Reste des Wettersturzes der letzten Woche, überkleidet die Felsplatten. Der Randbeschlag leistet hier wieder einmal vorzügliche Dienste. Eine lange, steile Eisrampe, der einzige Weg, der durch die Plattenschüsse führt, bringt uns unter den Nadeln der Pointe de Lépiney und Pointe Chevalier durch zur Scharte von dem Dent du Caïman.

Aiguille du Fou; rechts im Mittelgrund Dent du Requin, hinten Tour Ronde.

Leicht beschwingt, denn der Rucksack bleibt auf der Scharte zurück, ersteigen wir durch sehr steile Risse und Kamine in Form einer Spirale die letztere der beiden Nadeln. Den Gipfel können wir nur einzeln betreten, da er uns beiden nicht genügend Platz bietet. Während Kuno zur Scharte zurücksteigt, erklettere ich noch die Pointe de Lépiney, welche gerade im Gegensatz zur Pointe Chevalier eine große, ebene Gipfelfläche bildet, an deren Rändern der Fels senkrecht abbricht. Eine besonders eindrucksvolle und charakteristische Kletterstelle an dieser Nadel ist eine zwei Meter hohe, senkrechte, vollkommen glatte Wandstufe, über welche nur eine turnerische Ruckstemme hinweghilft. Doch an derlei Stellen gewöhnt man sich im Granit bald.

Der Dent du Caïman setzt mit einem senkrechten Aufschwung an, der von einem 80 m hohen, vollkommen glatten Plattenpanzer gesperrt ist. Die einzige Möglichkeit, von dieser Seite den 300 m höher liegenden Gipfel zu erreichen, besteht darin, daß man ungefähr 100 m in die Südwestseite absteigt, um den Ostgrat zu erreichen, welcher zum Gipfel führt. Nach langem Hin und Her glauben wir den richtigen Weg gefunden zu haben und seilen uns in verwegener Art 100 m ins Couloir hinab. Nach dessen Überwindung stehen wir vor einer 150 m hohen Steilstufe, die uns vom Grat trennt. Schräg ansteigende Hangelleisten und Risse, welche durch glatte Plattenschüsse führen, und ein enorm überhängender Kamin bringen uns auf eine kleine Plattform in der Wandmitte. Ich zweifle schon an der Richtigkeit unseres Weges, denn die Schwierigkeiten sind zu groß. Sie gleichen den schwersten Kletterstellen am Jorassespfeiler und sind bei Gott keine Fünfer-Stellen mehr. Dazu sieht das Gelände sehr nach Neuland aus. Eine 20-m-Verschneidung, ein kurzer Quergang nach links und darauffolgende, aalgatte, kraftraubende Risse, wohl das Schwerste, was ich je im Urgestein gemacht habe, dann stehe ich endlich am Grat – doch der Weiterweg ist versperrt. Eine 30 m hohe, vollkommen glatte, senkrechte Wand ohne Riß und Rauhigkeiten trennt mich von der höher gelegenen Schulter. Wir müssen also etwas zu tief eingestiegen sein. Diese schwer erkämpften Seillängen muß ich nun, ohne Sicherung von oben, wieder frei hinunterklettern, da sich keine Haken anbringen lassen. Kostbare Zeit und sehr viel Kraft, die wir noch notwendig brauchen würden, gehen uns verloren, bis wir wieder im Couloir stehen. Eine Rißreihe, etwas rechts davon, muß der richtige Weg sein. Die Kletterei ist auch um einen Grad leichter als nebenan. Ein sehr brüchiger, mit Eis erfüllter Kamin, in dem ganze Felssäulen absturzbereit hängen, hält uns längere Zeit auf. Endlich stehen wir auf der Schulter, von welcher sich der Grat steil von einem Absatz zum anderen aufschwingt. Die einzelnen Steilstufen sind dabei sehr schwierig und verlangen verläßliche Seilsicherung. (…)

Nun sind wir am heutigen Tage schon wieder elf Stunden unterwegs und können noch kein Ende absehen. Noch eine lange Zackenreihe trennt uns von der

Aiguille du Plan, und ein Absteigen von einer dieser Nadeln ist kaum möglich. Riesige Plattenschüsse stürzen zu beiden Seiten des Grates mehrere hundert Meter zu den kleinen, doch wild zerklüfteten Hängegletschern ab, die den Fuß der Aiguilles säumen. Unsere Bewegungen sind schon schlaff, die Sinne abgestumpft, die Länge der Kletterei hat uns mürbe gemacht. Der Umgebung schenken wir kein besonderes Augenmerk mehr und sind nur froh, wenn wir wieder einen Gipfel aus der Reihe abstreichen können. Wieder fällt Nebel ein und erschwert uns das Zurechtfinden in dem ohnehin unübersichtlichen Gelände. Im Abstieg vom Dent du Caïman überschütten uns noch Hagelschauer. Wir rücken dem vorletzten Gipfel, dem Dent du Crocodile, an den Leib. Zwei glattwandige, widerspenstige Gendarmen trennen uns vom eigentlichen Gipfelaufbau und zwingen uns manch mühsamen Umweg auf. Querungen in die Nordseite, vereiste Risse und Leisten stellen sich in den Weg, ein glatter Riß leitet auf den Grat, bringt uns in die äußerst ausgesetzte Ostseite, wir glauben schon, den ersten Gendarm überlistet zu haben, als uns eine glatte Wand den Weg versperrt. Also wieder zurück. Eine andere Passage wird versucht. Schließlich sind wir am Fuße des Gipfelaufbaus des Dent du Crocodile. Eine senkrechte, oben überhängende Wand bäumt sich vor uns auf. Wir schauen uns fragend an, suchen nach einem Ausweg, doch überall bricht der Fels haltlos ab. Die Fingerspitzen sind wundgeklettert, begreiflich, wenn man drei Tage nur rauhen Fels in den Händen hat. Wir queren in einen Kamin, steigen unter riesigen Klemmblöcken durch und stehen bald darauf am Gipfel des Dent du Crocodile, der sich wirklich mit Krokodilszähnen wehrte. Das Gewitter hat sich wieder verflüchtigt, einzelne Nebelfetzen ziehen noch gespensterhaft um die Flanken. Uns gegenüber stürzt die Eisflanke des Pain de Sucre vom gezackten Requingrat zur Tiefe. (…)

Um 7 Uhr abends stehen wir am letzten der 15 Gipfel, welche die Kette der Nadeln von Chamonix bilden, und haben somit die erste vollständige Überschreitung der Aiguilles von Chamonix ausgeführt. Ich schlage vor, noch rasch zur 1000 m tiefer gelegenen Requinhütte abzusteigen, welche wir wahrscheinlich gerade noch vor Einbruch der Dunkelheit erreichen würden. Doch

„Hier kommt einem das Spreizen wieder zugute, und meistens hängt man im Spagat zwischen zwei Wänden – die Zehenspitzen mit dem Fels gerade noch in Verbindung, die Hände drücken flach nach unten auf den Fels und sind meist nur in Hüfthöhe oder bei den Knien. Dies ist eine ganz eigene Technik, aber nur so lassen sich derart schwierige Stellen noch frei erklettern.“

Hermann Buhl

105

Kuno erklärt sich mit diesem Vorschlag nicht einverstanden.

So entschließen wir uns zu einem nochmaligen Biwak. Auf einer geräumigen Platte auf luftigem Grat richten wir uns für die Nacht ein. Ein wunderbarer Sonnenuntergang ist die Belohnung für die Strapazen des Tages. Die höchsten Zinnen der Alpen leuchten noch im Abendglühen, während sich im Tale schon die Dämmerung einnistet. Von unserem Biwakplatz aus können wir senkrecht auf die Eismassen des unter uns abstürzenden Hängegletschers niederblicken. Kalter Wind streicht vom Eis herauf und treibt uns in den Biwaksack hinein. Die Knochen sind müde, die Gedanken noch ganz im Banne dieser Tour, der gewaltigsten aller Gratüberschreitungen. Ich ziehe Vergleiche mit anderen gemachten Touren und komme zu der Überzeugung, daß keine von diesen, nicht einmal die winterliche Gleierschtal-Umrahmung im Karwendel, ja kaum der Jorasses-Pfeiler in bezug auf Ausdauer und Strapazen damit Schritt halten kann.

Unendlich langsam vergeht die Nacht. Beim ersten Licht des neuen Tages kriechen wir aus der feuchten Umhüllung. Im Tale liegen noch schwarze Schatten, während der Monarch im ersten Sonnenlicht erglänzt. Der Nachtfrost steckt uns noch in den Beinen, da hilft nur ein rascher Aufbruch. Angesichts der Jorasses steigen wir zur Requinhütte ab. Auf halbem Weg begegnen wir einigen Seilschaften, einheimischen Führern mit ihren Leuten. Gemächlich schreiten wir die Mer de Glace auswärts. Unsere Blicke haften oben auf den Gipfeln, um welche im Lichte der Morgensonne die Nebel ihr Spiel treiben, an den Graten, die uns für Tage alles Irdische vergessen ließen.

Der Aufstieg – der Nanga Parbat als Ziel

Hermann Buhls Tourenliste von 1951 enthält relativ wenige „große Sachen". Offensichtlich dominieren Familiengründung und Broterwerb als Bergführer. Trotzdem glücken Buhl Touren wie die erste Winterbegehung der Südkante des Großen Mühlsturzhorns in den Berchtesgadener Alpen, eine Durchsteigung der Triglav-Nordwand in den Julischen Alpen, Aletschhorn-Nordwand und Finsteraarhorn-Nordostpfeiler in den Berner Alpen, die „Sentinelle Rouge" an der Brenvaflanke des Montblanc und die Dent-d'Hérens-Nordwand in den Walliser Alpen. Zwei Unternehmungen des Jahres '52 aber sollten den in deutschsprachigen Bergsteigerkreisen ohnehin bereits bekannten Buhl europaweit berühmt machen: die erste Alleinbegehung der Cassinführe an der Piz-Badile-Nordostwand sowie die achte Durchsteigung der Eiger-Nordwand.

Buhl und Jöchler geraten in einen Wettersturz. Nach einem dritten Biwak in der vereisten Eigerwand führt Hermann Buhl eine Neunerseilschaft (!) aus der Hölle. An der Spitze nicht nur vor seinem Seilpartner und den beiden gut kletternden, aber schlecht ausgerüsteten Allgäuer Maag-Brüdern, sondern auch vor zwei französischen Partien – unter ihnen Gaston Rébuffat und Guido Magnone – rauft sich ein verzweifelter Buhl durch die schier unbegehbaren Ausstiegsrisse. Es geht ums Überleben! Nur Hermann Buhl, der sich bis zur Erschöpfung, ja, bis zur Bewußtlosigkeit verausgabt, ist es zu danken, daß alle lebend aus der Wand kommen.

Über die entscheidende Phase dieses Kampfes ums Überleben schreibt Rébuffat: „Dann packt Buhl an. Sofort ist er in sehr schwierigem Terrain. Unter dem Schnee ist der Fels von einer glänzenden Schicht überzogen, einer harten und dicken Verglasung, die alles gleichmäßig einhüllt. Die Füße rutschen, die Hände gleiten ab, die Spalten sind abgedichtet, die Griffe nivelliert, die Haken wollen nicht hinein, der Hammer klopft, dringt ein, höhlt aus, wird müde, schlägt daneben, sprengt kaum die dicke Verglasung ab, der ganze Körper kommt ins Gleiten, hängt an einem Haken, fängt sich wieder auf, arbeitet sich wieder hinauf, die keuchende Atmung setzt einen Augenblick aus. Der Hammer legt einen Griff frei, läßt einen Schneeschild von einer Platte hinuntergleiten, putzt einen anderen Griff, der Fuß schlägt eine Steigeisenspitze in die Eisglasur, die klammen Finger befreien einen Riß von seiner Eisfüllung, bringen dort noch einen Haken an. Buhl gewinnt fünfzig Zentimeter, einen Meter, seine Füße gleiten noch einmal ab, alles rutscht, aber die Haken halten. Es ist grimmig kalt, der Himmel ist klar, die Finger sind gefühllos, die Füße sind erstarrt, die Muskeln sind steif (...), die Kleider sind eine Rüstung, das Seil ist eine Eisenstange. Aber Herz und Wille wachen unbeirrbar. Buhl kommt langsam vorwärts, und mit bewundernswerter Zähigkeit schafft er es, diese Wandstufe zu bewältigen. Jöchler schließt auf, übernimmt den Vortritt."

Hermann Buhl im Hinterstoisser-Quergang der Eiger-Nordwand.

Die Eiger-Nordwand, verschneit nach einem Schlechtwettereinbruch. Bei ähnlichen Verhältnissen schaffte Hermann Buhl das nahezu Unmögliche: Er kämpfte sich durch die vereisten Ausstiegsrisse und führte acht Bergsteiger zurück ins Leben.

Sepp Jöchler, der viel näher am Geschehen gestanden hatte als Rébuffat, erzählt kurz und bündig: „Am vierten Tag hat Hermann in einer Seillänge in fast vier Stunden Arbeit wirklich für uns alles hergegeben. Und oben ist er plötzlich umgekippt und mit dem Kopf nach unten gegangen. Da habe ich also selbständig zu ihm hinaufkommen und ihn aufrichten müssen und habe gesehen, daß er nicht mehr fähig ist zu führen. So blieb mir nichts anderes übrig, als die Führung zu übernehmen."

Damit hat Hermann Buhl nicht nur die absolute Meisterschaft erreicht, er war allen davongestiegen. Ebenfalls 1952 klettert Buhl den Südostpfeiler der Tofana di Rozes, und als erster allein die Fox-Stenico-Führe an der Cima-d'Ambiéz-Südostwand in der Brentagruppe. Auch große kombinierte Touren glücken ihm. Sein Wollen aber drängt weiter. Wohin bei diesem Können? – In den Himalaya!

Hermann Buhl kennt die Bergsteigergeschichte: 1950 ist von Maurice Herzog und Louis Lachenal der erste Achttausendergipfel – die Annapurna I – erreicht worden. Für das gleiche Jahr hatte Rudolf Peters, der Erstdurchsteiger der Grandes-Jorasses-Nordwand, eine Erkundungsexpedition zum Makalu geplant. Sie scheiterte an der Finanzierung.

Auch innerhalb der Deutschen Himalaja-Stiftung, die vor dem Zweiten Weltkrieg die Nanga-Parbat-Expeditionen 1937, 1938 und 1939 durchgeführt hatte und deren Nestor, Paul Bauer, durch seine „heroischen" Versuche am Kangchendzönga-Nordostsporn 1929 und 1931 weltbekannt geworden war, regen sich wieder Expeditionspläne. Man denkt über einen kürzeren Zugang zum Ostgrat des Nanga Parbat nach, diskutiert eine günstige Aufstiegsmöglichkeit zum Rakhiot Peak von Süden, also von der Rupalseite her.

In all diese Überlegungen und Planungen hinein platzt unter der Autorenschaft „K.M.H." am 19. Juli 1952 in der Süddeutschen Zeitung der leidenschaftliche Spendenaufruf für eine Expedition zum Nanga Parbat. „Der Initiator (…) war, wie sich nach einigen Tagen herausstellte, Dr. Karl Herrligkoffer, ein Stiefbruder Willy Merkls, in Bergsteigerkreisen unbekannt und auch sonst ohne einschlägige Erfahrung." (Paul Bauer)

Hermann Buhl, der zu diesem Zeitpunkt zur Weltspitze der Alpinisten gehört, wird als letzter (!) zu Herrligkoffers „Deutsch-Österreichischer-Willy-Merkl-Gedächtnisexpedition" eingeladen. Es scheint so, als fürchte man sich vor Buhls erdrückender Überlegenheit. Er gelte als „menschlich schwierig", heißt es. Aber das Tourenverzeichnis des Innsbruckers besticht jeden, der von einem Gipfelerfolg am Nanga Parbat träumt. Hermann Buhl ist – und nur er! – ein Garant für Erfolg, auch weil sein Kletterpartner Kuno Rainer mit zur Expeditionsmannschaft gehört. Eine starke Seilschaft! Hermann Buhl bereitet sich in einer für ihn typischen Art auf die Nanga-Parbat-Unternehmung vor: 1953, während einer Februarnacht, durchsteigt er den Salzburger Weg der Watzmann-Ostwand als erster allein im Winter. Im gleichen Jahr schafft er die erste Winterbegehung der überaus langen „Steinkarumrahmung" im Karwendel. Im Frühjahr klettert er zweimal durch die Fleischbank-Südostverschneidung.

Lassen wir Hermann Buhl selbst von seinem „Fieber" auf seinem Weg in den Himalaya erzählen.

Wettersturz
am Tofanapfeiler

**Mit solchen „Autobussen"
ging's bisweilen von Innsbruck aus auf „Gemein-
schaftsfahrt" in die Dolomiten, wie etwa 1949 zur
Furchetta-Nordostwand.
Hermann Buhl ist der dritte
von rechts.**

Cortina ist unser Ziel. Der Cristallo ist noch tief verschneit, ganz winterlich auch die Tofana. Es ist halt
doch noch früh im Jahr und die Berge ragen auch über
die 3000-Meter-Grenze hinaus. Eine alte Kriegsstraße
bringt uns fast bis zum Einstieg hinauf. Wir haben wieder einen Wohltäter gefunden, unseren Klubbruder
Walter Fritz, der uns gerne mit seinem Auto herein-
fährt, um uns so eine Tour zu ermöglichen. In einer halben Stunde gehen wir über vereinzelte Schneestreifen
zur Wand hinauf. Hier findet sich kein Stäubchen
Schnee. Die Wand ist trocken. Steil schwingt sich ober
uns der Pfeiler der Tofana auf. Weiße Dächer sperren
den mittleren Teil der Wand, es ist der Schlüssel zur Ersteigung. Ein Weg der jungen Generation. 1944 wurde
er von den Cortinesern Costantini und Apollonio eröffnet und zählt zu den schwersten Fahrten der Dolomiten. Die Erstbegeher stellen ihn sogar über die Nordwand der Westlichen Zinne. „6. Grad superiore, arram-
picata effettiva ore 21", so heißt es im „Berti".
Wir werden wohl an einem Tag durchkommen. Die Vorarbeit ist gemacht, der Weg steht fest. Wir rechnen mit
10 bis 12 Stunden Kletterei. Ausgerüstet sind wir für
extremste Kletterstellen, sogar einige Trittschlingen
und sogenannte Steigbrettl'n gehen mit, obwohl ich
sonst ein Gegner dieser übertriebenen Technik bin.
Nur der Biwaksack bleibt herunten, denn wir wollen
unseren Chauffeur nicht kopfscheu machen.
Um 6 Uhr früh steigen wir ein. Es ist schon so warm,
daß wir sogar beraten, ob wir nicht die Pullover auch
hierlassen sollen. Es geht schon ganz ordentlich an. Eine Rißreihe zieht überhängend nach oben. Wo diese
sich in der Wand verliert, quert man nach rechts zum
Beginn einer zweiten Rißreihe, die schräg nach rechts
aufwärts zieht. Glatt und kleingriffig ist der Fels. Mit
dem Sprüchlein: „Überhang und Hakenstand, Quergang in die freie Wand", charakterisiert mein Freund
Sepp die soeben absolvierte Stelle. Um meinen Seilge-
fährten kurz vorzustellen: Klubbruder Sepp Jöchler, im

Fels genau so gewandt wie auf dem Akkordeon. Eine Winterbegehung der Brunnenkogelkante in den Sellrainer Bergen gab den Auftakt zu weiteren gemeinsamen Fahrten.

Das erste der drei folgenden Dächer stellt sich in den Weg. Dies ist aber nur der Vorgeschmack zu den oben befindlichen Dächern, die Ouvertüre. Sie haben wohl eine ganz nette Ausladung, doch der gutgriffige Fels ermöglicht ein freies Klettern. Nach einer Seillänge folgt das zweite, das sich vom ersten nicht viel unterscheidet. Der Riß setzt sich weiter fort und weist außer einer glatten Unterbrechung, die wir rechts umgehen, keine nennenswerten Schwierigkeiten auf. Zum Abschluß noch das dritte Dach, dann sind wir unter dem mittleren sperrenden Wandgürtel angelangt. Am Rande eines großen Loches, das sich in das Innere des Berges erstreckt, treffen wir die Vorbereitungen für das Kommende. Walter und Rudl Seiwald wollten den Normalweg auf die Tofana gehen, doch sie sind schon wieder retour, wahrscheinlich war ihnen zu viel Schnee. Sie liegen nun neben dem Auto in der Wiese und verfolgen uns durch das Spektiv.

Der Fels nimmt nun wieder brüchigen Charakter an. Unter dem ersten Dach ist ein guter Standplatz, hier lasse ich nachkommen. Ein überhängender Riß zieht schräg rechts aufwärts bis unter das Dach. Erst zwei bis drei Meter weiter draußen setzt sich die Wand wieder senkrecht fort. Das Dach sperrt sie in ihrer ganzen Breite. Haken finden wir fast keine vor, wohl aber genügend Hakenlöcher. Ein Stift fährt von unten in das Dach, welches ein feiner Riß durchzieht. Eine Seilschlinge wird eingehängt. Zögernd steige ich in die Trittschlinge, schwinge mich unter das Dach hinaus. Nun hänge ich regelrecht wie eine Fliege an der Zimmerdecke unter dem Dach, dabei baumeln die Füße im Leeren. Die überhängende Wand unter mir erscheint mir nun fast flach. Ich taste mit der Hand den äußeren Rand des Daches ab und bringe schließlich auch einen Eishaken, den wir zufällig mithatten, unter. Der Riß ist ziemlich breit, und nur in einer ganz bestimmten Lage hält der Haken. Wieder hängt eine Trittschlinge herunter, ich stehe nun am äußersten Rand des Daches, doch mit den Füßen noch in der Luft. Nun ist es aber mit dem Hakenschlagen aus. In freier Kletterei versuche ich das Dach zu überwinden, wobei ich erst einmal mit den

Füßen festen Stand erlangen muß. Noch einen Überhang, der auch frei erklettert werden muß, dann habe
ich dürftigen Stand. Nun beginnt für Sepp die Schinderei. Für ihn ist es nicht leicht. Wenn er die Karabiner
aushängt, pendelt er in die freie Luft hinaus und dreht
sich dann wie ein Karussell um die eigene Achse. Etliche Male sehe ich seinen schwarzen Haarschopf unter
dem Dach hervorschauen, um dann wieder, so plötzlich, wie er gekommen war, zu verschwinden. Schließlich steht er aber schwer keuchend neben mir.

Weiß-rot gesprenkelter Fels setzt sich überhängend
fort bis unter das zweite Dach. Feine, teilweise unter-
brochene Rißchen bilden die einzige Möglichkeit des
Anstieges. Alle zehn Meter fährt ein Sicherungshaken
in den Stein. Ober mir sehe ich eine Kanzel und vermute einen Standplatz. Bis dahin will ich noch. Mit den
letzten Metern der Vierzig-Meter-Seile schiebe ich
mich eine glatte Wandstelle hinauf, dann hab ich's.
Doch, wo ist der Standplatz? Der Fels drückt derart hinaus, daß ich kaum stehen kann. Eine Sitzschlinge erleichtert mir die Arbeit des Nachsicherns. Eine überhängende Verschneidung bringt mich unter das nächste große Dach. Es hat nicht diese Ausladung wie das
erste, fällt dafür aber zur äußeren Abschlußkante etwas
ab. Ein breiter Riß durchzieht es. In den Riß geht nichts
hinein. Die Haken fallen, genau so wie ich sie hinein-
stecke, wieder heraus. Im hintersten Winkel des Daches „singt" einer in eine schmale Ritze. Auf Zug lasse
ich mich hinaus. Fast waagrecht liege ich unter dem
Dach. Die Hände suchen wieder den äußeren Rand
nach einem geeigneten Riß ab. Wieder muß der lange
Haken herhalten. Ich stecke ihn in den Riß, drehe ihn
so, daß er sich verkeilt, ein paar Schläge mit dem Hammer, dann gehe ich wieder zurück, raste mich ein wenig
aus. Aufs neue legt sich der Körper weit hinaus, ein
Karabiner schnappt, eine Seilschlinge wird eingeklinkt.
Ich lasse mir Zug geben, die Füße stemmen sich in die
Steigschlinge, der Körper streckt sich, ich bin am
äußersten Rand des Daches. Noch ein paar harte Meter, dann habe ich auch mit den Füßen Stand. Den Eishaken ziehe ich mit der Hand wieder aus dem Spalt, ich
kann ihn weiter oben noch einmal brauchen. Noch
zwanzig schwere Meter, und ich stehe auf breitem
Band inmitten von Überhängen. Unter uns werden

*„Die Dolomitenwände
wachsen förmlich aus einem
Blumengarten heraus."*
Hermann Buhl

Stimmen laut, jemand ruft meinen Namen, unsere Kameraden sind es nicht. Cortineser haben uns beobachtet, wie wir später erfuhren.

Es ist halb 4 Uhr nachmittags. Wir kommen noch leicht hinauf, rechne ich. Ein stark überhängender Kamin zieht ober unseren Köpfen weg. Er schaut wohl nicht einladend aus, doch kann das auch täuschen. Im hintersten Grund des Kamines steige ich an Tropfsteingebilden höher. Nach 10 Metern schließt er sich. Ich muß hinaus ans Tageslicht, an den äußersten Rand dieses stark überhängenden Kamines. Ein alter, verrosteter Ringhaken weiß vielleicht ein Liedlein zu singen. Ich hänge ein und schaue mir die Lage an. Der Fels drängt stark ab. Nach oben versperrt ein glatter Überhang die Fortsetzung des Kamins. Keine auch noch so feine Rit-

Tofana di Rozes, Südseite. Die Südostwand des Tofanapfeilers („Pilastro") – es ist der markante, glattwandige, zweite Pfeiler von rechts – kletterten Hermann Buhl und Sepp Jöchler 1952. Sie mußten biwakieren und gerieten in einen Wettersturz.

ze findet sich, in die ein Haken hineinfahren könnte. Ich lasse mir Zug geben und spreize an den äußersten Rand des Wulstes. Den ganzen unteren Wandeil kann ich nun überschauen. Weit wölbt sich der Kamin über das breite, darunter befindliche Band vor. Einige Haken, die aber alle nichts taugen, bringe ich an. Ich verbinde sie alle mit einer Seilschlinge, so werden sie wohl halten, hänge eine Trittschlinge hinein und gewinne wieder einen halben Meter an Höhe. Nun ist auch meine Kunst zu Ende. Ich versuche einen Seilquergang nach links. Doch hier ist alles brüchig und drängt auch sehr nach außen. Das kann nicht stimmen. Vielleicht ist der Haken ein Verhauer. Doch die Beschreibung deutet ja klar auf diese Stelle hin. Weiter links drüben schaut es doch besser aus. Ich lasse mich an den Haken hinunter aufs Band. Sepp muß mich zu sich hereinziehen. Nach kurzem Anstieg will ich durch einen Quergang in kletterbares Gelände kommen. Ich bin schon fast drüben, als mir die Haken herausgehen und mir so auch den letzten Halt nehmen. Alle Mühe ist vergebens. Also muß es doch durch den Kamin gehen. Und wieder hänge ich, genau so wie zuvor, dort und kann keinen Zentimeter mehr an Höhe gewinnen. Ich zweifle schon an mir selbst. So was ist mir doch noch nie untergekommen. Wo einmal ein Mensch seinen Fuß hingesetzt hat, muß auch einem anderen diese Möglichkeit offenstehen, soweit er natürlich die Fähigkeiten besitzt, dies war doch immer mein Grundsatz. Sepp meint, „laß einfach die Stelle aus und gehe oben weiter". Ich muß wieder zum Band zurück, mich etwas ausrasten. Es gibt für uns nur noch ein Hinauf, der Rückzug ist uns abgeschnitten. Wie sollten wir über die großen Dächer hinunterkommen? Ich schaue nach einem Ausweg, verfolge das Band, doch es verliert sich überall in Dächern.

Wir schauen auf die Uhr. Es ist bereits 6 Uhr abends. Wie im Fluge ist doch hier die Zeit vergangen. Wir hoffen, doch noch ohne Biwak durchzukommen. Dann heißt es aber rasch handeln. Ich gehe nun nach meinem Gutdünken die Wandstelle an. Um keine Zeit zu verlieren, lassen wir Haken, Karabiner und Seilschlingen im Kaminüberhang hängen und ziehen das Seil ab. 10 Meter weiter links hängt der Fels wohl auch sehr über, doch er ist griffig. Ganze 30 Meter muß ich hinaufklettern, da sich in diesem kompakten Gestein nirgends Haken anbringen lassen, dazu sind meine Finger schon sehr verausgabt. Es ist gerade noch an der Grenze des Möglichen dessen, was sich frei erklettern läßt. Peinlich prüfe ich mich selbst und jede Stelle, ehe ich sie angehe, damit es mir nicht so ergeht wie in der Westlichen-Zinne-Nordwand. Ein ausgesetzter, kleingriffiger Quergang bringt uns zurück in den Kamin, oberhalb der sperrenden Überdachung. Verlassen hängt eine Seilschlinge im Fels. Wir müssen alles Material zurücklassen, denn wir haben keine Zeit mehr zu verlieren. Fast gleichzeitig stürmen wir die nun leichteren Risse aufwärts. Doch gewaltig baut sich noch die Wand über uns auf. Gelbroter Fels schaut herunter. Es ist kein Ende abzusehen. Ich bin gerade in einem Ka-

„Über dem weiten Talkessel von Cortina erhebt sich mächtig der breite Bau der Tofana di Rozes. Rotgelb leuchten ihre Pfeiler – von der Sonne umflutet. Zu den Felsen der Dolomiten gehört die Sonne. Erst durch sie bekommen sie Leben, und ohne dieses kann man sich die Dolomitenlandschaft nicht denken."

Hermann Buhl

**Sepp Jöchler, Hermann Buhls
Seilpartner in der Eiger-
Nordwand und am Tofana-
pfeiler, während der Jung-
mannschaftszeit.**

min, als uns die Dämmerung überfällt. Sepp ist auf gutem Platze. Ein Biwak ist uns sicher. Gerne vertausche ich wieder den engen, kalten Schluff mit dem grasigen Platz, auf dem Sepp bereits Vorbereitungen für das Biwak trifft. Wie froh sind wir nun um unsere Pullover, wenn uns auch untertags die Sonne hart zusetzte. Aus den Tälern schleicht langsam die Nacht. In Cortina flammen die ersten Lichter auf. Uns ärgert nur, daß durch dieses Biwak auch unsere Kameraden in Mitleidenschaft gezogen werden. Ihre Frauen werden zu Hause warten, Ängste ausstehen und das Schlimmste annehmen, wie das ja bei Frauen so ist. Eigentlich sollten sie doch heimfahren, wir kommen schon morgen mit der Bahn auch nach Hause. Aber die Kameradschaft gilt ihnen mehr, sie wollen uns nicht allein lassen. Mittels einer flackernden Kerze geben wir unseren Standpunkt bekannt. Sie antworten durch Auf- und Abblenden der Scheinwerfer. Wenn wir Hunger haben, langen wir in den Rucksack und stopfen uns eine Handvoll Vogelfutter, wie wir das Studentenfutter nennen, in den Mund. Um unsere Kameraden nicht in Sorge zu versetzen, vielmehr ihnen unsere gute Laune kundzutun, jodeln und singen wir aus Leibeskräften.

Erst gegen Mitternacht klingt unser Gejohle ab. In der Ferne blitzt es auf – Wetterleuchten – ein gutes Zeichen, meint Sepp. Ich bin anderer Meinung. Über der Pala türmt sich graues Gewölk zu Bergen. Blitze durchzucken den dunklen Nachthimmel. Für Sekunden sind wir wie geblendet, dann umgibt uns wieder finstere Nacht. Fern rollt der Donner. Ein wunderbares Naturschauspiel. Wenn es nur dabei bleibt! Doch das schwarze Gewölk schiebt sich immer näher zu uns heran. Von Zeit zu Zeit geben unsere Kameraden wieder Lichtsignale. Sie haben sich jetzt ein Lagerfeuer angefacht, wahrscheinlich ist es ihnen zu kalt geworden. Die Kälte macht sich nun auch bei uns bemerkbar. Sie schleicht sich durch die Kleider und nagt an den Knochen. Eng kauern wir uns zusammen. Die Stunden sind uns eine Ewigkeit. Es ist 2 Uhr nachts. Immer bedenklicher wird das Wetter. Auch die letzten Wolkenfenster haben sich geschlossen, kein Stern steht mehr am Himmel. Schwarz senkt sich das Gewölk immer tiefer herab. Die Gipfel des Pelmo und des Antelao haben schon eine Wolkenhaube. Über den Falzaregopaß jagen vereinzelte Nebelfetzen, aus den Tälern steigt der Nebel auf und bildet eine Wolkenwand, die uns zeitweise die Sicht in die Niederungen nimmt. Ein Wettersturz steht uns bevor. Es ist nur noch eine Frage der Zeit. Dieses untätige Zuschauen und Abwarten legt sich auf Gemüt und Nerven. Immer dichter drängen sich die Wolkenballen heran. Nun fällt auch vom Gipfel Nebel ein. Der Vorhang schließt sich. Vereinzelt spüren wir schon Tropfen im Gesicht, nein, es sind Schneeflocken. Sie fallen immer dichter, und bald stecken wir in einem tollen Flockenwirbel. Der Schnee legt sich auf Bänder und Gesimse, häuft sich an und überzieht mit einem feinen Hauch den Fels. Auf unsere Körper legt er sich, schmilzt aber bald an der eigenen Wärme. Unangenehm feucht sind unsere Kleider. Hoffentlich hält diese Witterung nicht länger an, aber es sind die „Eismänner", fällt mir eben ein, und da schneit es gerne bis in die Niederungen hinab.

Langsam bricht das Grau des neuen Tages durch das Gewölk. Vereinzelt donnert es noch, kein gutes Zeichen. Ein kalter Wind kommt auf und teilt die Wolken. Nebelschwaden jagen gespensterhaft um den Nuvolau und die Cinque Torri. Das Kar ist weiß überzuckert. Der Wind jagt Schneefahnen über den Grat herüber. Wie feiner Sprühregen ergießen sich die weißen Kristalle über die Wand, eine kalte Dusche. Eindrucksvoll ist unser Biwakplatz. Nach allen Seiten stürzen senkrechte, gelbe Mauern ab. Wie auf einer Insel kommen wir uns vor, inmitten eines brausenden, tosenden Meeres. Wir verständigen uns wieder mit den Kameraden beim Auto. Ein frischer Jodler aus Sepps Kehle soll ihnen Gewißheit verschaffen, daß wir die Nacht gut verbracht haben. Ich bin nicht für langes Zuwarten, da es meistens nicht besser wird. Wir müssen aus der Wand hinaus. Der Fels ist noch sehr kalt, Griffe und Tritte sind glitschig. Auf den Vorsprüngen liegt Schnee. Der Kamin ist jetzt nicht so leicht wie tags zuvor. Die Glieder sind noch steif, sie schmerzen bei jeder Bewegung. Wenn ich die Knöchel abwinkeln muß, kippen sie mir oft um. Doch nach zwei bis drei Seillängen geht es schon besser. Das Wetter scheint sich auch zum Besseren zu wenden, oder ist es nur die Ruhe vor dem Sturm? Stellenweise schaut sogar ein blauer Flecken Himmel durch das Gewölk. Dann fällt wieder Nebel ein, und von neuem beginnt der Flockenwirbel. Die Kletterei wird immer leichter. Wir kommen an die linke

„Klettern ist überhaupt der schönste Sport. Natürlich nur dann, wenn man es beherrscht und wenn man sich nicht mehr zumutet, als einem noch Freude macht. Man darf nach einer Klettertour kaum eine Spur von Ermüdung spüren. Im Gegenteil, man sollte erst richtig frisch sein. Dann hat man das richtige Maß gefunden."

Hermann Buhl

Begrenzungskante der Wandflucht. Ein Bild von gewaltiger Großartigkeit bietet sich uns. Das Gewölk teilt sich und da – Pfeiler an Pfeiler taucht aus dem grauen Gewoge, unwahrscheinlich steil überstürzen sich die Fluchten, dazwischen nisten die Nebel. Ein feiner Hauch überzieht das Ganze und verleiht dem Bild noch ein besonderes Gepräge. Solche Stimmungen kann nur der Sturm herzaubern. Dann ist es wieder wie weggewischt – wie in einem Theater. Einförmiges Grau umgibt uns wieder. Der Wind nimmt an Stärke zu, der Schnee wird dichter, wir kommen in Gratnähe, noch ein paar Seillängen, dann stehen wir auf der Gratkante, welche zum Gipfel der Tofana hinaufführt. Doch den können wir uns heute ersparen.

Tief verschneit ist das Gelände auf der Nordseite. Im eisigen Nordwestwind erstarrt unsere Kleidung bald zu einem Eispanzer. Leicht ansteigend queren wir die felsendurchsetzten Hänge zur Punta Marietta. Der Schnee ist tief, und um nicht allzusehr zu ermüden, wechseln wir uns oft in der Spurarbeit ab. Nur gut, daß ich den Abstieg kenne. Das Gelände hier verleitet dazu, gerade abzusteigen, doch die schönen Hänge brechen bald in ungangbaren Wänden ab. Tief brechen wir im faulen Schnee ein. Für einen kurzen Moment teilt sich der Nebel, wir nützen dies zur Orientierung. Ohne Umwege erreichen wir direkt die Scharte hinter der Punta Marietta. War es Zufall oder Berechnung? Durch grundlos faulen Schnee stampfen und wälzen wir uns hinunter, einen tiefen Graben hinterlassend. Gespannt, wie wohl der Empfang bei den Kameraden ausfallen wird, und etwas schuldbewußt laufen wir ihnen entgegen. Sie hätten ja auch allen Grund, uns gehörig den Kopf zu waschen; wir würden alles über uns ergehen lassen. Doch als sie uns sehen, lachen sie schon aus vollen Gesichtern. Unsere Mienen ändern sich auch schlagartig. Kräftig schütteln sie uns die Hände und beglückwünschen uns. Kein Wort des Vorwurfes kommt über ihre Lippen. „Ihr seid's wilde Hunde", meint Walter. Wir sind direkt gerührt über so viel Kameradschaft und versprechen ihnen, auch ihren Wünschen jederzeit nachzukommen, falls sie einmal von uns was wollen. Als wir dann beim „Reatl" sitzen, meint Walter: „Eigentlich hätt's schon sagen können, daß' biwakieren müßts, ös Heldn."

Allein durch die Badile-Nordostwand

Immer wieder kam mir der Name „Badile-Nordostwand" zu Ohren, und es ist nicht verwunderlich, wenn mein Wunsch, diese Tour einmal zu machen, immer brennender wurde. Doch es wollte nicht sein. Immer wieder kam etwas dazwischen. Weil ich aber nicht mehr länger zuwarten wollte, faßte ich Anfang Juli 1952 den festen Entschluß, nun ernsthaft daranzugehen. Durch verschiedene Zwischenfälle und Absagen gewitzigt, wollte ich eben allein losfahren. Bedingt durch die finanzielle Lage sollte mein Fahrrad mir die Tour ermöglichen. Man rät mir wegen des vielen Schnees zwar ab, doch diese Ermahnungen bleiben ungehört, jetzt ist an meinem Plan nicht mehr zu rütteln.

An einem Freitagabend – man schreibt den 4. Juli – eile ich zum Abendschnellzug nach Landeck. Von dort geht's per Fahrrad weiter. Um Mitternacht erreiche ich die Schweizer Grenze, lege mich abseits der Straße für ein paar Stunden zur Ruhe, denn vergangene Nacht hatte ich kein Auge geschlossen; ich war bei einer Vermißtensuche an der Nordkette bei Innsbruck. Um vier Uhr früh sitze ich wieder auf dem Sattel, radle innaufwärts, Richtung Malojapaß. Wer die Straße durch das Engadin kennt, weiß, mit welcher „Waschrumpel" man es hier zu tun hat. Ein kurzes Stück nimmt mich ein Lieferwagen mit. Ich bin dem Fahrer dafür beim Abladen seiner Konfitürenkübel behilflich. Ab Samaden bin ich wieder auf meine Muskelkraft angewiesen. Es ist gerade Mittag. Bei mörderischer Hitze trete ich den Malojapaß hinan, an den lieblichen Seen von Sils und Silvaplana vorbei, die zu frischem Bade laden. Doch ich habe keine Zeit, ein weiter Weg liegt noch vor mir. In steilen Kehren zieht nun die Straße in das Val Bregaglia hinab. Trotz des Fahrtwindes rinnt mir der Schweiß vom Körper. 1100 m tiefer liegt Promontogno, der Ausgangspunkt zur Sciorahütte. Eng kuscheln sich die alten Häuser an die steilen Abhänge der Bergeller Berge. Während ich die holperigen Gassen entlangschleiche, fällt mein Blick durch das Gestrüpp und Laub der

„Buhl ist sechsundzwanzig Jahre, eigenwillig, ein überlegener Könner, perfekt in Fels und Eis, unwahrscheinlich hart gegen sich selbst und oft draufgängerisch bis zur letzten Konsequenz."

Helmut Dumler

hier üppigen Vegetation nach oben – und wie gebannt stehe ich da: das ist doch der Piz Badile! In feingeschwungenen Linien ziehen Kanten und Grate zu seinem Scheitel, der von einem schimmernden, glitzernden Band, der Gipfelwächte, gekrönt ist. Düster und abweisend stürzen seine Wände zu Tal.

Ich schultere meinen Rucksack und lenke meine Schritte das wildromantische Bondascatal einwärts. Ein wahrer Kreuzgang ist dieser Hüttenanstieg. Wohlig lasse ich den Sprühregen eines rauschenden Wasserfalls über meinen schweißtriefenden Körper ergehen. Das Dreigestirn der Scioragruppe füllt den Talhintergrund. Drei Kanten, von Eisrinnen flankiert, sind die Wegweiser zum Gipfel. Schwarze Gewitterwolken überziehen den Himmel, Nebel verhängt die Gipfel des Badile und des Cengalo. Bald setzt auch der angenehm kühlende Segen von oben ein. Um 19 Uhr erreiche ich die Sciorahütte. Nur zwei Personen sind anwesend, außer dem Hüttenwirt noch ein Gast, ein Mailänder. Wohlweislich verschweige ich meinen Plan und gebe auf ihre neugierigen Fragen zur Antwort, daß ich die Badilekante vorhätte. Ich stelle den Wecker auf zwei Uhr und begebe mich bald zur ersehnten Ruhe.

Beim Erwachen stelle ich mit Erschrecken fest, daß es bereits hell ist. Ein Blick auf die Uhr: vier Uhr! Wahrscheinlich den Wecker überhört. In aller Eile bin ich abmarschbereit. Das Frühstück wird im Gehen eingenommen. Über Geröll und Platten quere ich die Hänge, und zum Schluß, etwas absteigend, betrete ich den Gletscher, der sich zu Füßen des Cengalo und des Badile ausbreitet. In Ungewißheit des Weges komme ich etwas zu hoch. Ich will unter den Felsen des Cengalo durchqueren, werde aber durch eine riesige, sperrende Randkluft zu einem Umweg gezwungen, der mir kostbare Zeit raubt. Hinter den Bergen des östlichen Bergells steigt die Sonne auf und wirft ihre ersten Strahlen in die Nordostwand des Piz Badile. Nochmals verfolge ich den Weg, der jetzt, von Licht und Schatten gezeichnet, schön zu erkennen ist. Einige Rätsel gibt mir die Wand doch zu lösen auf, doch das wird sich dann schon an Ort und Stelle zeigen. An schwarzen, gähnenden Schlünden ziehe ich meine Spur entlang und steige zum Kopf des zweiten Felsspornes. Noch ein kurzes

Überlegen, ein Blick zum Himmel, das Wetter scheint zu halten – dann richte ich mich für das Kommende her. Biwacksack und alles Entbehrliche bleibt herunten. Nur die 30-m-Perlon-Reepschnur, einige Seilschlingen, Karabiner und Haken, der Kletterhammer sowie etwas Proviant und der Fotoapparat verschwinden in meinem g'führigen Kletterrucksackl. Über harten, steilen Firn steige ich zum Einstieg empor, wobei die Kletterpatschen gerade nicht die geeignete Beschuhung sind. Beim Anblick dieser riesigen Plattenschüsse, an denen das Auge kaum einen Halt findet, bekomme ich doch etwas Bedenken. Von der N_____te her höre ich Stimmen, eine Dreierseilschaf_____ reits tätig.

Um sechs Uhr früh lege _____ Fels (der Übergang vom Schnee wa_____iges, gestuftes Gelände geht es _____ ein steil erscheinender Au_____ne erklettert – auch dies_____ die ersten 200 m der W_____ es so weiterginge, wäre_____mmt wohl noch… Bald steh_____-m-Verschneidung. Beinahe_____! Ich bin schon einige Meter_____bewußt werde, daß ja hier_____eginnen. Da wäre es doch ga_____er bei der Hand zu haben. So s_____rklommenen Meter zurück zum _____auchbare wird aus dem Rucksack _____Seil umgebunden, Seilschlingen und F_____owie Schlosserei umgehängt, und nun: Auf g_____

Ich eri____re mich gut an die Bilder im „Alpinisme", doch wo sind alle die Haken in dieser Verschneidung? Rechts ist eine glatte, geneigte Platte mit nur kleinen Rauhigkeiten für die Füße, während die linke Wand überhängend nach rechts hereinhängt. Den Verschneidungsgrund durchzieht ein feiner Riß, während die Füße rechts nach Reibung suchen. Hier macht sich bereits der Bergsturz vorigen Jahres unangenehm bemerkbar. Auf den Platten liegt millimeterdick feinster Staub, welcher jede Ritze ausfüllt und die Reibung der Kletterpatschen fast aufhebt. Bald bin ich unter dem Abschlußüberhang. Ein Karabiner schnappt in die rostige Öse dieses altehrwürdigen Stiftes. Eine kurze Probe, er hält. Ich verschnaufe ein wenig, benütze noch für kurze Zeit den Haken als Griff – er hat seine Pflicht ge-

Die 850 Meter hohe Nordostwand (die „Cassin" verläuft etwas rechts der Bildmitte) des Piz Badile in den Bergeller Bergen, 1937 von Riccardo Cassin, Ginetto Esposito, Vittorio Ratti, Mario Molteni und Giuseppe Valsecchi erstmals durchstiegen, kletterte Hermann Buhl als erster allein.

tan –, dann geht's wieder weiter. Der Überhang ist bald überklettert, er bietet gute Griffe. Geneigtere Platten, von Rissen durchzogen, öffnen den Weg nach links. Es scheint leichteres Gelände zu sein, doch sind hier die Risse ganz mit Sand gefüllt und erschweren das Klettern erheblich. Vorsichtig schiebe ich mich weiter. Langsam komme ich dem Eisfeld näher, das hier auf den Platten aufliegt und den Weiterweg versperrt. Es ist noch ein Überbleibsel des Winterschnees, und es schien mir schon von unten sehr fraglich. Auf 20 m Breite verdeckt es den Weg. Eine halbmeterdicke Eisschicht liegt hohl auf glatter Unterlage. An ihrem oberen Rand muß ich queren. Vorsichtig schlage ich den oberen, scharfen Rand des Eises weg. Bei jedem Hammerschlag dröhnt das Eis verdächtig! Erleichtert verlasse ich es und betrete wieder sicheren Fels, die Fortsetzung der Rißreihe. Der Fels wird wieder etwas schöner, ich komme aus der Sturzbahn des Steinschlags heraus. Hinter einer Kante bäumt sich die Wand neuerdings steil auf. Ich bin am Beginn der zweiten Verschneidung, welche als einwandfreier Sechser bezeichnet ist und schon eine der Hauptschwierigkeiten der Wand darstellt. Diese Verschneidung ist für mich entscheidend. Wenn sie mir leicht fällt, kann ich ruhigen Gewissens den Aufstieg fortsetzen, denn schwieriger wird es dann kaum mehr kommen. Andernfalls aber stünde mir der Rückzug hier noch offen, welcher dann allerdings vorzuziehen wäre.

Ein Überhang nimmt mich auf, er führt schräg links hinauf. Gute Griffe geben mir die nötige Sicherheit. Wo diese aufhören, beginnt eine kurze Hakengalerie. Sie schaut nicht sehr vertrauenswürdig her, wahrscheinlich sind die Haken noch von den Erstersteigern, ihre Edelpatina läßt darauf schließen. Dann zieht eine 30 m hohe, glatte Verschneidung ziemlich senkrecht in die Höhe. Der Fels ist aber außerordentlich rauh, so daß ich alles „auf Reibung" klettern kann, wobei ich mit besonderer Befriedigung die Vorteile der neuen Marwasohle feststellen kann, die mir hier sehr zugute kommt. So winde, schiebe und spreize ich mich Meter um Meter empor, wobei das freie Seilende mir wie ein treuer Begleiter stets hinterdrein folgt. Nur natürliches, stilreines Gehen, technisches Können hilft hier weiter. Jauchzen könnte ich vor Freude. Heilige Ruhe umgibt mich, kein Laut durchbricht die feierliche Stille. Das Tal liegt noch im Dunst eines taufrischen, kühlen Morgens… Doch weiter! Liegt doch noch ein schönes Stück Weg vor mir. Die Verschneidung wird von riesigen Dächern abgeschlossen, unter denen es nach links hinausgeht, an glatter Plattenwand, die aber mit kleinen Griffen versehen ist. Ich bin mir nun über den Weiterweg nicht recht im klaren. Die Beschreibung ist hier etwas ungenau. Überall dachziegelartig abfallende Plattenschüsse, von feinen Rissen durchzogen. Jeden dieser Risse suche ich nach Haken ab. In einiger Entfernung entdecke ich einen alten, verwitterten Stift. Nach einigem Hin und Her, wobei die Stellen böser aussehen, als sie sind, bin ich bei dem erwähnten Haken, der mir Richtungsweiser war, angelangt. Nach einer Reihe wunderbarer Kletterstellen erreiche ich um acht Uhr das Schneefeld in der Mitte der Wand. Ich lasse mich auf den warmen Fels nieder, verschnaufe für kurze Zeit und sammle frische Kraft für die kommenden schweren Stellen. Links des Schneefeldes setzt nun die große Verschneidung an, mit welcher die Hauptschwierigkeiten der Wand angekündigt werden. Die Neugierde läßt mich nicht lang ruhig verweilen, ich bin schon sehr auf diese Stelle gespannt. Hechtel vergleicht sie mit der Schüle-Diem-Verschneidung am Predigtstuhl, doch das liegt bei mir schon sehr lange zurück, so daß ich den Vergleich nicht selbst beurteilen kann. Sie ist wohl sehr glatt, aber mit viel Spreizen und einer guten Reibungstechnik läßt sie sich ganz gut frei erklettern. Die paar Haken, die hier stecken, helfen mir nur für einen Moment, um sie als Griff zu benützen. Ich gehe alles ohne Sicherung. Was hätte diese beim Alleingang auch für einen Wert? Ein umständliches Seilmanöver, das viel Zeit und Kraft erfordert, die ich lieber zum Klettern aufwende. Ich bin ungefähr 40 m hoch, da stellt sich ein brüchiger Überhang in den Weg. Ein Haken und ein Karabiner finden sich, französischer Herkunft, Marke „Allain".

Ich will den Überhang gleich nehmen, so wie er ist, doch bald hänge ich daran wie die Fliege an der Wand. Ich bin eigentlich schon völlig darüber, doch oberhalb fehlen die Griffe! Noch einmal gehe ich zurück, raste mich ein wenig aus und beginne es dann von neuem. Dabei versuche ich, gleich oberhalb einen Haken anzubringen, was gar nicht so leicht ist. Eine Trittschlinge hänge ich hinein, die einzige, die ich auf der Tour verwende. Noch 10 m trennen mich vom abschließenden Dach. Doch möchte ich den Haken mitnehmen, daher schlage ich weiter oben noch einen, lasse mich am Seil zum Überhang hinab, ein paar heftige Schläge mit dem Hammer, und der Ringhaken gehört wieder mir. Dann steige ich mit Hilfe des Seiles den Überhang von neuem hinan. Im französischen Karabiner sind zwei Buchstaben eingraviert: „L. T.", das kann nur Lionel Terray heißen. Ich bin erfreut und gleichzeitig stolz über diesen Fund und gehe weiter. Unter dem Dach findet sich jedoch keine Spur von einem Querungshaken, dabei muß man doch nach rechts hinüber, zur Parallelverschneidung hinab, und siehe da, 20 m tiefer verbindet eine Rampe beide Verschneidungen. Nun geht mir ein Licht auf. Eine Variante habe ich gemacht, eine Fleißaufgabe. Nun weiß ich auch, was der französische Karabiner zu bedeuten hatte. Ich will jedoch nicht mehr zurück und versuche von hier einen fallenden Quergang in die Parallelverschneidung. Wieder fährt ein Haken in den Fels. Vorsichtig schaue ich um die Ecke. Rechts eine glatte Plattenflucht, 10 m breit, 2 m tiefer eine schmale, fingerbreite Leiste, teils unterbrochen, die einzige Möglichkeit. Vorsichtig schiebe ich mich im Dülfersitz zentimeterweise nach rechts. Für die Hände habe ich gar nichts. Die Neigung der Platte ist so, daß ich gerade noch mit Hilfe des Seiles das Gleichgewicht halten kann. Nach kitzligen Minuten habe ich wieder Griffe in der Hand: Ich bin in der Verschneidung. Das Seil läßt sich leicht abziehen. Etwas leichter geht es hier wieder höher, doch dauert dieses Honiglecken nicht allzulange. Wieder wölben sich kleinere Überhänge vor, aber sie sind sehr griffig. Senkrechte Rippen und Schuppen, hinter denen die besten Griffe verborgen sind, bereiten mir ein Willkommen. Die Füße haben es da wieder schlechter, die müssen sich mit den rauhen Platten zufrieden geben, für die sind keine Tritte bestellt. Ein Dach gebietet wieder Einhalt. Hier führt eine ziemlich ausgesetzte Querung, ein waagrechter Riß, nach links, an den Rand des großen Trichters. Die ersten 10 m sind ein leichter Nervenkitzel, nichts für nervenschwache Gemüter. Die Griffe sind zwar winzig, indes ich denke mir: Klein, aber mein...

Italienische Kletterer, die an jenem 6. Juli 1952 auf dem Badilegipfel weilten, erspähten Buhl in der Nordostwand. Einer (S. Bray) fotografierte ihn im obersten Wandteil (Kreis).

Ich bin am Trichter! Vereinzelt surren Steine an mir vorbei. Das kann mich aber nicht aus der Ruhe bringen. Im Grund des Trichters nimmt ein lustig sprudelndes Bächlein seinen Weg zur Tiefe. Mir ist es eine köstliche Labung, denn die seit Stunden niederbrennende Sonne hat mich schon sehr ausgedörrt. Den zweiten Biwakplatz Cassins lasse ich links liegen. Ich verfolge eine lange Reihe von Rissen, die sich dann zu einem Kamin erweitern. (...)
Eine kühle Brise streicht schon vom Gipfel herab, es kann nicht mehr weit hinauf sein. Ober einem Überhang quere ich an die linke Begrenzungswand hinaus – da ist er auch schon sichtbar, der Gipfel. Im Trichter, der zum Grat hinaufführt, liegt noch reichlich Schnee. An ausgesetzter, kleingriffiger Wand quere ich eine Seillänge nach links. Wieder streift mein Blick nach

„Es gibt wohl nichts Schöneres, als so unbeschwert, frei von jedem Kletterwerkzeug, leichten Fußes höherzuturnen, so wie früher ein Preuß oder Dülfer, nur auf sich selbst vertrauend, wachen Auges, mit dem Gefühl der Finger- und Zehenspitzen."

Hermann Buhl

oben – da ist ja eine ganze Schar von Leuten auf dem Gipfel versammelt! Nur die Köpfe kann ich sehen, die hinter der Wächte hervorschauen. Neugierig verfolgen sie jede meiner Bewegungen. Es ist ja auch eine Seltenheit, eine „Seilschaft" in der Wand beim Klettern zu beobachten. Mein Seil schlängelt sich sanft meinen Spuren entlang hinterher. Nach weiterem zweimaligem Abseilen stehe ich im Grunde des großen Trichters. Über eine Art Kante turne ich an lockerem Zeug, geschickt dem Schnee und Eis ausweichend, höher. Es ist noch ein schönes Stück, bis die Klettersohlen sich die letzten Meter der Wand hinauftasten.

Der Gipfel ist erreicht! Mit einem „Berg Heil" begrüße ich die Schar junger Italiener. „Saluti" und „bravo" ist ihre Antwort. Es ist 10.30 Uhr, der Tag liegt noch vor mir. Zufrieden lasse ich mich auf einem der riesigen Steinquader, die den Gipfel aufbauen, zu wohlverdienter Rast nieder. Aus den Gesichtern der Italiener ist Begeisterung und Erstaunen zu lesen. Sie stellen sich vor, einer als Mauri, ein anderer als Ratti. Da horche ich auf, denn ihre Namen sind mir geläufig, zählen sie doch zur italienischen Bergsteigerauslese. Meinen ganzen italienischen Wortschatz muß ich hervorkramen, um ihnen auf ihre vielen Fragen antworten zu können. Mit südlichem Temperament geben sie ihrer Anerkennung Ausdruck. Unsere Unterhaltung ist von sehr freundschaftlicher, warmer Art, und es zeigt sich wieder, daß es für Bergsteiger weder Grenzen noch Nationen gibt. Jeder ist vom gleichen Ideal beseelt, der Sehnsucht nach den Höhen, dem Drang nach oben.

Eine Stunde währt unser kameradschaftliches Beisammensein, währenddessen ich kaum Zeit finde, einen Blick der Runde zu gönnen. Im Südhalbkreis reiht sich Kette an Kette, alles schroffe Bergformen. Im Westen leuchtet das blaue Auge des Comer Sees. Die italienische Hügellandschaft der Voralpen verschwimmt im Dunst des Horizonts. Im Osten glitzern die Firnhauben der Berninagruppe, die Eisschneide des Biancogrates ist deutlich erkennbar. Jedes Fleckchen Erde ist dort mit Erinnerungen verknüpft. Der Malojapaß, die Wasserscheide zwischen Schwarzem Meer und Adria, grüßt herüber. Silser und Silvaplaner See lugen hinter den Ausläufern des Fornobeckens hervor. Tief, uns zu Füßen, im blauen Dunst das Bergeller Tal der Maira mit all den lieblichen Ortschaften: Promontogno, Soglio, Casaccia. Glockengeläute dringt an unser Ohr, es ist Mittagszeit.

Meine neugewonnenen Bergfreunde wollen mich nach Lecco mitnehmen, doch ich erkläre ihnen, daß ich wieder nach Promontogno absteigen müsse, da ich dort mein Rad stehen habe und außerdem morgen früh wieder in Innsbruck sein müsse. Herzlich ist der Abschied. Die Freunde aus Lecco steigen nach Süden ab, mein Weg führt über die Badilekante wieder nach Norden zum Einstieg. Noch ein Blick gleitet über die Plattenschüsse der Nordostwand, die sich ins Bodenlose verlieren. Nun scheint sie mir noch unheimlicher als vorhin, wo ich durch sie meinen Weg suchte. Ich sage der Runde ein Ade. In der Ungewißheit des Weges halte ich mich ziemlich an der Kante, und nachdem ich schon einmal im Klettern bin, steige ich auch die Kante ohne Benützung des Seils ab. Wunderschön und ausgesetzt geht es zur Tiefe. Der Blick fällt bald links, bald rechts in die steilen, granitgepanzerten Flanken. Der Fels ist teilweise stark von Flechten überzogen, im Gegensatz zur Nordostwand, doch die Kante ist auch mehr der Witterung ausgesetzt. Immer weiter komme ich die 800 m hohe Kante abwärts. Die Wände im Umkreis gewinnen wieder an Höhe und Steilheit. Steil zieht das Cengalocouloir in die Höhe. Breit wuchtet der Cengalo über wild durcheinandergetürmtem Trümmerwerk. Glattgeschliffen sind seine Flanken, hier waren Riesenkräfte am Werk, Rinnen und Absätze zieren noch filigranartig blendendes Weiß. An den Plattenschüssen hängen absturzbereit meterdicke Schneeschilder.

Hermann Buhl traf auf dem Badilegipfel Bergsteiger aus Lecco. Sie empfingen den Innsbrucker herzlich und drückten ihre Begeisterung ob seines kühnen Alleinganges aus.

Über ein Schneefeld abfahrend, erreiche ich den Sasc-Furä-Kamm, die Ausläufer der Kante, den ich noch weiter hinaus verfolge, bis ich eine günstige Gelegenheit finde, weiter zum Gletscherboden abzusteigen. Die Silberschneide des Badilegipfels leuchtet nun wieder hoch über mir, und die Nordostwand steht wieder gewaltig, wie ehedem. Allerdings – ich sehe sie nun mit anderen Augen, da ich um ihre Geheimnisse weiß. Noch ein kurzes Schneefeld muß ich queren, dann bin ich wieder am Felssporn bei meinen Sachen. Vorerst wird der brennende Durst gestillt, dann lasse ich mir die Sonne wohltuend auf den Pelz brennen. Ich habe ja noch genügend Zeit, es ist erst die dritte Nachmittagsstunde. Mit dem Aufkommen eines kühlenden Windes mache ich mich reisefertig, und übermütig und frohgemut ob der gelungenen Bergfahrt rutsche ich die Schneehalden hinab, stolpere über Geröll, schlendere wie auf einem Teppich über weiche, saftige, grüne Matten, und bei jedem Wässerlein tauche ich in das kühlende Naß. – Mit den letzten Rappen wird das Fahrrad ausgelöst. Noch ein kurzer Blick hinauf zum Badile, ein stilles Abschiednehmen, dann schwinge ich mich auf den Sattel.

Ein gehöriger Schinder steht mir jetzt bevor. 1100 m Höhenunterschied bei 20 km Länge zum Malojapaß hinauf. Zwei Stunden später, um 20 Uhr, stehe ich auf der Paßhöhe. 140 km Landstraße liegen jetzt vor mir. Hoffentlich passiert dem Fahrrad nichts, sonst müßte ich zu Fuß heimgehen! Wieder säumen die Ufer der Oberengadiner Seen die Straße. Die Wasseroberfläche ist ruhig wie ein Spiegel. St. Moritz – Großstadtgetriebe, geschäftiges Treiben inmitten einer urgewaltigen Berglandschaft. Zwischen einer Kette parkender Autos schlängle ich mich durch. Langsam weicht das Violett des Abends dem undurchsichtigen Grau der Dämmerung. Die Nacht breitet ihre schwarzen Fittiche über Höhen und Tiefen. Eintönig folge ich dem hellen Streifen, der sich im Dunkel der Nacht verliert. Kilometer für Kilometer reihe ich der Vergangenheit an. So geht es stundenlang im Gleichtakt talaus. Um zwei Uhr passiere ich die Grenze bei Martinsbruck. Nun ist die Straße wieder schön, und mein Vorwärtskommen gestaltet sich auch angenehmer. In einem Traumzustand bewege ich monoton die Pedale. Des öfteren übermannt mich nun die Müdigkeit, und nur mit aller Gewalt kann ich mich wachhalten. Einige Male komme ich den Randsteinen und einsäumenden Bäumen bedenklich nahe, und nur im letzten Augenblick gelingt es mir oft noch, die Herrschaft über das Rad zu gewinnen, um diesen Hemmnissen auszuweichen. Im Osten wird es allmählich hell. Ein klarer, frischer Morgen bricht an. Noch 15 km trennen mich von Landeck.

Schnurgerade, etwas fallend, zieht die Straße entlang des Innufers zur Pontlatzer Brücke hin. Leicht flitzen die Räder über den Asphalt. Da – plötzlich ein Krach, gewaltsam wird mein Tempo gestoppt. Im Bruchteil von Sekunden fliege ich auch schon in hohem Bogen wie ein Hecht durch die Luft, lande mit dem Kopf an etwas Hartem, überschlage mich – und plötzlich spüre ich eine feuchte, kalte Umgebung. Noch schlaftrunken reiße ich die Augen auf. Eine weite Wasserfläche breitet sich vor mir aus. Bist in einen See hineingefallen, denke ich mir. Doch bald verspüre ich die Kälte des Wassers, den Wellengang, sehe das jenseitige Ufer, nun weiß ich, wo ich gelandet bin – im Inn. Bis zum Halse stehe ich im Wasser, im Hochwasser! Ob der bissigen Frische meines Aufenthaltsortes werde ich schnell munter – da ist auch schon mein treues Fahrrad mitsamt dem Rucksack. Es ist gerade im Begriff, auszureißen. Doch bevor es noch von der Strömung abgetrieben werden kann, habe ich es schon beim Schlafittchen. Es kostet mich noch einige Mühe, bis ich mitsamt meinem Leidensgenossen wieder auf der Straße stehe. Pudelnaß bin ich. Die Kälte beutelt mich, und ich schüttle mich wie ein nasser Hund. Alles pickt am Körper. Jede Bewegung äußert sich unangenehm kalt. Bald hat sich ein kleiner See zu meinen Füßen gebildet. Aus dem Rucksack rinnt ein kleines Bächlein. Es ist 4.30 Uhr. Keine Zeit zum Baden!

Aber wie schaut mein Fahrrad aus! Der Rahmen ist stark gestaucht. Die Gabel nach hinten gebogen. Sie läßt sich nicht ausbiegen. Fahren kann ich nicht mehr. Weit und breit keine Menschenseele, kein Haus. Der Kopf schmerzt mich. Eine Beule mehr hat er aufzuweisen. Ein Randstein war es, der meine Fahrt so plötzlich zum Stoppen brachte. Das Rad geschultert, mache ich mich zu Fuß auf den Weg. Die Pontlatzer Brücke, dieser historische Ort, wird mir jetzt besser in Erinnerung bleiben als zu Schulzeiten. Nach etlichen Kilometern endlich das erste Haus, die Gaststätte „Zum alten Zoll". Nach stundenlangem Warten, währenddessen meine Kleider wieder langsam trocknen, nimmt mich ein Postauto nach Landeck mit, wo ich mich wieder der Zivilisation fügen muß…

> *„Da Hermann ‚auf Vorrat' essen konnte, brauchte er auf eine Tour niemals soviel Proviant mitschleppen wie andere. (...) Er konnte stundenlang klettern, ohne an Essen zu denken, und wenn man mit Hermann im Fels war, mußte man vorsorgen, um nicht in der Wand zu verhungern."*
>
> Marcus Schmuck

Nächtlicher Gang

Man schreibt den 28. Februar 1953. Es ist gerade Mittagszeit. Wie bei einem Torlauf schlängle ich mich, bepackt mit Rucksack, Schi und Eispickel, durch das Gewühl von Menschen, das sich durch Münchens Hauptstraßen zwängt. Die Hochdrucklage der letzten Tage ließ mich nicht länger in der Stadt verweilen. Dank der verständnisvollen Einwilligung meines Chefs, welcher ja selbst begeisterter Bergsteiger war, konnte ich schon am Freitag meinen Arbeitsplatz verlassen. Der D-Zug bringt mich in die Berge. Berchtesgaden – alles aussteigen! Dieser Erdenfleck ist mir schon fast zur zweiten Heimat geworden, seitdem ich mir hier meine Lebensgefährtin geholt. Hier ist noch tiefer Winter. Noch schnell einige Einkäufe, die Schi bleiben in der Gepäckaufbewahrung, und weiter zum Königssee.

Die Einheimischen verstehen ihr Geschäft, und erst nachdem ich den „Eintritt" bezahlt habe, darf ich mit einem Billett in der Hand die feste Eisdecke des zugefrorenen Königssees betreten. Manch fragenden Blick muß ich über mich ergehen lassen. Rucksack, Eispickel – allein Richtung Bartholomä – wird wohl nicht… Zu allem Unglück begegne ich noch einem Nachbarn aus der Ramsau. Wenn das nur nicht meine Frau erfährt! Eine Stunde später ist Bartholomä erreicht. Ein verstohlener Blick hinauf zur Watzmann-Ostwand – die Verhältnisse lassen sich nicht recht identifizieren. Im Gasthaus am See wird mein Bärenhunger etwas gestillt. Mir gegenüber sitzt eine fröhliche Tischrunde. Es scheinen Jagdfreunde zu sein. Sie besprechen gerade das Programm des bevorstehenden Abends… Schweinsbraten, dazu eine anständige Maß Bier und dann einen Humpen Wein. Mir wird ein Teller heißer Suppe serviert. Es ist nicht ganz zu vermeiden, daß auf der Suche nach Proviant der eine oder andere alpine Ausrüstungsgegenstand aus dem Rucksack hervorschaut. Und wieder dieselbe Frage auf den Mienen der Anwesenden: „Was willst denn du da mit dem Pickel – wo ist dein Kamerad –", und ich fühle mich förmlich verpflichtet, ihnen Auskunft zu geben. An Hand des Führers wird noch einmal die Route, der Salzburger Weg, studiert. Ein kurzer Vergleich mit der Natur, es ist gerade noch hell genug. Die markantesten Stellen präge ich mir ein. Um sieben Uhr abends verlasse ich Bartholomä. Schon nach kurzer Zeit endet der Holzziehweg und somit auch jegliche Spur menschlichen Daseins. Trügerischer Bruchharsch macht jeden Schritt zur Anstrengung. Teils versinke ich bis zu den Knien im Schnee. Hinter dem Göllmassiv kommt der Mond hervor und überflutet die Umgebung mit silbernem Glanz.

Schemenhaft wächst vor mir die gewaltige Wand empor. Wie anders ist's hier im Sommer. Lärmerfülltes Treiben übermütiger Menschen, die die Natur nur als einen Tummelplatz betrachten – jetzt zieht nur die Gemse einsam ihre Spur im tiefen Schnee, und ab und zu wird die feierliche Ruhe vom Gepolter niedergehender Lawinen unterbrochen. Über frische, zu Eis gefestigte Lawinenkegel steige ich steil den hintersten Winkel der Eiskapelle hinan. Der erste Steilaufschwung liegt unter tiefem Schnee begraben. Meterhohe Eiswände, hart wie Beton, haben die niederstürzenden Schneemassen, die mit der Gewalt ganzer Lastzüge die Wand herunterpoltern, in den Schnee gefräst. Ich habe gut getan, diese Zeit für den unteren Teil des Anstiegs zu wählen, in der normalerweise der Mensch sich ausruht. Der Nachtfrost hält den Schnee zusammen. Allerdings, ein kleiner Rechenfehler ist mir unterlaufen. Die wohl harte Oberfläche des Schnees hält dem Körpergewicht nicht stand. Die Verfirnung des Schnees hat noch nicht stattgefunden, da die Sonne nur für wenige Stunden am Tage die Flanken der Wand berührt. Bruchharsch nennt man dieses unangenehme Stadium der Schneeveränderung. Doch die harten Lawinenbahnen ermöglichen mir ein rascheres Ansteigen, allerdings nur mit Hilfe der Steigeisen, denn hier ist es beinhart. Mehrmals läßt mich das markdurchdringende Getöse abgehender Lawinen aufhorchen. Es ist in den gegenüberliegenden Flanken des Hachelkopfes, welche, noch im Schatten, wie ein Ungeheuer herüberdräuen. (…)

Noch eine leichte Querung, dann stehe ich im Schöllhornkar. Auch hier erlauben mir die tiefen Lawinenfurchen ein rascheres Vorwärtskommen. Eine dunkle Felswand steilt sich nun vor mir auf. Ich weiß, das Mondlicht trügt, aber trotzdem wird es kein Kinderspiel werden.

E ine schmale Randkluft, ein kurzes steiles Eisfeld, dann setzt jäh glatter Fels an. Noch im Eis stehend wer-

Als eine der harten Vorbereitungstouren für die Nanga-Parbat-Expedition durchstieg Hermann Buhl allein in einer Winternacht 1953 die 1800 Meter hohe Watzmann-Ostwand (hier ihr oberer Teil) auf dem „Salzburger Weg".

den die Steigeisen abgeschnallt und verschwinden im Rucksack, ich brauche sie jetzt für längere Zeit nicht mehr. Es geht gegen 22 Uhr. Mein Höhenmesser zeigt 1400 m. 500 m Wand liegen also hinter mir. Eine sehr glatte Platte hätte mich beinahe zu langwierigen Umwegen gezwungen, ehe ich am Beginn des Salzburger Weges, des schwersten Ostwandanstieges, bin. Gerade an den Vorsprüngen, die mir eine sichere Auflage für meine Profilgummisohlen gewähren würden, liegt größtenteils eine feine Eisauflage. Überall plätschert Wasser von den Wänden. Unheimlich lau scheint mir diese Nacht. Der Fels ist abweisend und glatt. Ich versuche es etwas links, in einer Art Verschneidung, doch hier muß ich die ersten Meter durch die kühlende Traufe hindurch. Verrostete Ringhaken geben mir Gewißheit, daß ich noch auf richtiger Fährte bin. Eine steile Rampe zieht sich rechts aufwärts. Mein Körper wirft dunkle Schatten auf den Fels, und teilweise muß ich ein wenig zur Seite rücken, will ich noch die Griffe und Tritte in unmittelbarer Nähe ausfindig machen. Ober mir in der Wand regt sich wieder was, es ist stürzender Schnee, über die Schöllhornplatte poltert Eis, doch ich bin in Sicherheit. Ein schmaler Standplatz ist erreicht, eine luftige Warte. Ober meinem Kopf setzt ein großer Überhang an, zwei Ringhaken schauen herab, sie werden vorsichtig auf ihre Haltbarkeit geprüft. Der Fels drückt sehr nach außen, die Rucksackriemen schneiden in die Schultern. Ich muß zurück, stehe wieder auf der kleinen Plattform unterm Überhang. Mittels einer Seilschlinge wird der nicht leichte Rucksack an den ersten Haken gehängt. Ohne diesen Ballast geht es wesentlich leichter. Eine kleine Ruckstemme, und der Überhang, die Schlüsselstelle, liegt unter mir. Der Rucksack wird heraufgeholt, noch ein Blick im Scheine der Taschenlampe in den Zellerführer, um wieder Gewißheit über den weiteren Verlauf des Anstieges zu erlangen, da ja das Mondlicht gerade bei größerer Entfernung jedes Beurteilungsvermögen nimmt und dem Gelände keine Plastik gibt.

Überlegend wird jede Rückzugsmöglichkeit in Erwägung gezogen. Die Schlosserei und das 40-m-Perlonseil würden ja reichen. Der Ausstiegskamin mag noch mit allerlei Überraschungen aufwarten – Eiskaskaden, Schneebalkone, wie wird der Übergang zum ersten

Band sein? Einige vereiste Platten werden links umgangen. Eine schmale Leiste führt nach links hin, an die Kante. Steil zieht der Fels wieder zur Höhe. Kalt und abweisend erscheint mir der sonst warme, sonnige Kalk. Doch die Griffe sind gut. Noch einmal kommen Zweifel wegen des Weiterwegs auf. Einige Irrgänge, Fleißaufgaben, nochmals zurück, ein kurzer Quergang mit Hilfe einer Seilschlinge, dann stehe ich am Beginn des Schlußkamins. Ich bin angenehm überrascht. Der Weg scheint mir nach oben hin geöffnet. Der Grund des Kamins ist teilweise vereist, jedoch behindert das die Kletterei kaum.

Eine Plattenrampe zieht nach links hin zum Beginn des ersten Bandes. Jäh ist der Übergang vom Fels auf harten Schnee. Das Schöllhornkar liegt schon tief unter mir. Von Bartholomä dringt der Schein elektrischer Beleuchtung zu mir herauf. Hier mag das Jagdfest gerade seinen Höhepunkt haben. Der Mond hat sich schon stark nach Süden gewendet und steigt entlang dem Schönfeldgrat höher.

Eine große, weiße Fläche zieht steil nach links hoch, noch eine kurze Unterbrechung, dann stehe ich am Riesenband. An verschiedenen Stellen ist der Schnee aufgerissen und läßt mich in schwarze Klüfte schauen. Hier mag die Schneehöhe bis zu 10 m betragen. Das Band wird immer schmäler und gibt bald den Blick in steil abfallende Schneerinnen frei. Eine fast senkrechte Schneewand zieht vor mir in die Höhe. Ganze Eiskaskaden hängen an den Wänden, doch sie scheinen sehr stabil. Die vorderen Zacken der Zwölfzacker und die Pickelspitze bieten den einzigen Halt in dem abschüssigen Gelände. Kurze Zeit später stehe ich am Quergang zur Gipfelschlucht.

Es ist Mitternacht. Nichts regt sich, unheimliche Ruhe in der Wand. Eine Orange belebt meinen ausgetrockneten Gaumen. Der Mond verschwindet hinter dem Watzmanngrat, und immer weiter schleichen die schwarzen Schatten die Wand empor. Mit Spannung betrete ich die Gipfelschlucht. Anfangs schaut sie geradezu einladend aus: Eine steile Schneerinne, nur an einigen Stellen unterbrochen, zieht in die Höhe. Vorerst ist der Schnee noch glashart, wird aber mit zunehmender Höhe immer schlechter. An den benachbarten Gipfeln kann ich mein Fortkommen ermessen, der Hachelkopf ist nun in gleicher Höhe, die Watzmannkinder

„Für Hermann Buhl war die technische Ausrüstung bloß ein notwendiges Übel."

Marcus Schmuck

überragen mich nur um weniges. Mein Tempo ver-
langsamt sich, öfters muß ich kurze Rastpausen ein-
schalten, das andauernde Spuren strengt an. Ein kleiner Gratvorsprung ist erreicht. Rechts fällt die Wand
steil zu den großen Bändern ab. Hier muß der Keder-
bacher Weg heraufkommen. Überall unwirkliche
Schneegebilde. Schneepilze – balkonartige Vorsprünge, ganze Waggonladungen gepreßten Schnees hängen absturzbereit auf schmalen Gesimsen. Alles ist
unter einer weißen Masse vergraben. Ausgleichend
ziehen steile Schneefelder zum Grat empor, verdecken
die Wandstufen und verleihen den Flanken den Eindruck absoluter Exponiertheit.

Ich quere nach rechts hinüber. Schon nach den ersten
Metern schwimme ich im grundlosen Pulver. Schlagartig haben sich die Verhältnisse geändert. Die Wand ist
hier etwas nach Norden gerichtet und der Sonne ab-
getan. Zierliche Schneegrate nehmen meine Spur auf.
Sie bilden die Brücke von einem Vorsprung zum anderen. Fast tut es mir leid, diese wunderbaren Naturge-
bilde zu zerstören. In der Nähe von Felsen ist ein Wei-
terkommen fast unmöglich. Tiefe Hohlräume haben
sich zwischen Fels und Schnee gebildet, und öfters
müssen mühsame Umwege in Kauf genommen werden, um überhaupt noch weiterzukommen. Im Süd-
osten glänzt die Hochfläche des Hochkönigs. Rechts
die dunkle Pyramide des Hundstods. Unter einem
überhängenden Felsen wird die letzte Orange ver-
zehrt. Der Wind hat hier in seinem schöpferischen Spiel
einen großen Kolk gebildet und mir so ein bequemes
Rastplätzchen geschaffen. Hier müßte eigentlich die
Biwakschachtel sein, doch liegt diese wahrscheinlich
sehr tief unterm Schnee begraben. Steile Rinnen und
scharfe Schneegrate vermitteln den Anstieg, dazwischen wieder kurze Felspartien und zur Abwechslung
aufreibende Querungen.
Steil baut sich noch die Gipfelwand auf. Sie liegt im
Schatten und läßt keine Einzelheiten erkennen. Ein Kamin, ganz mit Schnee ausgefüllt, leitet durch eine Steilstufe. An weitausladenden Schneegebilden schleiche
ich mich höher. Die Neigung nimmt stark zu. Fast greif-
bar nahe hebt sich über mir die Silhouette des Gipfelgrates als weißer Saum vom dunklen Nachthimmel ab.
Doch die Wand beugt sich nicht so schnell. Eine kurze

Wandstufe – und frei liegt eine steile Rinne, die zum Grat emporzieht, vor mir. Ich kann es kaum erwarten. Wieder trete ich in das helle Licht des Mondes. Kalter Wind empfängt mich. Die letzten Meter zum Gipfel haste ich noch. Kein Händedruck, kein Freund weit und breit, dem man seine Gefühle übermitteln könnte. Trotzdem ein großartiger Augenblick. Unter mir der dunkle Abgrund der höchsten Wand der Ostalpen, und weiter draußen der Lichterkranz Berchtesgadens. Es ist erst vier Uhr früh. Ich steige etwas vom Gipfel ab, trete mir einen Platz zurecht und zieh' die Perlonhülle über. In zwei Stunden muß ja die Sonne aufgehen, bis zu diesem Zeitpunkt will ich noch warten. Ich habe des Nachtwandelns genug und sehne mich nach Sonne und Wärme. Der Abstieg ins Wimbachgries ist mir noch fremd, und so ziehe ich den Grat hinüber zum Hocheck vor.

Allmählich wird es im Osten hell. Ich mache mich wieder auf den Weg. Der Grat bietet keine besonderen Schwierigkeiten, dafür aber wunderbare Einblicke in die Wand, und jeden Meter dieser Wand, die von meiner Spur gezeichnet ist, suche ich ab. Wie wohl tut mir nun die Sonne. An der Mittelspitze genieße ich noch für kurze Zeit in vollen Zügen ihre Wärme. Noch einige Wächtengalerien, und über den abgeblasenen Rücken geht es zum Watzmannhaus hinunter. Ich freue mich schon auf einen heißen Tee. Doch mit jedem Schritt, den ich dem Haus näher komme, wird meine Enttäuschung größer. Die Fensterläden verschlossen, die Türen abgesperrt. Also wieder weiter, trotz höllischem Durst, hinunter ins Tal. Und dieser Abstieg ist noch ein elender Schinder.

Nanga Parbat

Deutsch-Österreichische
Willy-Merkl-Gedächtnisexpedition 1953

Karl M. Herrligkoffer, praktischer Arzt und Halbbruder von Willy Merkl, dessen 1934er Nanga-Parbat-Expedition nicht zuletzt aus strategischem Versagen heraus unterging, ist auf seine Art ebenfalls ein Getriebener; ein Besessener, ja, ein Fanatiker. „Der Willy-Merkl-Weg muß noch einmal versucht werden", schreibt Herrligkoffer am 10. Oktober 1951 an Heinz Baumeister. Dieser, der ehemalige Führer der Arbeitsgemeinschaft der Reichsbahn-Turn- und Sportverei-ne, hatte für die Nanga-Parbat-Expedition 1934 den Löwenanteil der Finanzmittel beschafft.

Obwohl Herrligkoffer selbst von einer Ersteigung des Nanga Parbat nicht einmal träumen kann, will er den „Gipfelsieg". Herrligkoffer ist kein Bergsteiger im eigentlichen Sinn. Schon allein diese Tatsache bringt – neben anderen begründbaren Vorbehalten – die Deutsche Himalaja-Stiftung und insbesondere Paul Bauer gegen ihn auf. Auch die Führungsgremien des Deutschen Alpenvereins versagen Herrligkoffers „Willy-Merkl-Gedächtnisexpedition" die Unterstüt-zung. Anders die Sektion München, die sich im Interesse ihrer Teil-nehmenden stark für die Expedition einsetzt. Ebenso der Öster-reichische Alpenverein, der seine namhaften Bergsteiger Frauen-berger, Rainer und Buhl der Unternehmung zugehörig weiß.

Man muß Herrligkoffer zugute halten, daß es ihm gelingt, eine lei-stungsfähige Expeditionsmannschaft zu ködern. Und daß er es mit Hilfe eines illustren Kuratoriums – dem Persönlichkeiten aus der medizinischen Fakultät der Universität München ebenso angehören wie solche aus Politik und Wirtschaft – fertigbringt, seine Mission wirkungsvoll ins Licht der Öffentlichkeit zu tragen. Als Herrligkoffer noch den populären Münchener Oberbürgermeister Thomas Wim-mer als Ehrenprotektor für die Unternehmung gewinnt, vermögen es selbst hochkarätige Widersacher nicht, die Ausreise der Expedi-tion zu verhindern. Sogar Erzgegner Paul Bauer muß einräumen: „Ich möchte der Zähigkeit des Herrn Dr. Herrligkoffer alle Anerken-nung zollen. Manches, was getan wurde, fand jedoch in Kreisen der Bergsteiger und darüber hinaus Mißbilligung."

Der „Deutsch-Österreichischen Willy-Merkl-Gedächtnisexpedition" 1953 zum Nanga Parbat gehören an:
Peter Aschenbrenner, Teilnehmer der Nanga-Expeditionen 1932 und 1934, als bergsteigerischer Leiter; Fritz Aumann als Hauptla-gerverwalter; Albert Bitterling, Hermann Buhl, Hans Ertl als Kame-ramann eines von der Deutschen London-Film finanzierten Films, Dr. Walter Frauenberger, Otto Kempter, Hermann Köllensperger und Kuno Rainer.

Unter den Jungen gelten Kempter und besonders Köllensperger als tüchtige Bergsteiger. Mehr noch genießt Rainer – nicht zuletzt wegen seiner großen Touren mit Hermann Buhl – einen ausge-zeichneten Ruf als Allroundalpinist.

Obwohl Buhl allen Mitgliedern der Expeditionsmannschaft haushoch überlegen ist, fügt er sich zuerst in die Gruppe. Wenn es jemand schaffen kann, den Gipfel des Nanga Parbat zu erreichen, dann er.

Die Tagebuchaufzeichnungen Buhls – „Hermann Buhls Wahrheit" –, geschrieben in den Hochlagerzelten und im Basislager, geben wie kein anderes Dokument Einblick in den mitunter zermürbenden Expeditionsalltag, auch in die sukzessive Spaltung der Mannschaft. Wir erfahren einiges über Organisationsmängel seitens der Führung und über die Borniertheit von ein paar Dilettanten, die im Basislager zuerst versuchen, den genialen Bergsteiger Buhl zu stoppen, und die ihn nach seinem Erfolg vereinnahmen möchten. Die Art und Weise, mit der man den überlegenen Buhl in kleinkarierter Manier unter das Joch des Gruppenwollens zwingen will, ist Stoff für Psychologen.

Nur gut, daß Buhl keiner ist, den man zwingen kann.

„Hermann Buhls Buch mit den schrecklichen Absturzschilderungen und dem Selbstquälen, sich irgendwo auf einen Schneeberg hinaufzuwühlen... Nein, das konnte meinem Wunsch nach einem besseren Leben (...) keine Idee geben."

Reinhard Karl

Erstes Expeditionstagebuch
17. April bis 2. Juni 1953
Auszüge

Die Vorarbeiten und Schwierigkeiten häuften sich gegen den Schluß immer noch! Ausreise nun um zwei Wochen verschoben, da Schiff erst am 18.4. fährt. Glück – sonst wären wir nicht mit den Vorbereitungen fertig geworden. Zwei Wochen anstrengende Packarbeiten, da Ausrüstung zum großen Teil erst ganz zum Schluß kam.

13.4. geht Gepäck nach Genua ab, aber noch keine Einreise gesichert. (...) 16.4. nachts kommen Visum und Einreiseerlaubnis vom pakistanischen Konsulat. Nachmittags noch Einkäufe gemacht. Abends Vortrag von Hans Ertl, gleichzeitig Verabschiedung von München.

17.4.: 12 Uhr Abfahrt mit dem Rom-Expreß I. Klasse von München unter großem Hallo und Begeisterung. In Kufstein wieder Empfang, in Innsbruck erneut vom Klub und von Verwandten. Generl verläßt mich hier.

18.4.: 4 Uhr früh in Genua, kurze Stadtbesichtigung, mittags an Bord der „Victoria" der Lloyd Triestino; macht erst die zweite Fahrt. Empfang durch eine Abordnung des C.A.I.

14 Uhr Abfahrt von Genua, fröhlicher Augenblick. Ku-

no, Hermann, Otto und ich in einer Kabine, Walter und Karl eine, und Albert, Fritz und Hans eine. Wir fahren I. Klasse.

Wir essen, was wir können und wollen. Acht bis zehn Gänge pro Mahlzeit. (…) Entwickeln guten Appetit. Meer ist spiegelglatt. (…) Um sechs Uhr abends passieren wir die Insel Gargano. Sehr müde, wunderbar geschlafen.

5.5.: 10 Uhr vormittags in Rawalpindi. Hotel Flashman, muß sofort ins Bett, da eitrige Angina. Auf der Fahrt geholt. 50 Stunden auf der Bahn. Schwitzkur, vier Penizillinspritzen und Tabletten. Kann kaum liegen, noch weniger schlafen. Kann nichts essen, nur Tee trinken.

6.5.: 9 Uhr früh zum Flugplatz. Mit der zweiten Partie in einer „Dakota" nach Gilgit. Anfangs furchtbar heiß. Wunderbarer Flug, knapp über die Vorberge. Am Nanga vorbei, er steckt jedoch teilweise in Wolken. Dann hinunter nach Gilgit. 1 1/2 Std. Flug. Großartige Begrüßung durch die Bevölkerung und die Behörden. (…) Abends eingeladen. Volkstänze. Mein Hals schon besser.

8.5.: Vormittags feierliche Übergabe der pakistanischen Fahne durch den Bürgermeister von Gilgit. Um drei Uhr nachmittags starten fünf Jeeps mit vier Sahibs, einigen Hunzas und Ausrüstung nach Talichi.
Wilde Fahrt, immer an steilen Berghängen und ungeheuren Schluchten entlang. Straße hat gerade Jeepbreite. Links gehts oft 100 Meter und mehr ins Bachbett hinab. Verwegene Fahrer. Landschaftlich großartig, wildromantisch. Wunderbare Durchblicke durch tief eingeschnittene Täler auf eisbedeckte Berge. Zusammenfluß von Gilgit und Indus, dann bei Dunkelheit weiter, ganz narrisch. Acht Uhr abends in Talichi.

9.5.: Wunderbarer Blick von Talichi zum Nanga Parbat aus 40 Kilometer Entfernung; sehr eindrucksvoll. Im Norden der Rakaposhi. Langwierige Verhandlungen mit den Trägern, die schon seit zwei Tagen hier warten. Wollen nicht so viel tragen, aber mehr Bezahlung. Insgesamt stehen 265 Träger zur Verfügung. Boten nach Gilgit – Karl soll sofort kommen.

10.5.: Verhandlungen gehen weiter. (…) Nachmittags kommen Karl, Ertl und Köllensperger. Jeeps fahren nicht mehr. Nur ein Privatunternehmer verspricht, pro Tag viermal zu fahren. Aber versprochen wird hier viel. Lage ist nicht günstig, aber auch nicht hoffnungslos. (…) Schließlich kommen wir dank der Sprachkenntnisse von Herrn Knips (er ist Botschaftsrat der Deutschen Botschaft in Karachi und schließt sich während seines vierwöchigen Urlaubs der Expedition an; Anm.d.H.) zu einer Einigung: Normalgewicht 20 Kilogramm, was drüber ist, muß extra bezahlt werden. Wegen Mangel an Kulis muß jeder zweimal gehen. Inzwischen ist Maultierkolonne von Gilgit aus in Gang gesetzt worden. 80 Lasten sind in Talichi. Diese werden noch abends verschickt.

Der Nanga Parbat. Links der Bildmitte der Rakhiot Peak, rechts daneben der Nanga-Parbat-Südostgipfel, rechts der Bildmitte der Hauptgipfel. Schräg links unterhalb des Rakhiot Peak verlief die Zustiegsroute durch die Eisbrüche des Rakhiotgletschers mit den Lagern 2 bis 4.

11.5.: Walter und ich gehen um 6 Uhr früh von Talichi mit sechs Hunzas weg zur Rakhiotbrücke. Bei der Talbiegung wird es interessant. Straße zum Teil abgebrochen, wird aber gerade ausgebessert. Steiler Abfall zum Indus, welcher in tollen Kaskaden hinausfließt.
Um 1/2 9 Uhr bei der Rakhiotbrücke. (…) Steiler Aufstieg jenseits an den linken Hängen der Rakhiotschlucht. Zieht sich sehr in die Länge. Furchtbar öd, nur Geröll und Felsen, rechts und links unheimliche Schluchten. Bei ungefähr 2800 Meter quert der Weg rechts hinauf nach Tato. Hier erstes Grün und erste Bäume. (…)

12.5.: 5 Uhr früh Aufbruch. Wunderbarer Weg durch Zirbenwälder, ganz wildromantisch, ähnelt unserem

Karwendel. Erster Blick zum Nanga. Märchenwiese wirklich märchenhaft schön. In einer Moränenmulde an der Waldgrenze vorläufiges Lager.

Um 12 Uhr beginnt die Abfertigung der Kulis. Wildes Durcheinander, wildes Geschrei. Ein Großzelt und zwei Normalzelte werden aufgestellt. Ungefähre Höhe 3700 Meter. Landschaftlich großartig, wie bei uns zu Hause.

17.5.: Vormittags mit einer Strickleiter zum Hauptlager gegangen, schlecht in Form. Wetter bedrückend, Regen, nachmittags zurück. Peter (Aschenbrenner; Anm.d.H.) bereits hier, aber ohne Sherpas. In sechs Tagen von München bis hierher mit Straßenanzug, Halbschuhen und Handkoffer.

Nun kommt Schwung in die Expedition. Ein Großzelt wird aufgestellt. Auf die Küche wird noch mehr Augenmerk gelegt. Hochlagerverpflegung darf nicht angebrochen werden. Peter bemängelt vieles an der Ausrüstung; Schlafsäcke zu klein, Zelte nicht in Ordnung. An der Verpflegung fehlt verschiedenes, wie Butter, Essig, Rollmöpse.

18.5.: Jeder bekommt seinen Orderly. Selber darf nicht mehr viel gemacht werden, dafür ist der Orderly hier. Wir dürfen auch nicht mehr so viel tragen. Nur noch einen Rucksack und persönliche Ausrüstung, aber keine Kisten und Seile mehr. Abends kommen 60 Träger aus Tato. Schlechtes Wetter, es regnet und schneit. Gut geschlafen.

24.5. (Pfingstsonntag): Hauptlager eingerichtet, Großzelt aufgestellt, alles umgepackt, Wetter gut.

30.5. Hauptlager

Halb vier Uhr früh Aufbruch von Lager 1 mit Kuno, Otto und Hermann nach Lager 2. Wetter schön, sehr kalt, Temperatur um drei Uhr minus 8 Grad. Sehr gut geschlafen. Schnee ganz hart, kommen rasch vorwärts. Weg wird mit Fähnchen markiert. Im obersten Drittel tiefer Pulver, die steile Schlußrinne fast allein gespurt, bis zur Brust durch den Schnee gewühlt. Wunderbar in Form.

Um acht Uhr früh am Plateau von Lager 2, 5200 Meter. Bis hierher alles im Schatten gegangen. Kuno und ich

„Der erste Eindruck am Ausstieg aus der Südwand war für mich der gewaltigste Augenblick am Nanga Parbat. Wir sprachen von Buhl, gingen seinen Weg mit den Augen, hinauf und wieder zurück." (...)

Reinhold Messner

suchen einen geeigneten Lagerplatz. Furchtbar heiß. Kehren nach zwei Stunden mit befriedigendem Ergebnis zurück. Starke Kopfschmerzen, verursacht durch die grelle Sonnenbestrahlung.

Nachmittags bei arger Hitze wieder Abstieg, Mordsschlauch. Um halb fünf im Lager 1. Ertl anwesend. Post angekommen; erste Post seit Karachi. Zwei Briefe von Generl. Gemütsbarometer steigt schlagartig, Kopfweh vorbei.

Ertl sagt, daß Walter heute noch nach Lager 1 kommt, um am nächsten Tag mit Otto und Hermann und sechs Trägern nach Lager 2 anzusteigen. Deshalb steigen Kuno und ich ins Hauptlager ab, um einen Ruhetag einzuschalten. Auf halbem Weg kommen Träger mit Nachricht für Kuno entgegen. Walter kommt also nicht, Kuno muß morgen mit den Trägern nach Lager 2. Kuno ist nicht erfreut und geht wieder nach Lager 1. Ich steige ab, um nötigenfalls nachts wieder nach nach Lager 1 aufzusteigen. Auftrag wird alle fünf Minuten umgeschmissen. Auf Grund meiner Benachrichtigung steigt dann Walter abends nach Lager 1 an, um Kuno abzulösen. Doch dieser will nun auch nicht mehr zurück.

31.5. Hauptlager

(...) Peter, der auf der Jagd ist, kommt nachmittags zurück, fragt nach Kuno und scheißt mich zusammen, daß jeder tut, wie er will. Wenn wir den Befehlen nicht gehorchen, sollen wir allein gehen...

Da Peter mir nichts sagt wegen des Aufsteigens, erkundige ich mich noch einmal bei ihm. Da mein Höhenmesser kaputt ist und wir zu viert nur noch einen haben, hingegen im Hauptlager vier Höhenmesser sind, möchte ich den meinen umtauschen, auch auf Wunsch der anderen. Nach mehrmaligem Anfragen, wobei ich angesprochen werde, wir würden doch zu viert mit einem auskommen, bekomme ich schließlich den von Albert. Wegen einer Karte will ich gar nichts mehr sagen, obwohl im Hauptlager fünf liegen.

Beim Gehen sagt dann Peter, ich soll nicht so ein Egoist sein. Das verstehe ich nicht recht und frage warum. Schließlich sagt er, wegen des Höhenmessers. Das ist mir zu viel, und so gebe ich ihn wieder zurück und gehe. Peter ruft mich dann und kommt mir nach. Gibt mir den Höhenmesser wieder und sagt, ich soll kein Kind sein,

Zwischen dem bergsteigerischen Leiter der Nanga-Parbat-Expedition, dem erfahrenen Peter Aschenbrenner (Mitte) und Hermann Buhl (links neben ihm) kam es zu Plänkeleien, die möglicherweise auch durch den Altersunterschied („Generationenproblem") erklärbar sind.

Hunzaträger im Abstieg von Lager 3 nach Lager 2 am Nanga Parbat (1953).

er hätte sich für mich sehr eingesetzt, und schließlich sei man auf mich nicht angewiesen, es ginge auch ohne mich, worauf ich gehe. In 50 Minuten gehe ich auf Lager 1, es schneit wieder stark, Walter erwartet mich oben.

Zweites Expeditionstagebuch
3. Juni bis 2. Juli 1953
Auszüge

3.6. Lager 2
Schlecht geschlafen, morgens starkes Kopfweh, keinen Appetit, nur Tee mit Schnaps, vormittags zehn Minuten Sturm ums Lager. Kuno und Otto spuren hinaus, sehen aber nichts und kommen mittags wieder retour. Ich beschäftige mich mit Kochen; da Kopfweh nicht besser, steige ich allein ab. (...)
Im Steilhang sehe ich Albert mit acht Trägern, spure ihnen entgegen. Plötzlich geht ein Schneebrett mit uns ab. Ich kann mich noch herauswuzeln, aber die Träger, alle zusammengeseilt!, gehen wie ein Knäuel ab. Lawine bleibt aber bald stehen. Träger sind ganz verängstigt.
Bringen Lasten an einen sicheren Ort links außen und steigen mit Albert weiter ab. (...) Im Lager 1 Walter, dann hinunter ins Hauptlager. Kopfweh vorbei, fühle mich wieder wunderbar, habe guten Appetit.
Abends untersucht mich Karl; Blutdruck normal, Puls 65, alles in Ordnung. Nur eine Höhenerscheinung, da noch nicht genügend akklimatisiert. Meldung vom Everest; 600 Meter unterm Gipfel. Abends starker Schneefall.

6.6. Lager 1
Uhr um eine Stunde vorgestellt, Landeszeit, mir sehr angenehm. Fünf Uhr Abmarsch mit Hermann und sechs Trägern nach Lager 2. Bei der Querung des Gletscherbeckens kommt riesige Lawine vom Gipfelplateau und staubt uns ein; gerannt, daß ich keine Luft mehr bekam und das Gefühl hatte, es reißt mir die Lunge heraus. Gleich darauf kommt eine zweite von links oben her; gleich stark, erfüllt den ganzen Kessel, daß die Zelte in Lager 1 wackeln, und geht direkt über uns hinweg, daß uns fast die Luft ausbleibt; schauen aus wie Schneemänner.

Sonst geht alles reibungslos bis Lager 2, doch ich kann mich während des ganzen Aufstiegs von der Rennerei nicht mehr erholen. Strickleiter vor Lager 2 wird benützt. Im Lager ist niemand, alles spurt nach 3 hinauf. Hermann bleibt, ich steige mit den Trägern wieder ab. (…)

7.6. Lager 1

Nachts gut geschlafen. Vier Uhr Aufbruch mit 12 Trägern nach Lager 2. Wetter wunderbar, sehr gute Spur, Harsch, sehr kalt. Keine Lawinen, trotzdem Ertl den ganzen Vormittag darauf paßte.

Um halb neun Uhr im Lager 2, wieder niemand hier, alles spurt nach 3, trotzdem Otto weiß, daß ich ihn ablösen soll. So steige ich mit den Trägern wieder ab nach 1. Um halb zwölf Uhr im Lager.

Beginn einer Schönwetterperiode, doch im Hauptlager schläft man weiter. Die berührt das scheinbar nicht sehr, sie halten nicht einmal die abgemachten Sendezeiten ein, haben ja keine Zeit, gehen nicht einmal nach Lager 1, und Peter lacht zu allem.

Vom Hauptlager kommen unmögliche Befehle durch. Die Trägerverpflegung kommt viel zu spät herauf, immer erst acht Uhr abends. Drei von den guten Trägern müssen im Hauptlager bleiben als Diener, obwohl wir zu wenig Träger haben. (…) Erst jetzt wird nach Gilgit um noch weitere 15 Hunzas geschickt, die aber erst in zehn bis 14 Tagen hier sein können. (…)

8.6. Lager 1

Weiter mit Trägern nach Lager 2. Diesmal gehen nur sieben, fünf sind krank bzw. sie wollen nicht. (…) Wetter sehr gut, Spur wunderbar hart, gut in Form.

Um 9 Uhr im Lager 2. Hermann steht erst vom Schlafen auf. Otto ist am Vortag abends ins Hauptlager abgestiegen, Kuno steigt heute mit mir ab.

Ich bleibe mit den Trägern im Lager 1. Die kranken Träger kommen erst um 1/2 9 Uhr abends vom Hauptlager herauf. Es scheint, als ob man unten alles sabotieren würde. Karl behandelt auch die Kranken wie Hunde. (…)

9.6. Lager 1

Gut geschlafen. Diesmal gehen alle 12 Träger nach Lager 2, und mit mir Albert. Meine „Leica" kaputt, bekomme keinen Ersatz, trotzdem im Hauptlager zwei oder drei Leicagehäuse sind. Man sagt, ich könne ja doch nicht photografieren, und Leicaspezialist sei Peter! Am frühen Vormittag im Lager 2. Ich bleibe im Lager, und Albert steigt mit Trägern nach 1 ab. Sechs Hunzas bleiben hier. (…)

10.6. Lager 2
Gut geschlafen. Um 3 Uhr früh auf. Hermann und ich gehen voraus, um den Weg zu präparieren. Trotzdem ich einen vollen Rucksack habe (…), gut in Form. Während ich das Eis für die Träger begehbar mache, geht Hermann voraus. Eine Stunde später folgt Walter mit den Trägern. Als ich Hermann eingeholt habe, spure ich über Lager 3 hinaus. (…)
Bei ungefähr 6200 Metern lasse ich meinen Rucksack stehen. Es ist erst 1/2 8 Uhr früh. Warten will ich nicht, der Südliche Chongra Peak erscheint mir nahe, so mach' ich mich auf den Weg dorthin. Ziemlicher Schlauch bis zum Bergfuß. Quere auf der Südwestseite und steige von Westen her an. Alles gespurt, sehr anstrengend. Um 1/2 12 Uhr am Gipfel, 6450 m. Mein erster Sechstausender. Wunderbarer Blick zum Nanga, nach Süden steiler Abfall. Gut in Form, gejodelt wie selten zuvor. Dann wieder abgestiegen, in eine Spalte eingebrochen, aber sehr harmlos. Furchtbarer Schlauch in der Mittagshitze zum Lager 3. 1/2 2 Uhr Ankunft. (…)

12.6. Lager 3
1/2 4 Uhr früh auf, sehr kalt, Wetter gut. Um 5 Uhr Abmarsch nach Lager 4 unterm Rakhiot Peak. Erster Steilhang scheint nicht sehr geheuer, so gehe ich voraus. Plötzlich sehe ich Walter ganz unten am Gletscher. Vermute, daß er mit dem Hang abgegangen ist, und da ich nicht warten will, steige ich zu ihm ab. Sein Hut ist ihm hinuntergefallen. Dieser Zwischenfall kostet uns eine halbe Stunde.
Nehme meinen Rucksack und gehe wieder hinauf. Bin gut in Form. Es kommen Steilhänge mit tiefem Pulverschnee. (…) Bissig kalt; trotz der guten Schuhe mit Einlagen kalte Füße. Beim ersten Sonnenstrahl kurze Rast. Zwei bis vier Atemzüge pro Schritt, ganz furchtbar anstrengend. (…) Lange Querung unter einer Randkluft, bis sie überwunden werden kann. An senkrechter Schneewand kurzes Manöver. Dann sehr steiler Hang,

Querung zum Fuße des Rakhiot Peak. Längere Rast, dann noch hinauf zum Grat. Mittags ungefähr 12 Uhr, 6700 Meter.
Wetterverschlechterung, überall Nebel, sehr heiß. Bis hierher alles gespurt, äußerst anstrengend. Steigen in der Spur wieder ab. Um 2 Uhr etwas fertig im Lager 3. Drei Träger waren heroben, ohne Hermann. Nachmittags gekocht und geschlafen. Wetter wird immer schlechter.

19.6. Lager 3
Aufbruch mit Otto, Hermann und Trägern nach 4. Neuschnee, aber leicht gegangen; sehr gut in Form. Hermann steigt mit Trägern ab, Otto und ich bleiben. Ich buddle eine Höhle in den Hang und stelle ein Zelt darin auf, während Otto kocht. Leichter Schneefall, etwas windig. In der Schneehöhle sehr kalt, es zieht wahnsinnig aus der Spalte. Temperatur immer zwischen -10 und -20 Grad und tiefer. Alles gefroren und voller Reif.

Hermann Buhl erklettert die Gipfelnadel des Rakhiot Peak.

21.6. Lager 4
In der Nacht stark gestürmt, Eingang ein Meter tief eingeweht, Zelt gar nicht mehr sichtbar. Um 1/2 9 Uhr Aufbruch mit 100 Meter Seil über die Rakhioteiswand. Unten noch drangestückelt, 30 Meter fehlen aber zur Randkluft. Querung hinter der Rakhiotschulter präpariert; blankes Eis. (...) Viel Stufen geschlagen, Wetter schön, aber windig.
Dann durch Bruchharsch schräg angestiegen zum Rakhiot Peak. Starker Sturm und Kälte. Letzten Felsturm noch erstiegen, IV, ohne Handschuhe; vorgekommen wie bei uns daheim. Erster Siebentausender, 7070 m. Otto herunten geblieben.
Gipfel überschritten, auf der anderen Seite hinunter, alles ohne Seil. (...) Wunderbarer Blick zu Silbersattel und Nanga, besonders Südwand über dem Nebel.
Abgestiegen zum Mohrenkopf, Schneeschaufel hinterlegt. Nebel schlagen über dem Grat zusammen. Querung zurück zur Rakhiotwand. Schicke Otto voraus, damit er etwas kocht, während ich über die Wand eine Stufenleiter hinunterschlage. Drei Träger und Hermann und Kuno sind im Lager. 7 Uhr abends treffe ich dort ein, gekocht ist aber noch nichts. Zwei Zelte stehen in der Mulde.
Morgen soll's nach 5 gehen. Ich freu' mich schon.

22.6. Lager 4

Morgens schneit's, Waschküche. Träger sind alle krank, in ihrem Zelt schaut's ärger aus wie in einem Leichenhaus. Sie wollen nicht absteigen. Lage trostlos. Ich schlage vor, wir gehen mit etwas Verpflegung und Kochzeug nach 5 und machen dort ein Depot. Werde aber ausgelacht. So nehme ich eine Last Konserven und eine Gummimatratze, ungefähr 10 bis 12 kg, und steige die Rakhiotflanke an. Arger Tschach. („Tschach" bedeutet „Schinderei"; Anm.d.H.)

Oben an der Schulter hinterlege ich alles, gehe noch zur Querung hinüber und hänge ein Seil hinein. Ziemlich erledigt rutsche ich dann am Seil die Flanke hinunter. Als ich unten ankomme, ist nicht einmal was zum Trinken da, geschweige denn zum Essen. Erst abends gibt's wieder was. Benzin ist ausgegangen, also muß mit Esbit gekocht werden. Furchtbarer Gestank und Qualm, man hält es in der Höhle nicht mehr aus.

23.6. Lager 4

Schlaftablette genommen, gut geschlafen, aber morgens Kopfweh. Kuno und Hermann steigen mit den Trägern ab. Mit Esbit kochen ist unmöglich, man verhungert dabei. Otto liegt noch im Schlafsack. Ich steige ab, um Benzin zu holen. Arger Schlauch. Mittags im Lager 3. Kuno schlecht beisammen. Hier ist es wunderbar. Alles zu Essen, so esse ich einmal den ganzen Nachmittag. Nachts gut geschlafen.

24.6. Lager 3

9 Uhr ab mit vier Trägern nach Lager 4; einer kehrt gleich am Anfang um. Tief gespurt, nicht gut in Form. Otto auch schlecht in Form, er geht mit einem Träger hinunter nach 3. Zwei bleiben in 4.

Ich bleibe im Zelt wegen Sturm. Furchtbares Lager, es stürmt immer. Verheerender Kampf mit dem Kocher. 7 Uhr abends hab' ich Wasser, da schreit mir der Träger, also muß ich's denen geben. Es wird nichts, der Kocher geht x-mal aus, die Sturmhölzer brennen nicht, die Kerze geht x-mal aus. Erst um 9 Uhr nachts hab' ich lauwarmes Wasser und geh' dann hungrig in den Schlafsack. Gut geschlafen.

25.6. Lager 4

1/2 8 Uhr steh' ich auf. Die ganze Nacht gestürmt, und

es stürmt noch weiter. Fang' an zu kochen. Um 9 Uhr kommt einer der Träger. Ich sag ihm, er möcht' in den mit Wasser gefüllten Topf noch Schnee hineingeben, stattdessen schüttet er das Wasser, das schon beim Kochen war, weg. (…) Dann fang' ich von vorne an, Wasser zu kochen. Nach einer Stunde ist ein Hafen Tee fertig. (…) Schließlich um 11 Uhr sind wir so weit, daß wir gehen können. (…)

Inzwischen fängt es zu stürmen an. Ich gehe mit einem los. Bin schlecht auf den Füßen. Der Wind ist zu stark, und wir haben keine Lust. Wir kehren um, holen den einen aus dem Zelt und steigen ab. (…) Im Abstieg begegne ich Hermann mit drei Trägern. Mittags im Lager 3. Wieder anständig gegessen und getrunken, beinahe zuviel. Hier ist es sonnig und warm. (…)

26.6. Lager 3
Um 1/2 6 gehen Albert, Hans und Peter mit Trägern hinauf nach Lager 4 und 5. Um 8 Uhr kommt Walter herauf. Hermann und Otto liegen um 11 Uhr noch in den Schlafsäcken.

Große Enttäuschung, nachmittags kommen die Träger wieder zurück, sie gehen nicht nach 5 weiter. Peter kommt zurück, Hans und Albert bleiben in 4. Wetter vormittags schön, nachmittags Nebel. Monsun bereits für 28. in Rawalpindi gemeldet. Nachts fast nichts geschlafen, stark geschneit.

27.6. Lager 3
Morgens schön, aber bald starker Nebel und Schneefall, Monsun hier eingetreten. 7 Uhr Abmarsch, voraus Otto und ich ohne Gepäck, dann Walter und Hermann und drei Träger mit unseren persönlichen Sachen.

Müssen spuren. Schnee wird immer tiefer, keine Sicht. Geh' mich furchtbar schlecht, bekomme einfach keine Luft mehr, wahrscheinlich Wetter.

11 Uhr im Lager 4, schneit stark. Lager am Vortag etwas tiefer versetzt worden. Hans und Albert steigen mit Trägern nach 3 ab. Hans erklärt die Lage vorerst für aussichtslos, Albert will überhaupt nichts mehr wissen. Es schneit den ganzen Tag unheimlich stark; typisch monsunartig, etwas warm. Nachts klart es auf, Vollmond, Gipfel frei; wäre am liebsten noch aufgestiegen. Gut geschlafen.

„Der einsame Gipfelgang von Hermann Buhl, in der Geschichte des Alpinismus eine beispiellose Leistung, ist ein Triumph des Willens und des Mutes und krönte alle bisherigen Mühen und Opfer um den Nanga Parbat."

Karl M. Herrligkoffer

28.6. Lager 4

6 Uhr Wecken. Otto und Hermann haben keinen Auftrieb. Lagebesprechung mit Walter. Ich will so weit wie möglich hinauf, in einer Schneehöhle biwakieren und am anderen Tag zum Gipfel. Die drei Träger erklären sich bereit, mein Gepäck zu tragen.

Morgens noch klar, fängt aber bald zu schneien an. Erst um 11 Uhr Abmarsch. Ich spure voraus, bin in sehr guter Verfassung. Die drei – der reinste Leidenszug; sind schon sehr abgekämpft. Über die Flanke kommen andauernd kleine Lawinenrutsche. Es geht sehr langsam vorwärts; viel Schnee.

Um 4 Uhr an der Schulter. Das Seil in der Querung wird noch verlängert. An einigen Stellen werden Stufen geschlagen; ein Seil wird, an Pickeln verankert, gespannt. Hermann stürzt zehn Meter, ich kann ihn am Seil halten. Eine Gummimatratze fliegt hinunter, kann aber geholt werden. Das Wetter verschlechtert sich noch mehr, es ist 6 Uhr abends.

Otto sagt eine halbe Stunde vor dem Mohrenkopf: Ich schlage vor, wir kehren um. Ich will meinen Kopf nicht durchsetzen, das genügt mir; hätte einen unbändigen Auftrieb. Nehme meinen Rucksack und geh' zurück voraus. Bei Einbruch der Dunkelheit im Lager. Koche noch über eine Stunde im Zelt. Nachts klart es wieder auf, Gipfel sichtbar. Gut geschlafen.

29.6. Lager 4

Es schneit weiter; schneit, was herunter geht. Wir beschließen, abzusteigen, vielleicht für immer, ich hab' genug. Alles wird gepackt. (...) 1 Uhr Abmarsch, Schnee über knietief, keine Sicht; einmal fast über die Wächte hinaus. Sehr lawinengefährlich, jeder steile Hang geht ab. Trete alles ab und steige in Lawinenbahn hinunter. Äußerst mühsam, bauchtief Schnee, eine Gasse gewühlt.

4 Uhr Ankunft im Lager 3. Gut gegessen. Abends aufgeklart. Wunderbar geschlafen.

30.6. Lager 3

Rasttag, schönes Wetter, alles klar. Post erledigt.
Befehl vom Hauptlager: Alles hinunter, Peter fährt weg. Nur Hermann steigt ab, da er sich nicht wohlfühlt.
Mehrmaliger Anruf vom Hauptlager, daß absteigen. Hochstimmung bei uns, narrischer Auftrieb.

1.7. Lager 4

6 Uhr Aufbruch nach Lager 4, Walter, Hans und ich mit drei Trägern. Otto bleibt auf einen Tag noch im Lager 3. Er fühlt sich nicht so wohl, will sich heute noch ausrasten und morgen mit Madi nachgehen. Wunderbares Wetter, wolkenlos so weit man sieht, im Tal Dunst, beste Anzeichen einer anhaltenden Schönwetterperiode. Morgens minus 20 Grad, tiefer Schnee, anstrengend zu spuren.

Dreimal Teleportgespräch mit Hauptlager. Rückzugsbefehl; müßten uns erholen, dann neuen Angriffsbefehl befolgen. Sagen aber nicht, wie er lautet. Wir denken gar nicht daran, abzusteigen, waren noch nie so gut in Form.

Nanga-Parbat 1953. Links P. 7530 (Südostgipfel), rechts der Silberzacken, dazwischen der Silbersattel.

Aschenbrenner noch im Hauptlager. Bergsteigerischer Leiter ist immer noch er, obwohl er schon vor Tagen dies dem Walter abgetreten hat. Gespräche, welche Ertl in sehr angeregter Form führt, enden mit l.m.A., und wir gehen weiter. Ertl macht aufmerksam, daß sie uns noch einmal dankbar sein werden. (…) Mittags im Lager 4; vollkommen eingeschneit, müssen erst alles ausgraben, sehr mühsam. Dann nehmen Hans und ich je 100 m Seil, steigen damit die Rakhiotflanke empor, hängen es in die Querung zum Mohrenkopf und steigen wieder ab, während Walter sich mit den Trägern beschäftigt, Steigeisen anpaßt usw. 7 Uhr abends wieder in Lager 4. Nachts gut geschlafen.

2.7. Lager 4

Hans weckt sehr früh; sehr kalt, aber klar. Wetter wunderbar. Teleportgespräch mit Hauptlager. Walter wird verlangt. Nochmaliger Rückzugsbefehl – Walter macht sie auf ihren Irrtum aufmerksam, und nach langem Reden Antwort von unten: „Also geht's zu, unsern Segen habt's."

Vormittags kommt Kempter mit Madi von Lager 3. Wir gehen gemeinsam weg, ich gehe mit Seil voraus, um noch eine Sicherung in die Rakhiotflanke zu bringen. Muß noch spuren und eine neue Stufenleiter durch die Flanke schlagen. Sehr anstrengend!

Hans trägt Filmapparatur, Walter hat die Träger am Seil. Sie gehen sehr gut. Den Schluß macht Otto.

In der Rakhiotquerung müssen noch Haken geschlagen werden, Pickelsicherungen für die Träger und Stufen, und nachdem alles nachgestiegen ist, quere ich knietief zum Mohrenkopf hinüber. Spure weiter voraus zur tiefsten Einschartung, 6900 m, mit einer „Schaumrolle", doch Träger gehen nicht mehr weiter; muß zurück. Hans wäre gerne mit mir zum Gipfel gegangen, ist sehr gut in Form, aber er läßt Otto die Chance. Träger gehen zurück, steigen mit Walter und Hans nach 4 ab, da nur ein Zelt heroben.

Wir schlagen das Zelt auf, beginnen zu kochen, währenddem es Nacht wird. Wunderbarer Sonnenuntergang. Leg' mich um 8 Uhr zur Ruhe, Otto eine Stunde später. Kann keinen Schlaf finden. Sturm kommt auf und drückt gewaltig auf das Zelt. Verankere es noch etwas stärker mit Pickeln und Skistöcken. Wecker geht nicht richtig, ich schaue öfter auf die Uhr, um 1 Uhr nachts steh' ich auf.

Hermann Buhl hat seinen Gipfelgang bis zur Bazhinscharte in sein Tagebuch nachgetragen. Mit den Worten „enorme Wächte, ganz hart, dann steiler Felsgrat" enden die Eintragungen abrupt.
Über die 41 Stunden des Alleinseins während des Aufstiegs, bei Erreichen des Gipfels, im Biwak, während des Absteigens, und über das Wiedersehen mit den Freunden Ertl und Frauenberger im Lager 5 gibt es verschiedene Aufsätze von Hermann Buhl. Wir haben denjenigen ausgewählt, der uns – weil er ganz typische Buhl-Vokabeln enthält – am ehesten „original" erscheint.

Der Gipfelangriff

3. Juli 1953

Otto liegt noch tief im Schlafsack, er scheint gut zu schlafen und läßt sich von mir nicht stören, während ich bereits arg herumrumore, Tee koche, mich ankleide und den Rucksack packe. Für zwei Uhr morgens ist der Abmarsch angesetzt. Mehrmals mache ich Otto darauf aufmerksam, doch er meint, es sei zu früh, ich hätte gestern 3 Uhr gesagt, worauf ich ihn aufmerksam mache, daß wir diesen Tag ganz ausnützen müssen und um jede Minute froh sein werden. Ich mache ihn aufmerksam, daß ich auf jeden Fall um zwei Uhr losgehen werde. So packe ich den Rucksack zunächst für mich allein. Er ist schon etwas schwer. Auf meine nochmalige Aufforderung schält sich Otto doch aus der warmen Hülle. Ich denke mir: Ja, wenn ich voraus spuren muß, holt er mich leicht ein, und damit ich nicht alles allein tragen muß, laß ich ihm etwas zurück. So pack' ich auch den Speck von Kuno, der als Tourenproviant für den Gipfel gedacht ist, in seinen Rucksack.

Um halb drei trete ich dann ins Freie. Es ist sternenklar, die Mondsichel leuchtet herunter und wirft silbernes Licht auf den vor mir aufstrebenden Grat, es ist windstill, doch kalt. Alles Verfügbare wird angezogen, diesmal auch die Überhose. Tiefer Bruchharsch erschwert mir das Gehen, unter riesigen Wächtengebilden geht es unten durch, ich merke bald, daß die Ausmaße wieder einmal täuschen, es ist nicht mehr westalpenmäßig, es ist schon richtig Himalaya. Über eine harte, steile Firnrippe erreiche ich wieder den Grat. Die Gratschneide ist windgepreßt, so schnalle ich die Steigeisen an und brauche nun auch weniger achtzugeben, daß ich ausgleite. In wunderbaren Aufschwüngen zieht der Grat steil nach oben. Rechts fallen riesige Firnflanken, von Eisbarrieren unterbrochen, zum Plateau oberhalb Lager 2 ab, links säumen dunkle Schatten den Weg, dann verschwindet der Blick in einer bodenlosen Tiefe. Scharfe Firnschneiden und Wächtengalerien wechseln mit steilen Hangquerungen. Ein scharfer Wind kommt von Süden herauf und treibt mich auf die Rakhiotseite. Am Beginn der Querung zum Sil-

„Ein einsam kämpfender Mann in der gnadenlosen Sonne des endlosen Firnfeldes unter dem Gipfel; halb im Traum, von Halluzinationen getäuscht, im qualvollen Ringen durch die trotzige Abwehr letzter, schroffer, äußerst schwieriger Türme des Gipfelgrates."

Hugo und Luis Vigl

bersattel mache ich Rast. Es ist fünf Uhr und hinter dem Karakorum geht golden die Sonne auf. Im Glanze des ersten Streiflichtes grüßt ein Meer von Gipfeln, Eisberge mit der Schroffheit der Dolomiten, in der Runde. K 2, Masherbrum, Rakaposhi, der Mustagh Tower, all die Berge, die ich sonst nur aus der Literatur kenne, sind nun zum Greifen nahe, mir gegenüber. In den Tälern liegt feiner Dunst, das beste Wetterzeichen. Wohlig lasse ich mich von der Morgensonne bescheinen, während ich das zweite Frühstück einnehme.

Otto ist noch weit hinten, beinahe eine Stunde, doch er wird mich schon einholen. Nach kurzer Zeit setze ich die Querung zum Silbersattel hinauf wieder fort. Der Firn wird hart, stellenweise tritt sogar blankes Eis zutage. Die Länge täuscht wieder einmal sehr, die Felsen des Silberzackens wollen einfach nicht näher kommen, nach zwei Stunden erst stehe ich oben auf dem Silbersattel am Beginn des großen Hochfirns. Diese Minute hatte ich mir schon oft erträumt, und nun ist es mir eine Selbstverständlichkeit. 7400 m zeigt mein Höhenmesser an.

Bis hierher wäre ich in einem guten Verhältnis gegangen, die Höhe spüre ich auch nicht sonderlich, zwei Atemzüge pro Schritt. Wiederum eine kurze Rast, dann setze ich den Weg fort. Drei Kilometer lang erstreckt sich der Hochfirn anfangs flach, dann leicht ansteigend, zum Schluß steil zum Vorgipfel emporziehend mit einem Höhenunterschied von 500 m. Der harte Firn ist von den Stürmen, die hier toben, wild umgepflügt. Meterhohe Windgangeln durchfurchen das ganze Gipfelplateau und erschweren das Vorwärtskommen enorm, es ist ein dauerndes Stufensteigen. Auf mich wirkt die Höhe von 7500 m wie eine Grenze. Mit einemmal ist der Körper wie lahm, die Lunge bekommt zu wenig Luft und jeder Schritt erfordert Energie. Die Rastpausen werden häufiger, das Gehen immer anstrengender, und man merkt deutlich die dünne Luft.

Doch Otto scheint es nicht anders zu gehen, denn nach geraumer Zeit erst merke ich draußen am Silbersattel, gegen den Horizont sich abhebend, eine Gestalt, die sich langsam näher bewegt, bald aber stehenbleibt und dann in die Horizontale verfällt. Der Punkt rührt sich nicht mehr. Otto hat aufgegeben.

Der Abstand war schon zu groß. Mit wäßriger Zunge und knurrendem Magen muß ich an den Speck in Ottos Rucksack denken, der nun für mich verloren ist. Ich habe wohl etwas Dörrobst und „Neapolitaner" mit, doch diese sind derart trocken, daß sie mir förmlich bei den Ohren herausstauben beziehungsweise im Munde steckenbleiben. Inzwischen brennt die Sonne schon richtig heiß herunter, die Luft ist furchtbar trocken, kein Lüftchen regt sich, das alles trägt dazu bei, meine Glieder mehr und mehr erschlaffen zu lassen. Nach jeder Rast muß ich mich gewaltsam hochreißen, um nicht auch auf der Strecke zu bleiben. Der Steilaufschwung zum Vorgipfel kommt einfach nicht näher, dabei bin ich schon Stunden unterwegs. Aus meiner Berechnung, mittags am Gipfel zu sein, wird also nichts.

Ich lenke meine Schritte ganz an den Rand des Plateaus, wo es in die Südwand abstürzt, erhoffe mir dort von Süden herauf eine kühle Brise, doch auch hier ist die Luft regungslos. Der Rucksack drückt in die Schultern, Hunger plagt mich, doch ich bring von dem trockenen Zeug nichts mehr hinunter. Wenn ich nur den Speck hätte. Am Beginn des Steilaufschwungs zum Vorgipfel lasse ich den Rucksack zurück, dadurch erhoffe ich mir ein rascheres und leichteres Fortkommen, abends werde ich dann wohl wieder hier zurück sein. Nur der Anorak wird herumgebunden, die Gipfelfahne, die Handschuhe und die Feldflasche mit dem Kokatee kommen in die Brusttasche des Anoraks, etwas Pervitin und Padutin gegen Frostschäden, und der Eispickel. Nun gehts auch wieder etwas leichter, die Rastpausen werden seltener, und mit eiserner Energie ziehe ich meine Spur unter dem Vorgipfel durch und rechts hin zu einer Einschartung zwischen Vorgipfel und Diamirscharte. Der Weg dorthin ist auch wieder länger, als es den Anschein hatte. Ich zweifle schon, ob ich die Energie aufbringen werde, durchzuhalten, doch der Vorgipfel ist mir immerhin sicher; wenn er auch noch keine 8000 ist, so wäre es doch eine Ersteigung, und schließlich habe ich Pervitin bei mir, doch dieses würde ich erst im äußersten Notfall nehmen. Keine 100 m unterhalb des Vorgipfels betrete ich die erwähnte Scharte.

In steilen Absätzen bricht der Fels zur Bazhinscharte, 7812 m, ab. Auf geröllbedeckten Bändern und Absätzen, über Schnee und Eis quere ich die Felsen zur Scharte hin mit großer Spannung; von einem Vorsprung zum andern und mit fragendem Blick, ob es wohl dahinter weitergeht, denn wenn ich auch schwerste Kletterstellen gewohnt bin und solche schon oft allein gemeistert habe: Das spüre ich, in dieser Höhe geht mit extremer Kletterei überhaupt nichts mehr. Doch zum Schluß eine steile Rinne absteigend, komme ich gut zur Bazhinscharte hinüber.

Es ist bereits zwei Uhr nachmittags, noch 300 m Höhenunterschied trennen mich vom Hauptgipfel. Was wären bei uns in den Alpen 300 m Höhenunterschied, doch hier kommen sie mir vor wie ein Berg für sich, ich sehe mich fast nicht mehr darüber aus. Dazu liegt in diesen 300 m noch das schwerste Stück des gesamten Anstieges. Ein steiler, turmbesetzter Felsgrat, senkrechte, scharfkantige Granitaufschwünge mit scharfen Wächten und Schneeauflagen, äußerst ausgesetzt. Wächtengalerien und steile Firnflanken ziehen zur Schulter hinauf.

Ich erinnere mich an das Pervitin, es ist verlockend, würde mir wieder neue Kraft geben, neuen Auftrieb, doch nein, die Wirkung hält nur sechs bis sieben Stunden an, dann ist's vorbei, dann tritt die Reaktion ein, und die könnte böse Folgen haben. Wo bin ich in sechs bis sieben Stunden? Im Abstieg, bestenfalls wieder hier an der Bazhinscharte, das genügt aber nicht. Einen wahren Kampf führe ich mit mir selbst und schließlich, des Gipfels wegen, selbst auf die Gefahren hin, die daraus entstehen, nehme ich dann zwei Tabletten Pervitin zu mir.

Eine riesige Wächte hängt an der Bazhinscharte nach Süden hinaus. Ein steiler Firngrat zieht zum Beginn der Felsen. Es geht wieder etwas besser. Noch steiler setzen die Felsen an. Es ist ein äußerst waghalsiges Unternehmen. Ich werde oftmals wegen des glatten Felses gezwungen, teils im Schnee, welcher an den Felsen klebt, teils im Fels höher zu steigen, wobei man zwischen Schnee und Fels, wo oft ein Spalt gebildet ist, auf die Südseite hindurch sieht. Senkrecht stürzen die Flanken hier vom Grat weg einige 1000 m tief ab. Noch nie im Leben hab ich so einen Abgrund gesehen wie diese Südwand des Nanga. So arbeite ich mich von einem Aufschwung zum andern, wobei mir jeder einzelne Absatz ein vorläufiges Ziel bedeutet. Und wenn ich dann wieder weit ober mir den Gipfel auftauchen

Auf dem Silberplateau; rechts der Bildmitte der Nanga-Parbat-Vorgipfel, links darunter die Bazhinscharte, darüber die Schulter (8070 m) und ganz links der Hauptgipfel des Nanga Parbat.

sehe, kann ich es noch gar nicht begreifen, daß ich da hinauf soll. Zum Abschluß dieses Felsgrates, welcher zum Teil Schwierigkeiten von IV und V aufweist, stellt sich noch ein kühner, senkrechter Gendarm in den Weg. Seine Überkletterung ist unmöglich, das sehe ich auf den ersten Blick. Der senkrechte Fels wird noch von Schnee überkleidet. So will ich ihn rechts umgehen. Der Fels ist sehr brüchig und erfordert äußerste Vorsicht. Zum Schluß versperrt mir dann noch eine überhängende, 10 m hohe Wand, die sich über den ganzen Turm erstreckt, den Zugang in eine Rinne, welche zum Grat zurückleiten würde. So werde ich anfangs zu einer Hangeltraverse und später zur Überkletterung eines senkrechten, teils sogar überhängenden Risses gezwungen, und nur mit letzter Energie kann ich mich noch die paar Meter zum Grat hinaufarbeiten.

Als letzter Aufschwung vor der Schulter setzt eine sehr steile, lange Firnflanke an. Sie ist kein Problem mehr, aber sehr anstrengend, und um 6 Uhr abends stehe ich endlich droben auf der Schulter, ungefähr 8060 m. Einzelne Erhebungen, teils Fels, teils Eis, ziehen zum Fuße des Gipfelaufbaus hin, jedoch es ist weder eine „gemähte Wiese" noch eine Autobahn, befahrbar vom Handwagen bis zum Achtzylinder, wie einmal behauptet wurde, sondern auch dieses Stück erfordert noch alleräußerste Energie und Ausdauer. Ich fühle mich am Ende meiner Leistungsfähigkeit, mir scheint der letzte Aufschwung zum Gipfel über meine Kräfte zu gehen. Als Bergsteiger weiß ich, daß es um den Gipfel geht, doch es könnte jeder andere Gipfel in unseren heimatlichen Bergen sein, mir kommt es gar nicht mehr recht zum Bewußtsein, daß es sich hier eigentlich um den Nanga Parbat, um einen unerstiegenen 8000er handelt; um einen Berg, dessentwillen bereits sieben Expeditionen vergeblich ausgezogen waren, der schon so viele Menschenleben gefordert hat.

Der letzte Schluck Kokatee aus der Feldflasche reißt mich wieder hoch, ich quere in die Nordseite, grobes, steiles Blockwerk führt hier zum Gipfel, noch 100 m. Jeder Schritt eine Überwindung, die Schistöcke habe ich zurückgelassen, auf allen Vieren krieche ich aufwärts, halte mich auf den höchsten Punkt zu. Zwei Meter überragt die Schneeauflage den Fels, ich bin auf

„Hermann Buhls einsamer Gipfelgang ist (...) Legende geworden. Nach allen Regeln der Vernunft hätte er von diesem Weg nicht mehr zurückkommen können."

Kurt Maix

dem höchsten Punkt, auf dem Nanga Parbat, 8125 m. Ich bin mir der Bedeutung des Augenblicks nicht bewußt, fühle auch nichts von Siegesfreude, komme mir gar nicht als Sieger vor, ich bin nur froh, daß ich heroben bin und all diese Strapazen vorläufig ein Ende haben. Hinunter wird's schon besser gehen.

Das weltberühmte Nanga-Parbat-Gipfelfoto: Hermann Buhls Eispickel mit dem Tiroler Wimpel, im Mittelgrund das Silberplateau, links der Silberzacken, im Hintergrund das Karakorumgebirge.

Aus dem Anorak hole ich einen kleinen Wimpel hervor, die Tiroler Fahne, binde sie an den Pickel, eine Aufnahme, der Wimpel wandert wieder in den Anorak, dann hole ich die Fahne unseres Gastgeberlandes hervor, pflanze sie auf den Eispickel, ramme den Pickel in den Gipfelfirn, einige dokumentarische Aufnahmen, hinunter zum Rakhiot Peak, hinüber zum Vorgipfel, Plateau und Silbersattel. Ein Blick hinunter in Rupaltal, wo die untergehende Sonne den mächtigen Schatten dieses Berges, auf dem ich stehe, weit ins Land hinauswirft.

Ein Blick in die Runde, weit schweift das Auge, hinüber nach Osten in den Himalaya hinein, ins Karakorum, Pamir und zum Hindukusch im Westen, und im Süden in die indische Ebene, nach Kaschmir. Es ist sieben Uhr abends, die Sonne verschwindet gerade am Horizont, gleich wird es empfindlich kalt, doch die Felsen sind von der Tageswärme noch schön angeheizt.

Mit neuem Auftrieb geht es die Blockhalden wieder hinunter, leicht spring ich nun von Stein zu Stein, als ob eine Wandlung in mir vorgegangen wäre. Ich wollte eigentlich an der Schulter biwakieren, doch da ich mich nun wieder kräftiger fühle, möchte ich das Tageslicht nützen und den Abstieg fortsetzen, solange ich noch was sehe, vielleicht würde ich sogar noch zur Bazhinscharte gelangen. Der Grat erscheint mir im Abstieg zu schwer und gefährlich, so will ich versuchen, durch die Flanke, die gegen die Diamirseite schaut, hinunterzugelangen. Von der Schulter steige ich nun direkt die Firnflanke senkrecht hinunter, um gleich so viel Tiefe wie nur möglich zu gewinnen. Den Pickel habe ich am Gipfel gelassen, so bleiben mir als Balancehilfe in der Firnflanke nur die beiden Schistöcke, ein schlechter Ersatz. Und da wäre mir eine kleine Fehlerhaftigkeit in der Ausrüstung beinahe zum Verhängnis geworden. Ich stehe mitten in der Firnflanke, als sich plötzlich mein rechtes Steigeisen vom Schuh löst und weg ist. Das Eisen kann ich gerade noch ertappen, aber der Verbindungsriemen ist weg. Ich hab auch keinen bei mir, so hilft mir das Eisen gar nichts. Nun steh ich auf einem Steigeisen wie der Storch auf einem Bein in der harten Flanke, gestützt auf die Schistöcke, und weiß nicht, wie ich aus der Flanke herauskommen soll. Mit peinlichster Vorsicht gelingt es mir schließlich doch, felsiges Gelände zu erreichen. Hier setze ich den Abstieg weiter fort, doch bald hat mich die Nacht in ihren Klauen. Ich bin ungefähr auf einer Höhe von 8000 m, 150 m unter dem Gipfel. In der Dunkelheit hat es keinen Sinn, weiterzusteigen, doch wo ich bin, kann ich auch nicht bleiben. In einiger Entfernung kann ich die Umrisse eines Blockes erkennen, ich versuche dorthin zu gelangen, was mir auch gelingt. Der Block ist zwar etwas wackelig, aber ich kann ganz gut darauf stehen. Mit dem Körper an die 50 bis 60 Grad geneigte Plattenwand gelehnt, für die rechte Hand habe ich einen guten Block

„Wenn die Kunde von der Bezwingung des höchsten Berges der Erde, des Mount Everest, höchste Bewunderung heischend die ganze Welt durcheilte, so löste der unmittelbar darauffolgende Sieg über den Nanga Parbat nicht weniger Begeisterung aus. Buhls Name war in aller Welt Mund."

Hugo und Luis Vigl

als Halt, die Linke hält die Schistöcke, so kann ich ganz gut die Nacht abwarten. Der Gedanke, Biwak in 8000 m Höhe ohne Biwakausrüstung, weder Schlafsack noch Zeltsack, kein Seil, nicht einmal einen Rucksack, ist mir etwas Selbstverständliches und erscheint mir gar nicht absonderlich. Schließlich hab ich ja filzgefütterte, warme Schuhe, da hol ich mir nicht so leicht Erfrierungen. Der Rucksack mit dem dicken Pullover und der Reservekleidung liegt wohl auf dem Plateau unten, doch ich werde die Nacht auch so, nur mit dem dünnen Pullover bekleidet, verbringen, hab schon manche kalte Winternacht mit Temperaturen von minus 20 Grad in ungünstiger Situation hinter mir. Um Mitternacht wird ja der Mond herauskommen, dann will ich den Abstieg fortsetzen. Zur Vorsicht, um den Blutkreislauf zu fördern, nehme ich noch einige Tabletten Padutin zu mir.

Es ist neun Uhr abends. Der letzte Schimmer des alten Tages verglimmt im Westen. Das Rasten tut mir gut, wenn es auch nur ein Stehen ist. Die Zeit vergeht verhältnismäßig schnell und leidlich besser, als ich dachte. Mit Ausnahme von einigen kurzen Böen, die um den Gipfel streichen, ist die Luft im allgemeinen ruhig… Über mir wölbt sich ein makelloser Sternenhimmel, die Milchstraße zieht über mir dahin, und im Norden der Große Wagen. Ich döse vor mich hin, nicke hie und da ein wenig ein, reiße mich wieder hoch. Dann schüttelt mich wieder ein Kälteschauer, alles erträglich, nur die Füße werden langsam gefühllos, denn ich kann sie nicht genügend bewegen. Reichlich spät erst, gegen zwei Uhr nachts, kommt der Mond hervor, er ist nur mehr eine schmale Sichel und hat nicht mehr viel Kraft. Er steht gerade über dem Gipfel, beleuchtet wunderbar die unter mir liegenden Hänge des Nord- und Vorgipfels, wirft sein Licht auch noch zur Bazhinscharte, aber zu mir gelangt er nicht mehr her, die Flanke liegt im schwarzen Schatten nach wie vor. So heißt es eben noch abwarten, bis die Tageshelle anbricht, dabei wird es immer kälter.

4. Juli 1953

Der Horizont hat schon längst einen lichten Streifen, doch die Sterne wollen vom Firmament nicht weichen, es ist noch Dämmerlicht, zum Klettern noch zu dunkel. Ungefähr um vier Uhr früh, sobald ich etwas sehen kann, geh' ich's wieder an. Die Füße sind gefühllos, die

Schuhe steifgefroren, die Gummisohle vereist, so heißt es doppelt achtgeben. Ich quere in eine Rinne, will diese traversieren, mach aber wegen der Brüchigkeit des Gesteins gleich wieder einen Rückzieher und steig die Rinne gerade ab. Erst weiter unten quere ich aus ihr heraus. Jeder Schritt muß peinlich genau überlegt sein; auch wenn das Gelände nicht allzu steil ist, wäre ein kleiner Rutscher wohl sehr verhängnisvoll. Wenn man nur einmal mit einem Fuß im Schnee ausrutscht, so strengt das momentan derart an, daß man Minuten braucht, bis man sich wieder erholt hat. Steile Schneefelder und Platten querend, komme ich in eine andere Rinne, durch welche ich weiter absteige. Zum Schluß noch ein 10 m hoher, überhängender Abbruch, von einem Riß durchzogen, eine schwere Kletterstelle, die mich wieder ganz außer Atem bringt. Bis zum letzten Meter muß geklettert werden, dann steh ich im steilen, steinharten Schneefeld, welches von der Bazhinscharte herunterzieht. Diesmal will ich über die Diamirscharte zurückgehen, da ich hier weniger Höhenunterschied zu überwinden habe als bei dem anderen Übergang, den ich im Aufstieg benützte. Eine lange, waagrechte Querung führt mich zu den ersten Felsen unter der Diamirscharte hinüber. Sie ist sehr anstrengend. Andauernd geht mir das rechte Steigeisen herunter, ich habe es nur mit einem Spagat befestigt, und das Anschnallen in dem steilen Gelände ist furchtbar anstrengend.
Endlich um die Mittagszeit bin ich dort bei den Felsen und tauche in einem riesigen Schneekolk unter.

Die Sonne brennt wieder unbarmherzig herab, und halb versinke ich in einen Schlummer. Hunger und Durst wecken mich aber bald wieder. Ich bin vollkommen ausgedörrt und denke nur mehr an etwas Trinkbares. Hie und da höre ich Stimmen ober mir, vielleicht meine Kameraden mit einer Flasche Tee, aber nichts – mit aller Gewalt muß ich mich aufraffen, um den Abstieg fortzusetzen. Nun geht's 30 m hinauf zur Diamirscharte. Auf die Stöcke gestützt, schleppe ich mich von einem Stein zum andern, jeder Schritt kostet Überwindung. Mir kommt es ganz sonderbar vor, daß ich gestern imstande war, den Gipfel zu ersteigen. Überall sehe ich Spuren menschlichen Daseins, Steinmänner, vertrautes Gelände, doch ich weiß genau, ich bin ja der erste Mensch, der hier war, dies ist alles Neuland.

„Als der Gipfelsieger (...) mit angefrorenen Füßen und dem versonnenen Lächeln eines Mannes, der Übermenschliches geleistet hat, im Sturmausgangslager hinterm sogenannten Mohrenkopf auf mich und meine in Betrieb gesetzte Filmkamera zukam und wir uns glücklich umarmten, erfüllten auch mich die grenzenlose Freude und Genugtuung, im entscheidenden Moment nicht klein beigegeben zu haben."

Hans Ertl

Hermann Buhl kehrt – nach seiner Ersteisteigung des Nanga-Parbat-Gipfels und nach einem Biwak im Stehen auf 8000 Metern – 41 Stunden, nachdem er Lager 5 verlassen hat, wieder dorthin zurück.

Buhl, um Jahre „gealtert", nach Rückkehr vom Nanga-Parbat-Gipfel im Lager 5.

Endlich ist die Diamirscharte erreicht. Vor mir wieder das große Plateau. Ich suche die Schneefläche ab, vielleicht sitzt irgendwo Otto und wartet auf mich mit einem Tee. Was würde ich jetzt für ein Getränk geben. Ich kann nicht mehr schlucken, nicht mehr reden, viel weniger rufen. Nur mehr Blut und Speichel kommen aus meinem Mund. Hinunter geht's wieder etwas leichter, aber bald heißt es, nach rechts hinüberqueren. Ich will zum Rucksack kommen, denn da weiß ich etwas Eßbares, und der Hunger plagt mich nicht weniger als der Durst. Wahrscheinlich ist auch dies die Ursache, daß ich so schlapp bin. Endlos ist die Querung. Ich stolpere nur mehr so in den Windgangeln herum. Zum Schluß muß ich noch auf und nieder steigen, da ich den Rucksack nicht gleich finde, der in den Windgangeln versteckt ist.

Dann fall ich neben ihn hin. Dörrobst bring ich einfach nicht hinunter, Neapolitaner noch weniger, so mach ich aus Dextro-Energen und Schnee einen Brei, welcher wunderbar mundet und erfrischt. Der Durst wird durch den Schnee wohl noch größer, aber im Moment hilft es, und dann muß ich es eben immer wiederholen. Nach einer längeren Rast geht es wieder besser. Draußen am Silbersattel sehe ich zwei Punkte, ich könnte jauchzen vor Freude, nun kommt jemand herauf, höre auch die Stimmen, „Hermann" ruft jemand, doch dann merke ich, daß es Felsen in dem dahinter aufragenden Chongra Peak sind. Die Enttäuschung ist bitter. Bedrückt setze ich wieder den Weg fort. Die Feststellung muß ich oft machen. Dann hör ich wieder Stimmen, hör deutlich meinen Namen rufen – Halluzinationen. Was ist eigentlich mit Otto, er müßte doch nachsehen, ich kann nicht verstehen, daß mir niemand entgegenkommt, haben sie mich schon aufgegeben?

Die Rasten werden immer häufiger, die Pausen immer länger. Anfangs geht's dann immer gut, 20 m, 30 m, dann geht's wieder an. Zwei bis drei Schritte, zehn bis 20 Atemzüge und so weiter, bis ich gar nicht mehr kann, dann eine längere Rast, und von vorn beginnt das Spiel. Ich bin am tiefsten Punkt des Plateaus, verzweifeln könnte ich in den Windgangeln. Die Gegensteigung zum Silbersattel will gar kein Ende nehmen. Noch drei Pervitin, nun ist's gleich, in einigen Stunden bin ich sowieso beim Zelt. Wenn's überhaupt noch wirkt, wenn ich überhaupt noch Reserven habe?

Um halb sechs Uhr steh ich am Silbersattel, schau hinunter zu den einzelnen Lagern, nichts rührt sich da unten, sie sind alle leer, nur am Fuße des Grates vor dem Mohrenkopf, bei unserem Zelt, stehen zwei Mann. Das gibt mir wieder neuen Auftrieb, ich steige weiter ab. Wie durch geheime Kraft neu gestärkt, geht es nun viel leichter abwärts. Gemächlichen Schrittes steige ich in meinen alten Spuren den Grat hinab. Aus der Nähe kann ich erkennen, daß es sich um Walter und Hans handelt.

Unbeschreiblich ist unser Zusammentreffen. Die beiden sind ganz ergriffen, sie hatten mich fast abgeschrieben, und nun komm' ich mit dem Gipfel daher. Ich bring' vor Heiserkeit gar nichts mehr heraus. Hans sorgt gleich für etwas Trinkbares, dann geht es über meinen rechten Fuß her, welcher stark pelzig ist. Die Nacht verbringen wir zu dritt in dem kleinen Sturmzelt im Lager 5. Der Geist ist noch sehr rege. Noch lange erzähle ich von meinem Weg, von dem Alleingang zum Gipfel. Erzähle von den unsagbaren Anstrengungen, wie ich mich immer nur mehr mit eisernem Willen weitergearbeitet habe, Schritt für Schritt, von dem schwierigen Grat zum Gipfel, dem Sonnenuntergang und der wunderbaren Fernsicht, vom Biwak und den Täuschungen im Abstieg. Und nun, da ich bei den Kameraden bin, wieder in Sicherheit, kommt es mir erst in den Sinn, was ich geleistet habe, nun erst weiß ich, daß der Nanga Parbat erstiegen ist. (…) Nach Stunden erst, als ich merke, daß meine Kameraden bereits schlummern, versuche auch ich zu schlafen…

Hermann Buhl am 5. Juli 1953 beim Abstieg zwischen Lager 3 und Lager 2 am Nanga Parbat.

Ein neuer Morgen bricht herauf, strahlend und klar wie all die vorangegangenen. Wir rüsten uns zum Abstieg. Ein letztesmal grüßen wir die gleißende Firnschneide des Gipfels, unseres Gipfels! Mit Wehmut im Herzen nehmen wir Abschied von diesem Berg, der uns so viel bedeutet.

Tage später, da ich zu Füßen des Berges im Hauptlager vor meinem Zelte liege, meinen kranken Fuß pflege, schaue ich noch oft hinauf zu den beiden Zacken, 4000 m höher, hinter denen ich den Hochfirn weiß – als weißen Saum sich gegen den Himmel abhebend –, und lasse die Stunden dort oben an meinem geistigen Auge vorüberziehen, und es ist mir, als ob es ein Traum gewesen wäre, ein Traum, den man nicht erleben kann – unfaßbar und doch wirklich.

Buhl – wunschlos zurück vom großen Berg.

Der Star

Im Moment seines Nanga-Parbat-Triumphes wurde Hermann Buhl zum Bergsteigerstar. Hier der gereifte und „gestylte" Buhl nach 1953.

Im Moment seines Nanga-Parbat-Triumphes wurde Hermann Buhl zum Bergsteigerstar. Hier der gereifte und „gestylte" Buhl nach 1953.

„Aber die düsteren und die früh verhärteten unter den wilden Menschen, wie zum Beispiel Hermann Buhl, die kamen hoffnungslos mit der Liebe zu kurz. Diese Düsteren gelangten zwar zu besonders großen Erfolgen und Leistungen, doch sie kamen aus der Kälte nicht heraus. Dabei hatte auch ein Hermann Buhl einmal die Fähigkeit gehabt, in Liebe zu strahlen und zu brennen. Ein Wissen um diesen Liebesglanz war in seiner Seele noch bewahrt."

Ulrich Aufmuth

Der Alleingang Buhls blieb, obwohl sein Expeditionsleiter versucht hatte, mit dem Trick der „Gemeinschaftsleistung" Mannschaft und Öffentlichkeit gegen den Einzelgänger aufzubringen, der damals herausragende Erfolg an den Achttausendern. Buhl – nicht Herrligkoffer – war der Star.

Wie Hermann Buhl 1953 schaute Reinhold Messner 1970 (nach der ersten
Durchsteigung der Rupalwand) und
1978 (nach der ersten Alleinbestei-
gung des Nanga Parbat von der Basis
bis zum Gipfel; hier entstand dieses
Foto) vom höchsten Punkt des Achttausenders hinüber zum Vorgipfel und
hinunter auf Silberplateau und Silbersattel, hinter dem noch der Große
Chongra Peak zu sehen ist.

Hermann Buhl wurde nach seinem
Nanga-Parbat-Gipfelerfolg bei seiner
Ankunft in Gilgit von den Einheimi-
schen mit Blumen bekränzt.

Die Erfrierungen, die Hermann Buhl während seines Biwaks auf etwa 8000 Meter Höhe am Nanga Parbat erlitt, führten zu Amputationen am rechten Fuß. Eine der ersten Touren Buhls danach war eine Alleinbegehung des Großen Trichters (rechts der Bildmitte) an der Westwand des Hohen Gölls in den Berchtesgadener Alpen.

Am 4. Juli 1955, zwei Jahre nach seiner Erstbesteigung des Nanga Parbat, stiegen Hermann Buhl und Luis Vigl durch die Monte-Rosa-Ostwand.

Wie 40 Jahre zuvor Paul Preuß wußte
sich Hermann Buhl meisterhaft auch
im brüchigen Fels zu bewegen. Hier
einer von Buhls Seilpartnern im Nach-
stieg.

Generl Buhl, fotografiert von Hermann, 1956 am Moore-Sporn der Brenvaflanke
des Montblanc.

Konsequent wie vor dem Nanga Parbat trainierte Buhl danach –
vor allem wegen der Amputationen am rechten Fuß – für die
Rückkehr in die Steilwände. Bald war er wieder in Form, aber
Vortragsreisen, Querelen mit dem Expeditionsleiter und nicht
zuletzt die Verpflichtungen, die der Ruhm mit sich brachte,
bremsten Hermann Buhls weiteren Aufstieg.

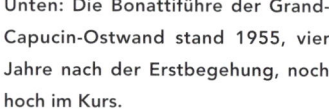

Oben: Hermann Buhl 1955 an der Ostwand des Grand Capucin (Montblancgruppe).

Unten: Die Bonattiführe der Grand-Capucin-Ostwand stand 1955, vier Jahre nach der Erstbegehung, noch hoch im Kurs.

Rechte Seite: Hermann Buhl und Marcus Schmuck gelang 1956 in nur ein-einhalb Tagen die sechste Begehung der Westwand des Petit Dru (Bildmitte; rechts davon der Bonattipfeiler) in der Montblancgruppe.

Die knapp 400 Meter hohe Ostwand des Grand Capucin; die Bonattiführe verläuft etwas rechts der Bildmitte.

Noch einmal – 1955/56 – fand Hermann Buhl Anschluß an seine große Zeit als Alpenkletterer. Durch Herrligkoffers Publikationen geheilt vom Pathos des Eroberungsdenkens und einer Eroberungssprache, die an den Krieg erinnerte, stieg Buhl durch die damals schwierigsten Alpenwände. Es reichte ihm nicht. Er wollte zurück zu den höchsten Bergen der Welt. Er mußte noch einmal den Nanga Parbat sehen, seinen Berg.

Lager I 1957 am Broad Peak.

„Wir wollten über den Buhl-Weg aufsteigen. Genau 25 Jahre nach Hermann Buhl hatte ich so die Möglichkeit, seinem letzten Gipfelgang zu folgen. (...)
Der Broad Peak war für mich alpinhistorisch von großem Interesse. 1957 haben Buhl, Schmuck, Diemberger und Wintersteller hier erstmals an einem Achttausender den „Alpenstil" angepeilt und ihn großteils damals schon verwirklicht."

Reinhold Messner

Der Broad Peak (8047 m) im Karakorum wurde am 9. Juni 1957 durch Marcus Schmuck, Fritz Wintersteller, Kurt Diemberger und Hermann Buhl ohne die Hilfe von Hochträgern und ohne Einsatz von Flaschensauerstoff erstmals erstiegen.

Großartige Stimmung zwischen Lager 2 und 3 (1957) an der Westflanke des Broad Peak.

Mit dem Broad Peak sollte Buhl nicht nur ein zweiter Achttausender gelingen: Er realisierte seine Idee von der Kleinexpedition an den Bergen der Welt, und er hatte damit und dort Erfolg, wo sein Widersacher Herrligkoffer vorher trotz großem Aufwand – und trotz der Hilfe einiger von Buhls ehemaligen Freunden – gescheitert war. Herrligkoffer war ohne Buhl das, was er wirklich war: ein auf Spitzenalpinisten angewiesener Organisator. Diese Genugtuung aber wurde gedämpft durch die Rivalität des exzellenten Bergsteigers Marcus Schmuck, der mit dieser Broad-Peak-Expedition offensichtlich eine Chance sah, aus Buhls Schatten zu steigen.

Oben links: Kurt Diemberger, der „Studierte" (von Buhl zum „Expeditionsarzt" bestimmt) verabreicht Hermann eine Spritze gegen Erfrierungsschäden. (© Kurt Diemberger)

Oben rechts: Lager 2 am Broad Peak 1957 war in eine kleine Wächte eingegraben worden.

Unten: Oberhalb des „Wächtenlagers" 2 1957 an der Broad-Peak-Westflanke.

Hermann Buhl im Aufstieg am Broad Peak; im Hintergrund sein Schicksalsberg, die Chogolisa. (© Kurt Diemberger)

Beim Blick vom Broad Peak zur Chogolisa ahnte Hermann Buhl, dessen Lebensenergie ausgeschöpft war, sicher nicht, daß ihm nur noch wenige Tage zu leben blieben. Die Pause, die er gebraucht hätte, gönnte er sich nicht.

Oben: Hermann Buhl am Gipfeltag
bei einer kurzen Rast an der eisig kalten Westflanke des Broad Peak.
Hinter Buhl die Savoiagruppe.
(© Kurt Diemberger)

Links: Blick aus der Scharte (7800 m)
zwischen Broad-Peak-Mittel- und
Vorgipfel über das Gipfelmeer von
Sinkiang.

Am Broad Peak wuchs die Freundschaft zwischen Hermann Buhl
und Kurt Diemberger. Sie wurden, obwohl vom Naturell her völlig unterschiedlich, zu einer starken Seilschaft: Ähnliche Ideen,
Respekt voreinander und die Sehnsucht nach dem Ge-
heimnisvollen verbanden die beiden Bergsteiger.

Der Tod

Hermann Buhls letzte Spur am Südostgrat der Chogolisa führt an den Wächtenrand...
(© Kurt Diemberger; aus „Gipfel und Gefährten", 1990)

Obwohl Diemberger und Buhl den Gipfel der Chogolisa nicht erreichten: Ihr Aufstieg war genial. Er wies in die Zukunft. 40 Jahre lang sollte Kurt Diemberger immer wieder in den Bannkreis der Chogolisa zurückkehren.

Linke Seite: Hermann Buhl war nach dem Erfolg am Broad Peak der erste Nicht-Sherpa, der zwei Achttausendergipfel erstersiegen hatte.
(© Kurt Diemberger)

Auf der Reiseschreibmaschine tippte Hermann Buhl in mehreren Folgen druckreif seinen Bericht über die „Karakorum-Expedition des Österreichischen Alpenvereins 1957".

„‚Das ist der schönste Tag für mich, seit ich auf dieser Expedition bin', sagt Hermann, ‚so etwas habe ich mir immer vorgestellt: in drei Tagen auf einen Siebentausender, nicht in drei Wochen...'"

Kurt Diemberger

Die Chogolisa; die beiden Eckpunkte des Gipfeldaches sind 7654 Meter (links) und 7665 Meter (rechts) hoch.

Gasherbrum-Basislager 1997 mit Chogolisa rechts im Hintergrund.

„Genau 40 Jahre nach Buhls Verschwinden an der Chogolisa kamen etwa 100 Bergsteiger am Abruzzigletscher zusammen, um sich gemeinsam an diese einmalige Persönlichkeit zu erinnern. Obwohl die Entwicklung des Höhenbergsteigens wieder wegführt von der Kleinexpedition – der Dinosaurus ist auferstanden! – Buhl bleibt auch unter jungen Alpinisten unvergessen."

Aus einem Brief von Reinhold Messner an Horst Höfler

Am 27. Juni 1997 veranstaltete Reinhold Messner anläßlich Hermann Buhls vierzigstem Todestag am Fuße der Chogolisa eine Gedenkfeier.

Aus Anlaß der erfolgreichen Österreichischen Nanga-Parbat-Expedition 1978 wurden zur Erinnerung an Hermann Buhls Ersteigung Sonderbriefmarken herausgegeben.

NANGA PARBAT 78   NANGA PARBAT 78

HERMANN BUHLS GIPFELFOTO   H. BUHL NACH RÜCKKEHR VOM GIPFEL

HERMANN BUHL GEDÄCHTNISEXPEDITION
öS 100.— 1953 – 1978 RUP 50.—

Der Star – der Broad Peak als Herausforderung

Hermann Buhl sollte, nachdem er den Nanga Parbat ersterstiegen hat, ein Star werden. Im kühnsten zu dieser Zeit denkbaren Stil, im Alleingang vom letzten, etwas über 6900 Meter gelegenen Hochlager aus, hatte er den Gipfel erreicht. Ohne Flaschensauerstoff, ohne Vorarbeit. Buhl hat damit eine Leistung erbracht, die es damals nicht geben konnte. Seine Willensstärke und das Aufputschmittel Pervitin nur brachten ihn den Menschen wieder.

Als Buhl, Ertl und Frauenberger ins Basislager zurückkehren, schlägt ihnen eine Atmosphäre menschlicher Kälte und Sachlichkeit entgegen. Die Saat der Mißgunst beginnt aufzugehen. Hermann Buhl wird nicht gefeiert! Man sieht seine überragende Leistung als selbstverständlichen Teil des Mannschaftserfolges, den Herrligkoffer ausschlachten will, an. Das wird besonders deutlich, als Expeditionsleiter Karl M. Herrligkoffer auf dem Flughafen München-Riem vor laufender Wochenschaukamera sagt:

„Wir sind alle, alle mit Ihnen sehr glücklich, daß es *uns* gelungen ist, (daß es der besonderen Initiative *unseres* Buhl gelungen ist), den deutschen Schicksalsberg endlich zu bezwingen und das Vermächtnis Willy Merkls und der anderen Toten des Nanga Parbat somit einzulösen."

Man muß sich diesen Filmausschnitt einmal anschauen. Wie schwer sich Herrligkoffer tat, den Namen Buhl überhaupt nur über die Lippen zu bringen!

Maix hat recht, wenn er im Vorwort zu „Achttausend drüber und drunter" schreibt:

„Man vergißt, daß Hermann Buhl zuerst einer der Favoriten im Rennen um den großen Berg war. Man erinnert sich nur daran, daß Hermann Buhl, wie die ganze Gipfelmannschaft, zum Außenseiter wurde. Daß dieser Außenseiter dann das Rennen machte, wie es ihm als Favoriten zugedacht war – das schien die Veranstalter zu ärgern. Man zollte dem Favoriten nicht die Anerkennung der überragenden Leistung, weil er sie als Außenseiter gemacht hat. Seltsamer Kurzschluß der Begriffe. Aus diesem Engpaß des Denkens erwuchs alles Übel. (…) Etwas mehr Verständnis für das Übermaß von Leistung und Wesen des Einzelgängers hätte alles gerettet, hätte die Unstimmigkeit im Keime erstickt. Alle hätten dadurch gewonnen.

So aber schenkte man dem Außergewöhnlichen kaum gewöhnliche Beachtung. Man bedachte nicht, daß es ein Grenzgang zwischen Tod und Leben war, den ein Einzelner aus eigener Initiative, in eigener Verantwortung bis zum Rande des Untergangs geschritten ist. Was hat er schon geleistet? Er stand doch auf unseren Schultern und brauchte nur nach den Kronen zu greifen…"

„Ahnungslos wurde er (…) in den gefährlichen Aktionsradius geltungsbedürftiger und berechnender Manager gespielt, machtlos stand er Verleumdungen und Verkennung gegenüber. Vertrauen war bei Hermann Buhl eine einmalige Sache, und die Gerechtigkeit vertrat er leider meist mit zu offener Kritik."

Hugo und Luis Vigl

Hermann Buhl und Hans Ertl (rechts) unmittelbar nach der Rückkehr aus Karachi. Ertls vehementem Einsatz war es zu danken, daß die Expeditionsleitung doch noch „grünes Licht" für einen Gipfelversuch – und damit für den Erfolg – am Nanga Parbat gab.

Hermann Buhl (links) war ein internationaler Bergsteigerstar geworden; hier in fröhlicher Runde mit Guido Magnone (Mitte) und Paul Keller.

Der Streit zwischen Buhl, Ertl, Frauenberger einerseits und Herrligkoffer samt seinen Getreuen andererseits begann bereits am Fuße des großen Berges zu schwelen. Mag sein, daß Buhl von Ertl aufgestachelt worden ist. Ertl, der Antreiber für den Erfolg – nur mit seinem vehementen Nein zum Rückzug rang er dem bergsteigerischen Leiter Peter Aschenbrenner das „grüne Licht" für den Gipfelversuch ab – wird Hermann sicher die Augen noch weiter dafür geöffnet haben, als er es selbst schon wußte: daß es ihm, und nur ihm, zu danken war, wenn die Expedition erfolgreich heimkehrte. Je mehr Herrligkoffer den Erfolg Buhls daheim zu schmälern versucht, um so mehr erzählt dieser von der dilettantischen Expeditionsführung.

Es ist nur eine Frage der Zeit, bis die aufgestauten Aggressionen bei Buhl voll aufbrechen. „Seit Herrligkoffer in Lahore bei einer Pressekonferenz in Gegenwart des Botschaftsrates, Herrn Knips – als es sich um meinen Gipfelgang handelte –, sagte: ‚Halt's Maul, das geht dich einen Dreck an', wußte ich, was ich von diesem Manne zu halten hatte. Ich wollte damals nur einen Fehler in der Berichterstattung berichtigen." (Buhl)

Hermann Buhl protestiert und rebelliert gegen Herrligkoffers „authentische" Veröffentlichungen, die er als nicht „echt" bezeichnet. Und er hält sich mit seinen Vorträgen auch nicht mehr an alte Absprachen. Wer wo und wann über den Nanga Parbat referieren darf, kümmert Buhl wenig. Was ihn kränkt ist, daß Herrligkoffer Kuno Rainer hochlobt. Und der „verrät" den alten Seilpartner für die Teilnahme an der Broad-Peak-Expedition 1954.

Buhl ist mittlerweile so berühmt, daß er auf solche – auf ihn kleinkariert wirkende – Intrigen und Reglementierungen nicht mehr reagiert. Mit Bildern aus Hans Ertls Expeditionsfilm-Ausschußmaterial hält er auf internationaler Ebene erfolgreich Vorträge. Der Applaus eines großen Publikums macht ihn selbstsicherer.

Der Streit, mitgeschürt durch einen großen, hintergründigen, bemerkenswert gut recherchierten Artikel von Jürgen Thorwald mit dem Titel „Krach um den Nanga Parbat" in der Illustrierten „Quick"– Herrligkoffer vermutet wieder einmal, Ertl habe da „mitgemischt" – führt zur Konstituierung eines Schiedsgerichts und, da erfolglos, doch zur gerichtlichen Auseinandersetzung, die sich bis ins Jahr 1954 hineinzieht.

Das alles bedeutet für Buhl Ärger, Belastung, ja, Enttäuschung. Trotzdem weist seine Karrierekurve steil nach oben. Er wird in Österreich „Sportler des Jahres", er wird in Italien und England geehrt. Jetzt ist er ein Star, den man auf der Straße erkennt. Bewundert, beneidet und auch gehaßt, lernt er eine neue – keine sehr angenehme – Welt kennen. Wie es jedem „Großen" widerfährt, so „pinkeln" auch ihm die Möchtegerne „ans Bein". Der sensible Buhl ist indes nicht der unerschütterliche Typ, den dies alles völlig kalt läßt. Es bohrt in ihm, und es hindert ihn daran, seine Kreativität voll auszuleben.

Buhls Antwort in diesem Dilemma ist Bergsteigen! Nach ersten vorsichtigen Versuchen – durch die Amputationen am rechten Fuß behindert, fällt ihm anfangs das Klettern schwer – packt er bald wieder

schwierige Touren an: die Südverschneidung des Großen Mühlsturzhorns, die Eisenstecken-Führe an der Mugonispitze-Südwand,
die Fox-Kante am Campanile Basso. 1955 gelingen Buhl die Grand-
Capucin-Ostwand, die Direkte Westwand der Aiguille Noire, die
zweite Alleinbegehung der Fleischbank-Südostverschneidung.
1956 glücken Buhl die erste Alleinbegehung der „Auckenthaler" an
der Laliderer-Spitze-Nordwand, die zweite Alleinbegehung des
Gervasutti-Couloirs am Montblanc du Tacul und – die Westwand
des Petit Dru. Hermann ist wieder „der Buhl". Im Gebirge kann er
ganz „er selbst" sein. Weit oberhalb der Untiefen menschlicher Ab-
gründe vergißt er Neid und Mißgunst.
Jetzt und nicht erst im Augenblick des Erreichens seines zweiten
Achttausendergipfels, des Broad Peak, ist Hermann Buhl im weite-
sten Sinn des Wortes „ganz oben". Er ist – unbestritten – der erfolgreichste Bergsteiger der Welt. Daß er von der Karakorum-Expedition nicht mehr nach Hause zurückkehrt, daß er die Liebe und Anerkennung all jener, die ihn mögen, nicht mehr erfahren und auch
seine Millionen Bewunderer nicht mehr sehen kann, ist für *sie* tragisch. Er ist nicht mehr. Er wird zur Legende in ihrer Erinnerung.
Ob die Zahl seiner Gegner, seiner Neider noch größer geworden
wäre, wenn er noch lebte? Nein, und trotzdem ist es nicht abwegig
zu vermuten, daß es im Sommer 1957 Menschen gab, die über die
Tatsache, daß Hermann Buhl nicht wiederkam, nicht unglücklich
waren.

**Zwischen 1954 und 1957
glückten Hermann Buhl
große Touren; zum Beispiel
die zweite Alleinbegehung
der Fleischbank-Südostverschneidung (rechts der Bildmitte) im Wilden Kaiser.**

Die Westwand der Drus

Expedition in der Senkrechten!" – so nannten die Erstersteiger ihr Unternehmen an den Drus.

„Wende im Alpinismus?" – so schrieben sie nach ihrer geglückten Durchsteigung der Westwand.

Man horchte auf, das schier Unmögliche war geglückt! Man fragte sich, sind nun die Schwierigkeiten, die Gefahren in dieser Wand wirklich so groß, daß sie keinen Vergleich mit einer anderen Route unserer Alpen zulassen? Hat die junge Generation der französischen Bergsteigerelite damit eine neue Epoche im Alpinismus eingeleitet? Ist das Alte überholt?

Die Antwort auf all diese Fragen blieb man schuldig! Es ging hier nicht um eine Einzelunternehmung, es ging um den Preis der Nation, welcher schließlich in einer im Alpinismus noch nie dagewesenen Materialschlacht ausgetragen, den Franzosen zufiel.

„Hermann (...) schwieg, denn er war in jedem Augenblick ganz bei der Sache. Wenn er etwas sagte, etwa sein berühmtes ‚Kimmscht nach!', gehörte das zur Wand dazu."

Marcus Schmuck

Viele Versuche gingen der Ersteigerung voraus, man war auch schon weit vorgedrungen, bis dann schließlich Guido Magnone aus Paris, der sich, noch vor wenigen Jahren der Berge unkundig, mit Leib und Seele dieser Wand verschrieben hatte, mit drei Gefährten einen Durchstieg durch die Riesenplatten und Dächer der Westwand erzwingen konnte. Sieben Tage war man in den abweisenden Flanken, man querte aus der Wandmitte in die Nordflanke hinaus, arbeitete sich mit Expansionshaken in wieder begehbares Gelände, und versuchte von dort aus in einem zweiten Unternehmen zum Gipfel durchzugelangen. Das Unternehmen stand unter der Devise: „Um jeden Preis!"

So verwendete man Hunderte von Metern Seil, Dutzende von Haken und Holzkeilen aller Art, ein Aufgebot an Seilschlingen und eine 40-m-Drahtleiter, die heute noch am Ausstieg der Wand hängt!

Es war wirklich eine Expedition in der Senkrechten! Man zweifelte schon an einer Wiederholung dieser Fahrt! Lohnt sich der Einsatz überhaupt? Aber Tatendrang, Abenteuerlust, vielleicht war es auch Neugierde, zog manchen Bergsteiger in diese Flanken.

Auch mir ließ diese Wand keine Ruhe mehr, bis ich selbst auf all diese Fragen eine Antwort gefunden hatte. Es war eine sehr föhnige Nacht, der Südsturm drückte das niedere Buschwerk eng an den Boden, als ich mit meinem Freund Marcus Schmuck, mit dem ich schon manchen harten Kampf in den Bergen teilte, zum Einstieg der Drus anstieg. Ein Wasserfall, das erste Hindernis, wollte uns scheinbar mit gewaltigen Schlägen den Zugang zum Wandfuß verwehren. Wir hatten beide eine Nachtfahrt mit dem Auto hinter uns, um rechtzeitig wie verabredet in Chamonix einzutreffen. Noch um 11 Uhr nachts verließen wir den weltbekannten Bergsteigerort am Fuße des Montblanc. Zu Füßen der Drus warten wir nun den Morgen ab. Wie ein drohender Finger ragen ihre dunklen Umrisse in den sternenübersäten Nachthimmel. Meine Gedanken sind dort oben, in diesen Flanken, die fast über uns hereinzubrechen scheinen.

Was wird der kommende Tag bringen? Ich muß morgen Abend wieder in Chamonix sein! Marcus macht sich im Moment darüber keine Gedanken, er schläft, seelenruhig, als ob ihn die Wand dort oben gar nichts anginge. Er ist von der Fahrt schrecklich müde und konnte kaum dem Steiglein folgen. Wie ein Nachtwandler torkelte er hinter mir drein.

Die Henkersmahlzeit ist ein besonderer Leckerbissen. Wie Max und Moritz, jeder ein Stück Brathendl zwischen den fettigen Fingern, versuchen wir den anatomischen Aufbau dieses Getiers zu ergründen.

Die ersten Sonnenstrahlen begrüßen uns bereits in den Begrenzungsfelsen des Eiscouloirs, das die große Wand wie eine tiefe Wunde durchreißt. Links von uns wird es lebendig, und ab und zu surren die Geschosse dort drüben über das schwarze Eis. Wir klettern gleichzeitig, noch immer seilfrei, und rasch sinkt das kleine Schneefeld am Fuße der Wand tiefer und tiefer und wird zusehends kleiner. Wie immer bei großen Fahrten ist die Ausrüstung auf ein Minimum reduziert. Ich halte es mit Rigele: „Lieber hungern und frieren, als sich abschleppen!" Noch können wir einigermaßen den Steinschlägen, die von den brüchigen Felsen der „Flammes de Pierre" in kleinen Intervallen herunterschmettern, entgehen. Im Eilschritt wird das Couloir gequert, und wie auf Eiern steigen wir über zerborstenen Fels zu den Terrassen empor. Der Stein scheint hier von einer Riesenfaust zerschmettert worden zu sein. Auf allen Leisten liegt feiner Sand, jeder Vorsprung, jede Kante ist abgeschlagen, rund, und will man einen Haken in eine Ritze

„Es war kaum zu glauben, wie Hermann die glatten, grifflosen Überhänge meisterte. Wie eine Spinne, die über eine glatte Mauer hinaufläuft, ohne daß man weiß, wie sie das macht, stand er in der senkrechten Wand."

Marcus Schmuck

Hermann Buhl quert mit
raschen Sätzen das extrem
steinschlaggefährdete
Drus-Couloir.

treiben, so lösen sich ganze Quader vom Bergkörper. Über uns setzt der Fels jäh und überhängend an, ein riesiger Abbruch, eine gewaltige Depression zeigt noch deutlich die Spuren eines frischen Bergsturzes, durch dessen vernichtendes Werk wir hindurch müssen. Bis unter die riesigen Dächer, die den Zugang zum oberen Wandteil absperren, ist der Fels wie von einer Riesenwalze ausgefräst. An der linken Begrenzung dieser Felssturzzone ziehen Risse und Verschneidungen als feine, dunkle Linien nach oben, es ist der Weg der Erstersteiger.

Hier beginnen die Schwierigkeiten. Das äußere Rüstzeug, Doppelseil, 15 Karabiner, einige Haken und zwei Holzkeile, vielleicht ein paar Trittschlingen mehr als bei anderen Fahrten, bleibt wie immer dasselbe. Innerlich sind wir jedoch auf alles gefaßt, auf das Äußerste, was einem die Materie Fels überhaupt entgegenzustellen vermag. Hier sieht man auch vereinzelte Rückzugsspuren. Wie viele mögen hier schon gesessen und nach einem Ausweg aus diesem Dilemma dort oben gesucht haben, vielleicht mit der nicht ganz unberechtigten Frage, was dieses Tun eigentlich bezwecken soll? Viele sind hier wieder zurück, vielleicht gar nicht enttäuscht, es ist ja schließlich die Westwand der Drus. Und die, die den Weg zum Gipfel wählten – man kann die Seilschaften an einer Hand abzählen –, hielt dieser schreckliche Berg für gut vier Tage fest!

Wir sind wortkarg geworden. „Eine unheimliche Wand" – denke ich mir. Wir ziehen die Beschreibung heraus, sie schreibt hier bereits von einem zweiten Biwakplatz, doch es ist erst 8 Uhr früh, und dies beruhigt uns doch sehr. Ein Drittel der Wand liegt schon hinter uns, nun heißt es aber, den Sprung in die „obere Sechs" zu wagen. Glatte Risse, Verschneidungen, manchmal mit Eis ausgefüllt, ein Überhang, unter dem sich das Seil verklemmt, ausgerechnet dann, wenn man an der schwersten Stelle, dem Vignesriß, einer glatten Unterbrechung, hängt – das ist die erste Seillänge! Sie unterscheidet sich noch nicht wesentlich von anderen, äußerst schwierigen Kletterstellen, ist vielleicht etwas anstrengender. Glatte Stellen umgeht man nach Möglichkeit, und wenn man ein Dach hinter sich hat, fühlt man sich in der Senkrechten wie der Fußgänger, der sich im Verkehrsgewühl noch rechtzeitig auf einen Ze-brastreifen retten konnte. Es ist jedoch alles noch durchwegs zu klettern, und wo die Griffe ausgehen, findet man Haken. Aber dann sperren riesige Über-hänge den Verschneidungsgrund. Man rätselt herum, wo es weitergehen mag. Ein feiner Riß zieht sich rechts durch eine glatte, überdachte Platte. Drei Haken wei-sen auch den Weg dort hinaus und zwingen uns erst-mals zum Gebrauch unserer Trittschlingen. Wenn man sich darin jedoch aufrichten will, stößt man mit dem Kopf tüchtig an einen Dachvorsprung. Wieder ist man gespannt, was die nächsten Meter bringen, und vor-sichtig lugt man um eine Kante, so, als könnte dort hin-ten ein Raubtier auf einen lauern. Nun sieht man sich aber nur noch vor aalglatten Plattenschüssen, durch welche, fast wie bestellt, ein ganz feiner Riß nach oben zieht, der dort im Nichts verschwindet. Die Beschrei-bung spricht hier nur noch von „artificiel". Wir müssen uns also wieder einmal den sehr unsicheren Griffen und Tritten von Haken, Holzkeilen und Trittschlingen anver-trauen.

Der Riß wird immer breiter, die Haken gehen darin förmlich spazieren, die Holzkeile sind vermodert, die wenigen Seilschlingen darin auch schon morsch oder gerissen, kaum mehr verwendbar, und wenn ich zu mei-nem Kameraden hinabschaue, lehnt er am Fels – und scheint zu schlafen! „Ich habe vollstes Verständnis für ein Mittagsschläfchen, aber doch nicht hier, Marcus, such dir dazu wenigstens einen bequemeren Platz aus!" Marcus reißt sich daraufhin wieder zusammen, aber die Sonne brennt so schön herein, und zwei Näch-te ohne Schlaf – das muß man verstehen! Der Fels wird nun kolossal kompakt, furchtbar glatt und gänzlich oh-ne Unebenheiten. Griffe und Tritte gehören schon längst der Vergangenheit an, und der Riß hört auch ganz plötzlich auf. So eine Unverschämtheit!

Links drüben sehe ich eine schmale Leiste, dort muß ich hin, wie komme ich über die glatte Unterbre-chungsstelle? Das Seil läßt sich, wie meistens in sol-chen Situationen, wieder einmal kaum ziehen, man hängt an kleinsten Griffen und sieht beunruhigt die Entfernung zum letzten Haken immer größer werden. Man überlegt und berechnet noch schnell die Haltbar-keit der Haken und Holzkeile dort drüben, die alle we-nig vertrauenerweckend weit aus den Rissen herausste-

**Hermann Buhl frei kletternd
oberhalb der Terrassenzone
an der Westwand des
Petit Dru.**

hen. Aber dann ist man doch am Standplatz und weiß selbst nicht, wie man herüberkam. Doch diese Momente erlebt man immer wieder an ganz schweren Stellen, und sie erinnern mich sehr an die Schlüsselstelle der Westlichen-Zinne-Nordwand. Man glaubt sich wieder in leichterem Gelände, um sich dann gleich darauf sauber an der Nase herumgeführt zu sehen. Die Wand wartet immer wieder mit neuen Überraschungen auf. Ein vollkommen nasser, weiter Kamin, eine glatte, schmierige Platte, über die das Wasser nur so herabsprudelt, anfangs von uns freudig begrüßt, aber bis der ärgste Durst gestillt ist, ist auch die Kleidung völlig naß und schwer wie Blei. Dann steht man am Ursprung des Wassers, einer steilen Schneerinne, und glaubt nun abermals, das Schwierigste hinter sich zu haben. Aber alles nur Bluff, und der folgende Überhang scheint seine Vorgänger noch überbieten zu wollen. Einige Holzkeile stecken mit der Spitze im Fels, von unten hineingeschlagen, aber sie scheinen unsere Vorgänger auch schon gehalten zu haben. Der erste Karabiner schnappt ein. Der Seilring ist wohl ausgelaugt, dehnt sich unheimlich, aber er hält eine Belastungsprobe aus! Ich vertraue mich nun ganz dem Holzkeil an, pendle in die Luft hinaus und stehe dann in einer Trittschlinge, direkt über den Terrassen, die nun schon wieder weit hinabgesunken sind. Ein Anblick, den man wohl von den Dolomiten, nicht aber von den Westalpenwänden gewöhnt ist. Mehrmals versuche ich, über den Rand dieses Monsterüberhangs zu kommen, aber eine glatte, grifflose Platte weist mich immer wieder ab. Kraftlos sinke ich dann in den Holzkeil zurück, auf den ich mein ganzes Vertrauen setze und der – nachher meinem Kameraden entgegenfällt! Ich habe oftmals beim Klettern geradezu eine Abneigung, den Hammer zu benützen. Hier wäre sie durchaus nicht angebracht, und erst als ein Holzkeil darübersitzt und den fehlenden Griff ersetzt, sehe ich ein, daß ich dies schon früher hätte machen können. Jetzt aber tut sich wirklich ein geräumiger Platz vor mir auf, eine breite Terrasse mit etwas Schnee, welche in der Beschreibung auch als dritter oder vierter Biwakplatz bezeichnet ist.

Es ist erst 3 Uhr nachmittags, eine Rast haben wir uns nun verdient. Die Sonne hat uns arg ausgetrocknet, der Magen knurrt wie ein Wachhund, und wir verspüren nun auch eine leichte Müdigkeit. Jeder kommt zu seinem Recht, für die Kehle eine Zitronenlimonade, für den Magen etwas Obst und Erdnüsse, und die Beine können sich auf der angewärmten, geräumigen Plattform lang ausstrecken. Dann lassen wir noch die ganze Großartigkeit unserer Umgebung auf uns einwirken. Es ist ein unerhört eindrucksvolles Bild. Haltlos gleitet das Auge über Plattenschüsse auf und nieder, hin und her, findet nirgends einen Anhaltspunkt, kann erst drunten an den Blöcken am Fuße der Drus zur Ruhe kommen. Ober uns hängt die Wand jedoch noch gewaltig dräuend herein. Eine einzige Platte, geschliffen glatt bis hinauf zu den schwarzen Dächern, die als Balkone über der unteren Wandpartie wachen. Das Gesetz der Schwerkraft scheint hier nicht zu existieren. Die rotgelbe Färbung des Gesteins läßt noch mehr auf Kompaktheit schließen.

Links stößt diese Riesenplatte an eine andere Wandflucht, die überhängend im stumpfen Winkel zur Nordwand hinauszieht. Dort, wo diese beiden gigantischen Wandflächen zusammenstoßen, ist eine Verschneidung, die im Grunde einen feinen Riß hat. Angsterregend hängt diese Verschneidung über unseren Standpunkt hinaus, und statt der Leisten, die man sich in gewissen Abständen wünschen würde, zeigt der Fels noch rechtwinklige Vorsprünge. Wir mustern noch beiläufig die Verschneidung, durch die wir hinauf müssen, und stoßen plötzlich auf etwas, was sich bewegt. Ja, es besteht kein Zweifel, dort oben rührt sich was, eine Seilschaft. Man kann ihr Fortkommen kaum erkennen, schneckengleich bewegt sich der zweite vorwärts, aber er bewegt sich. Man sieht ihn nur aus der Hosenbodenperspektive! Ich sah doch im Couloir Spuren, versuche jetzt meine Vermutungen vom Morgen zu bestätigen! Mich wundert's nicht, in der Ostwand des Grand Capucin traf ich mit zwei Seilschaften zusammen, in der Eiger-Nordwand gleich mit drei, und so ging es mir fast bei allen großen Fahrten. Wir fürchten schon, daß uns die beiden unter Umständen sehr aufhalten könnten, was uns in Anbetracht unserer beschränkten Zeit sehr unliebsam gewesen wäre. Doch dann geben sie sich zu erkennen, es sind ja Bekannte, Kameraden, zwei, mit denen ich letztes Jahr an der Aiguille Noire und am Capucin zuammentraf. Siegfried

„Wie Hermann Buhl etwa diese überhängende, grifflose Verschneidung meisterte – ein durchtrieben schlaues Spiel mit der Schwerkraft! –, das machte ihm so bald keiner nach. Ich muß das Äußerste dransetzen, um ihm folgen zu können."

Marcus Schmuck

Buhl im Seilquergang unterhalb des Dachriegels im oberen Teil der Dru-Westwand.

186

Löw aus Salzburg und Jörg Lehne aus Traunstein, beide
gute Geher, und wir sind damit auch wieder beruhigt.
Sie waren einen Tag früher eingestiegen, und so konnten wir sie erst hier erkennen.

Nun ist die Reihe wieder an uns, denn dort oben könnten wir nirgends biwakieren, wir müssen also nun über
die Verschneidung hinaus, für die die Beschreibung jedoch eine Zeit von acht Stunden angibt. Über einen
äußerst anstrengenden Riß erreiche ich den Kopf eines
Pfeilers am Fuße der Riesenverschneidung. Der Fels
drängt nach außen, der Rucksack drückt in den Rücken,
und mit ungewöhnlichen Verrenkungen gelingt es mir,
ihn abzulegen, aber der Riß bleibt immer noch ein har-
tes Stück Arbeit. Nun muß ich wieder auf „artificiel"
umschalten, muß mich wieder auf fragwürdige Holzkeile verlassen! Wir merken, wir haben zuwenig Material
bei uns, und die Haken, besonders die beiden Holzkeile aber, werden behütet wie ein Schatz. Mit zwei Karabinern und zwei Seilschlingen experimentiere ich
schon eine ganze Weile. Dabei wird der Abstand von
mir zum letzten Sicherungspunkt, wo das Seil durch-
läuft, immer größer. Insgesamt laufen die beiden Seile
nur durch fünf Karabiner, dafür lassen sie sich aber um
so besser nachziehen. In den Armen bekomme ich
langsam den Krampf, sie haben heute die Hauptlast zu
tragen, denn die Tritte fehlen gänzlich. In Schlingen
hängend, lasse ich Marcus schließlich nachkommen.
Der Standplatzwechsel ist eines jener kompliziert gefährlichen Manöver. Da soll einer dem anderen Platz
machen, hängt selbst eingebettet in einem Knäuel von
Seilen, Schlingen, Haken und Karabinern, muß den anderen noch sichern und dabei selbst achtgeben, nicht
eine falsche Schlinge auszuhängen, vielleicht die, in
der man selbst hängt. Es eilt nun, aus dieser Verschneidung herauszukommen, denn die Sonne verschwindet
bald hinter den Vorbergen des Montblanc. Noch eine
Seillänge, genauso wie die vorhergegangene, liegt vor
mir, aber nun hat mich ein Phlegma gepackt, ich muß
nur die Gedanken und die Nerven ausschalten, und es
geht wesentlich besser. Noch immer schlagen die Platten über meinem Kopf zusammen, doch ein heikler
Quergang bringt mich rechts hinaus auf ein ungefähr
80 Grad geneigtes Plattendach, und an der untersten
Kante desselben gelange ich mit Hilfe eines überaus
luftigen Seilquergangs auf eine kleine Plattform. Wie

ein Schwalbennest ist dieser Platz in die Wand hinein-
gestellt, und die Ausgesetztheit läßt nichts zu wünschen übrig. Marcus beeilt sich sehr, und während er
über die Platte herüberkommt, verfärbt sich der Fels
immer mehr ins Rötliche, wird immer dunkler, und der
ganze Berg scheint nun wie eine riesige Fackel zu lo-
hen.

Auf gleicher Höhe, nur 50 m entfernt, ist die große
Plattform der Nordwand, die Nische, ein Eisfeld, das
wie ein riesiger Daumeneindruck in den Fels der Nordwand geformt ist. Vor Jahren stand ich dort drüben,
aber damals konnte ich mir noch nicht vorstellen, daß
es einmal möglich sein würde, durch diese furchtbaren
Plattenfluchten heraufzukommen. Ich wagte nur einen
scheuen Blick da hinunter. Die Wand hat hier einen kleinen Schönheitsfehler! Die Erstersteiger hatten sich
nämlich mit Hilfe von Expansionshaken einen Ausstieg
zur Nordwand erzwungen und von dort in einem zweiten Unternehmen den oberen Teil der Wand zum Gipfel durchklettert. Heute sind allerdings diese Haken
und das darin verankerte Seil unbrauchbar geworden.
Das Seil ist verwittert, und die Haken hängen zum Teil
lose darin. Die Wand hat ihren Schönheitsfehler wieder
abgelegt. Wer in die Dru-Westwand geht, soll wissen,
daß es nur zwei Möglichkeiten gibt: entweder den
Rückzug oder durchkämpfen zum Gipfel. Die Schneeflächen des Montblanc leuchten im letzten Abend-
schimmer zu uns herüber, düster ragen die Nadeln von
Chamonix in den verblassenden Himmel, und im Tal
blitzen bereits die ersten Lichter auf. Wie oft habe ich
diesen Augenblick schon erlebt, dieses Bild schon ge-
schaut, und immer wieder ist es ein neues Erlebnis. Ein
markanter Felsturm, den wir der Form wegen Pinguin
nannten, am Grat der Flammes de Pierre, liegt tief
unter uns und läßt uns erst die eigentliche Wandhöhe
erkennen. An ihm, der anfangs immer hoch über uns
stand, konnten wir unser Fortkommen feststellen.
Schweigsam sitzen wir auf einer schmalen Felskanzel
inmitten von senkrechten Abbrüchen, knabbern noch
an unserem wenigen Proviant herum und versuchen
dann, den versäumten Schlaf der letzten Tage nachzu-
holen. Die Füße schmerzen sehr, die Kletterei in Berg-
schuhen, noch dazu in neuen, und um eine Nummer zu
groß, immer auf kleinsten Tritten, ist furchtbar ermü-

dend. 15 Stunden Kletterei liegen hinter uns, 800 m Wand, für die man sonst zwei bis drei Tage rechnet, dazu noch der Anstieg von Chamonix, wo wir vor 21 Stunden aufgebrochen sind, ohne dazwischen eine ausgiebige Rast einzuschalten. Kein Wunder, wenn nun die Füße schmerzen. Unsere Eile hat noch einen anderen Grund: Nicht nur, daß wir morgen abend wieder in Chamonix sein müssen, auch das Wetter ist uns zu unsicher. Heut war es schön, morgen hält es sicherlich auch noch, aber ob es noch länger so bleibt, ist bei dem ausgesprochenen Südwind sehr fraglich.

Im Schlafen übernimmt Marcus nun die Führung und ist mir stets um eine Seillänge voraus. Um den Biwaksack überstülpen zu können, müssen wir ganz eng zusammenrücken. Marcus liegt nun an der äußersten Kante der Plattform, nur vom Sack und dem Seil festgehalten, und hängt mit der einen Hälfte seines Körpers beinahe über dem Nant-Blanc-Gletscher. Ich hingegen muß mir fast die Nase am Felsen plattdrücken und habe als Kopfpolster nur einen eckigen Stein. Schlecht und recht vergeht die Nacht. Um 6 Uhr früh beginnen wir mit ein paar Rippen Schokolade zwischen den Zähnen das Tagwerk.

Die Kletterei wird nun wieder schön, ja, in der Beschreibung kommen sogar wieder Stellen mit III und IV, was besagt, daß man nun nicht mehr „artificiel" zu Hilfe nehmen muß. Marcus ist natürlich über diese Schwierigkeitsbewertung etwas überrascht, doch wenn man schon so viel im Montblancgebiet herumgestiegen ist wie ich, kennt man sich mit den Gepflogenheiten des Landes schon allmählich aus und weiß auch, daß eine „französische IV" mindestens eine „deutsche V" bedeutet. Natürlich ist die obere Grenze auch hier bei VI, doch gibt es die Schwierigkeit hier scheinbar noch nicht, die für eine „französische VI" notwendig wäre. Den Uneingeweihten mag das bei den Schwierigkeiten einer Dru-Westwand etwas eigenartig erscheinen, doch man wird im Laufe der Zeit schon daraus klug. Gute Nerven und eine entsprechende Technik sind hier wichtiger als Trittschlingen.

Zügig kommen wir vorwärts, denn dieses Gelände ist wieder ganz nach unserem Geschmack. Es kommen wohl noch gewaltige Dächer, über die hinweg und zwischen denen hindurch wir müssen, doch der Fels ist

„Ich bin mit vielen Menschen am Seil gegangen, aber mit keinem, der sich so sehr auf seine Aufgabe einstellte wie Hermann Buhl."

Marcus Schmuck

derart griffig, daß man die Haken nur noch als moralischen Halt braucht, und da genügen die wenigen, die wir hier antreffen. Wir hören auch wieder die Stimmen der Kameraden, die zwei Seillängen über uns biwakiert haben müssen. Eine steile Rampe bringt uns schließlich an die Kante zwischen der West- und der Nordwand, und somit treten wir in leichteres Gelände. Unter uns hängt noch eine alte, zerfranste Drahtleiter, ein stummer Zeuge aus den Tagen der Erstbegehung. Man stellt sich bei ihrem Anblick im stillen wohl die Frage, ob es das auch brauchte?

Nur wenige Schritte um die Kante genügen, und man steht plötzlich vor ganz anderen Verhältnissen. Vereiste Risse und Platten, verschneite Bänder, geneigter, glasierter Fels löst die Senkrechte ab. Immer mehr Eis tritt auf und zwingt uns, die Steigeisen anzulegen. Inzwischen konnten wir die beiden Kameraden einholen und steigen zusammen, zuletzt noch durch einen engen, vereisten Kamin, den obersten Teil der düsteren Nordwand aus, bis die Westwand gänzlich zurückweicht und wir in das helle Licht der Sonne unmittelbar unter den Gipfelfelsen des Petit Dru treten können.

Es ist erst Mittag, das Wetter hält noch, was es am Morgen versprochen hat, und so können wir diese Gipfelstunde erst richtig genießen. Ein Gefühl der Zufriedenheit vermischt sich mit dem Eindruck einer großartigen Rundschau – ein unvergeßliches Finale! Ich grüße sie, es sind mir alte Bekannte, die Jorasses, ihre unheimliche Nordwand, die Nadeln von Chamonix, eine Dolomitenlandschaft mit Westalpencharakter, der Montblanc du Tacul mit dem Capucin, der Dent du Géant, sogar der Peutereygrat und die Nordwand der Aiguille Blanche schauen noch hervor, und nicht zuletzt der Montblanc selbst im ewigen Leuchten seiner Firne. Unzählige Erinnerungen verbinden mich mit all den Bergen. Ich liebe sie, weil sie mir so viel Schönes geschenkt haben. Aber unter uns bricht eine Wand ab, so gewaltig, so unerhört steil, daß wir förmlich in Zweifel geraten würden, sähen wir nicht deutlich unsere Spuren, die dort aus dem Abgrund heraufkommen!

Nun erst bricht die Freude über das Geleistete durch, wir sind stolz auf unseren Erfolg! Wer wäre das auch nicht? Wir waren wohl gut vorbereitet, doch wir gingen diesen Felsgang nicht unter den besten Voraussetzun-

Die Westwand des Petit Dru (die Wand links des markanten Pfeilers) kletterten Hermann Buhl und Marcus Schmuck 1956 als sechste Seilschaft überhaupt – in der Rekordzeit von eineinhalb Tagen.

gen an. Pflichtgefühl und Witterung zwangen uns aber dazu. Er verlangte aber auch nicht das Letzte von uns. Ich gebe zu, ich kenne schönere Fahrten im Granit, sie ist nicht immer ein reiner Genuß, aber man muß sie gemacht haben, diese Westwand der Drus. Sie beherrscht das Tal von Chamonix mehr als der Montblanc selbst, sie ist die ungekrönte Königin in seinem Bereich, und die Bergführer von Chamonix sind mächtig stolz auf sie. Wir waren nicht gekommen, um ihr den Nimbus zu rauben, wir wollten sie nur kennenlernen, doch den Einheimischen konnte unsere Art scheinbar gar nicht imponieren! Sollten wir, um zu gefallen, vielleicht absichtlich biwakieren?

Es werden Bergsteiger kommen, die werden diese Wand sogar an einem Tag durchsteigen, ja, man wird sie vielleicht sogar einmal allein machen, das ist der Lauf der Dinge. Die Zeit schreitet weiter, mit raschen Schritten, und macht auch in den Bergen, im Alpinismus, nicht halt. Und blicken wir doch einmal zurück: All diese Leistungen wären nicht bewundernswerter, größer, als die eines Preuß, als er allein die Guglia erstieg, auf einem Weg, den man heute mit V bezeichnet, nachdem er mit einer Reihe von Haken gebändigt wurde; oder die eines Dülfer, den auch die steilsten Kaiserwände nicht schreckten und der als erster allein durch den überhängenden Riß, den heutigen ebenfalls mit Haken gespickten Dülferriß, zur Fleischbank anstieg; oder eines Comici, der einen Durchstieg durch die mauerglatte Nordwand der Großen Zinne fand, eine nach heutigen Begriffen noch extrem schwere Fahrt, und, als man gegen ihn den Vorwurf des Akrobatentums erhob, diese sogar allein durchstieg.
Ich denke an die Berge meiner engsten Heimat, an die gewaltige Flucht der Laliderer Wände. Auch hier findet sich ein Weg aus jüngster Zeit, der an die Grenze der menschlichen Möglichkeiten reicht. Mit der Laliderer Nordverschneidung hat Hias Rebitsch einen Weg eröffnet, den ich als die stilreinste Kletterei des sechsten Grades bezeichnen möchte. Was den Westalpen der Petit Dru, ist für die Ostalpen die Laliderer Verschneidung. In beiden Fällen ist jedoch die Art der Kletterei sehr unterschiedlich. Die eine kraftvoll, athletisch, eine Materialschlacht; das Wort „artificiel" steht hier im Vordergrund. Die andere elegant, akrobatisch, das Letzte

herausfordernd, „un escalade libre" im wahrsten Sinne des Wortes!

Man kann gegen jeden dieser Männer (Magnone und Rebitsch; Anm. d. H.) den Vorwurf erheben: „Das ist doch kein Bergsteigen, das ist reines Sportklettern." Doch warten wir die Zukunft ab, und vor allem eines: Nehmen wir uns in acht, der Jugend von morgen einmal denselben Vorwurf zu machen, vielleicht weil die Alpen dann unmodern geworden sind und man sich nur noch mit Himalayawänden befaßt. Es wird eine Generation kommen, die über unsere heutigen Taten lächelt, aber lassen wir sie doch lächeln. Die Berge sind doch kein Spielfeld, dazu sind sie zu gewaltig. Sie dulden es nur gnädig, wenn wir Eintagsfliegen uns für einen Augenblick an ihnen ergötzen und herumkrabbeln. Wende im Alpinismus? Ja – oder nein? Mit der Dru-Westwand? – Uns war sie ein Erlebnis, ein Lichtblick im Grau des Alltags, ein Zeichen der Lebensbejahung!

Broad Peak

**Karakorum-Expedition des
Österreichischen Alpenvereins 1957**

Die Gesamtleitung der österreichischen Karakorum-Expedition 1957 obliegt Marcus Schmuck. Hermann Buhl ist bergsteigerischer Leiter. Sein siebenteiliger Bericht über Vorbereitung und Verlauf der Expedition bis zur Ersteigung des Broad Peak wäre – in Zusammenklang mit Buhls Tagebuchaufzeichnungen – allein ein Buch wert. Aus Platzgründen ist es uns hier nur möglich, Auszüge zu veröffentlichen. Wir haben uns auf die Schilderung der wesentlichen Phasen der Unternehmung beschränken müssen. Aber auch diese knappe Fassung wird zum Lesegenuß. Wie hat doch die Sprache des mittlerweile 32jährigen an Kraft gewonnen, wie intensiv hat er an sich und an der Idee des Bergsteigens gearbeitet!

Hermann Buhls Bericht
Auszüge

8. April 1957, Rawalpindi

Vor den Erfolg haben die Götter den Schweiß gesetzt. Ich würde jetzt lieber im Freien sitzen, dem bunten Treiben der Einheimischen folgen, dem Zwitschern der Vögel und dem Rauschen der Palmen lauschen oder mich an der Farbenpracht einer vielgestaltigen Flora ergötzen. Stattdessen sitze ich in einem düsteren Raum und klopfe auf meiner Schreibmaschine Eindrücke herunter. Vorerst gelingt es mir nur schwer, Ordnung in das Tohuwabohu der letzten Tage und Wochen zu bringen. Unangenehmes grenzte unmittelbar an Erfreuliches, Enttäuschungen wechselten mit Überraschungen. Himmelhoch jauchzend – zu Tode betrübt, so wurde man von Augenblicksstimmungen hin und her gerissen. Und dabei hatte man nur eine Idee: Man wollte in den Himalaya! Als ich den Nanga Parbat zum letzten Mal sah, hoffte ich insgeheim, diesen Berg noch einmal schauen zu dürfen. Diese Idee wollte nicht mehr von mir weichen. Ich faßte den Plan einer Expedition in den Karakorum: Mustagh Tower. Die Franzosen und die Engländer kamen mir zuvor. Sie waren schneller! Oder waren sie bessere Organisatoren? (…)

Dann wollte ich zum Broad Peak. Den Karakorum hatte ich immer so wunderbar vom Nanga Parbat aus gesehen. Doch er war wieder weit weg gerückt: Meine besten Freunde (die Brüder Vigl; Anm.d.H.) konnten aus beruflichen Gründen nicht mitmachen. Da fiel mir Marcus Schmuck ein. Er hatte noch keine Himalaya-Erfahrung, ist aber ein glänzender Organisator und vorzüglicher Bergsteiger. (…) Fritz Wintersteller, ein Freund von Marcus, und Kurt Diemberger – für eine derartige Unternehmung noch bedenklich jung, doch er hat als Eisgeher von sich reden gemacht –, wurden die weiteren Teilnehmer. Damit stand die Mannschaft, und jeder hatte auch seinen Aufgabenbereich. (…)

Meine Beziehungen von der Nanga-Parbat-Expedition her kamen natürlich unserer Expedition zugute. Doch nahmen die Vorbereitungsarbeiten Formen an, die mir förmlich über den Kopf wuchsen. Denn wo immer sich Widerstand auftat, mußte ich notgedrungen einspringen. So umfaßte allein meine Korrespondenz über 1000 Briefe. Ich war angenehm überrascht, welches Entgegenkommen man mir immer wieder gewährte.

Das Unangenehmste bei unserer Vorbereitung war der Zeitdruck. Bedingt durch die Suezkrise mußte innerhalb von drei Monaten die gesamte Ausrüstung nicht nur bereitgestellt, sondern bereits auf dem Schiff verladen sein. (Die Seereise nach Karachi dauerte, da um den afrikanischen Kontinent herumgefahren werden mußte, erheblich länger; Anm.d.H.) Wie üblich wurde ich des öfteren von Reportern nach meinem Training befragt. Worauf ich nur sagen konnte: Mein Training besteht diesmal darin, daß ich Nacht für Nacht – oft bis zwei Uhr früh – an der Schreibmaschine sitze und Firmen anschreibe. Oder wie ein Irrsinniger mit dem Auto von einer Ecke Österreichs oder Bayerns in die andere Ecke fahre, um überall persönlich vorzusprechen. Aber es hatte Erfolg!

Dann jedoch schien sich der Himmel zu verdüstern. Wir sollten die Genehmigung für den Broad Peak nicht erhalten. (Sondern nur eine für den Masherbrum; Anm.d.H.) Das hieße, auf einen Achttausender zu verzichten. Ich nahm es gar nicht so tragisch und dachte mir, der Masherbrum ist bergsteigerisch vielleicht noch interessanter, wenn auch um 200 Meter niedriger. Aber diese 200 Meter hatten enorme Auswirkungen: Die

Dieses Broad-Peak-Foto von Günther Oskar Dyhrenfurth verwendete die Karakorum-Expedition des Österreichischen Alpenvereins 1957 als Grußkarte. (Unter I, II, III eingezeichnet die drei Hochlager.)

Finanzierung war dadurch in Frage gestellt. Was konnte man bloß machen, um doch noch auf die magische Zahl „8000" zu kommen?

Da fiel mir ein: Ich hatte doch für die Ersteigung des Nanga Parbat seinerzeit vom Pakistanischen Ministerpräsidenten eine Goldmedaille erhalten; die erste derartige Auszeichnung im Lande. Könnte uns diese nicht aus der Verlegenheit helfen? Vielleicht erhielten wir eine Audienz beim pakistanischen Premier? Vielleicht gelänge es unserem Herrn Gesandten in Karachi – der sich ohnehin wie ein Löwe einsetzte – doch noch? Und es war ihm wirklich gelungen! (...)

Wenige Tage später ging die gesamte Ausrüstung, 1000 Kilogramm, in Begleitung von Wintersteller und Diemberger an Bord der „Asia". (...) Sie hatten das Rennen überstanden, wir mußten es noch vier Wochen durchhalten, um die restliche Geld- und Ausrüstungsbeschaffung, Abmachungen mit Zeitungen etc. zu bewerkstelligen. Aus dem geplanten Skiurlaub mit meiner Frau, den ich ihr und meiner Gesundheit zuliebe hätte machen wollen, wurde so gut wie nichts. (...) Jedenfalls stand ich am 29. März 1957 mit dem Flugschein nach Karachi in der Tasche auf dem Flughafen München-Riem, um Marcus auf seiner Zwischenlandung kurz zu begrüßen und ihm mitzuteilen, daß wir uns anderntags in Rom treffen würden. Ich hatte noch wichtige Besorgungen vor.

Einen Tag später, fast um die gleiche Zeit, stand ich wieder am Flughafen. Diesmal allerdings mit meiner Frau, meiner Tochter Kriemhild und einigen guten Freunden und Bekannten. Nun wurde es ernst! (...)

25. Mai, Basislager Godwin-Austen-Gletscher,
etwa 4900 m

Erste Erkundung

Seit 14 Tagen steht nun unser Basislager am Fuße des Westsporns des Broad Peak, der mit seinen drei Gipfeln zu den letzten noch unerstiegenen Achttausendern zählt. (...) Wir sind nur noch unserer fünf: Marcus, Fritz, Kurt und ich sowie unser Begleitoffizier (Quader Saeed; Anm.d.H.), der sich als ganz feiner, brauchbarer Kerl erwiesen hat. Die Träger sind weg, und unsere beiden Postläufer, die uns vor zwei Wochen mit Briefen verlassen hatten, sind immer noch nicht von ihrem langen Gang zurück. (…)

Wir hatten ungefähr 80 Träger angeworben. (…) Liligo, der erste Lagerplatz hinter dem Zungenende des Baltorogletschers, wurde noch in fröhlicher Stimmung erreicht, doch am nächsten Tag erschwerte bereits Neuschnee den Weiterweg.

Auch in Urdokas, dem kritischsten Punkt des ganzen Anmarsches, schien noch alles zum besten und ohne Trägerstreik abzugehen. Doch am anderen Morgen verlangten die Träger plötzlich – wie über Nacht eingegeben – nach Schneebrillen. Wir hatten aber nur 25 Stück dabei, so konnten wir unmöglich alle Träger mit Brillen versorgen. Wir wollten daraufhin einen Pendelverkehr mit 25 Trägern einrichten, doch damit waren sie nicht einverstanden. Nach langem Hin und Her zahlten wir denen, die keine Brillen bekamen, jeweils drei Rupien Entschädigung aus, und die anderen erhielten ihre Schneebrillen. Überrascht stellten wir fest, daß auf einmal jeder irgendeine Schneebrille aufhatte, meist italienischen oder deutschen Ursprungs. Mit reichlicher Verspätung zogen wir wieder weiter. (…)

Eines Abends riß es auf, und unwirklich hoch und kühn leuchtete über uns die markante Eishaube des Masherbrum. (…) Ich musterte eingehend die Baltoroseite dieses Berges, die selbst von Fachleuten als fast aussichtslos eingeschätzt wird. Ich muß ehrlich gestehen: Dieser Berg faszinierte mich derart, daß ich ihn am liebsten gleich hier hätte versuchen mögen. (…)

Monoton klang hinter uns das „Schabasch" der Träger, das soviel wie Rast bedeutet. Wir waren bereits drei Tage von Urdokas entfernt und befanden uns einen Tagesmarsch vor dem Konkordiaplatz. (…) Da entlud sich die Spannung, die schon seit Tagen – bedingt durch die Witterung und die schlechten Verhältnisse – über der Expedition lastete. Die Täger erklärten einstimmig, hier sei unser Basecampplatz. Drei Tage von Urdokas entfernt wäre immer das Basislager errichtet worden, und da sie nun schon drei Tage unterwegs seien, müsse hier das Basecamp sein. Doch sie bedachten nicht, daß die zurückgelegten Tagesetappen niemals den üblichen Tagesstrecken entsprachen.

Wir versuchten, durch bessere Bedingungen noch eine kleine Trägerschar zu halten und bekamen so an die 24

Träger zusammen, die gewillt waren weiterzugehen. (...) Wir mußten an den Fuß des Broad Peak gelangen! Der Konkordiaplatz blieb rechts liegen, ich bog links ab zum Godwin-Austen-Gletscher, und um drei Uhr nachmittags war ein kleines Moränental mit großen Felsblöcken erreicht worden. Hier wollten wir auf die Träger warten.

Eine gute Stunde später kamen sie daher – schimpfend, fluchend über die weite Strecke, und immer hörte man das Wort „Askole". Morgen wollten also auch sie uns im Stich lassen und nach Askole zurückkehren, obwohl noch zwei Drittel der Lasten 15 Kilometer weit draußen lagen, und obwohl der eigentliche Basislagerplatz noch zehn Kilometer entfernt war.
Wir bemühten uns ehrlich, die gute Laune der Träger wieder herzustellen. Vier Stunden beschäftigten wir uns im Schneetreiben und bei Minustemperaturen mit ihnen. Kochten ihnen unablässig Tee, bauten ihnen ein Quartier für die Nacht aus, gaben ihnen teils sogar von unserer spärlichen Verpflegung ab.
Am anderen Morgen zogen sie schweigend ab. Wir ließen sie ziehen. Draußen lagen noch an die 40 Lasten. (...) Gegen Abend näherte sich langsamen Schrittes eine Gestalt unserem Lagerplatz. Es war Kurt. Er sagte uns, daß hinter ihm noch Marcus und zwei Träger kämen. Alle anderen seien abgehauen, hinaus nach Askole. (...) Nun wußten wir, wie wir dran waren, und das stärkte uns um so mehr.
Am nächsten Tag gingen Fritz und ich auf Erkundung nach dem eigentlichen Basislagerplatz. Kurt und Marcus eilten zurück, und abends kamen fünf Mann (die beiden Bergsteiger, die zwei Träger und der Verbindungsoffizier; Anm.d.H.) schwer bepackt von unten herauf.
Der darauffolgende Tag sah alle Sieben talauswärts hatschen und jeden – mit 30 Kilogramm und mehr bepackt – den selben Weg wieder zurückgehen. (...)
Eines Abends – es ist Freitag, der 10. Mai – befindet sich in einer Moränenmulde ein wunderbares Basislager. Ein Block, durch ein Zeltüberdach geschützt, dient als Kochstelle. Mit Überdächern – in Blau, Orange und Grün – verbunden, stehen aneinander gereiht die Zelte. Und gleich daneben wälzt der Godwin-Austen-Gletscher seine Eismassen zum Konkordiaplatz hinaus.

Nun wär's also so weit.

Doch das Wetter ist schlecht. Der Schneesturm fegt um unsere Zeltburg und preßt durch jede kleinste Fuge den Flugschnee.

Solche Tage sind trostlos. Man wagt es kaum, aus dem Schlafsack zu kriechen. Man versucht, zu essen, aber auch um die Kochstelle pfeift der Sturm. Man kriecht wieder ins Zelt zurück, schreibt, liest ein wenig, schmiedet Pläne. Oder man nimmt die Gitarre zur Hand und singt.

Wenige Tage später steigen wir den Godwin-Austen-Gletscher einwärts und steuern dem Fußpunkt unseres Sporns zu. Links, hoch droben, ein gewaltiger Hängegletscher. Er ist mir zu bedrohlich. Ich habe keine Lust, mich unterhalb von ihm zu bewegen. So wird rechts eines trennenden Sporns ein steiles Schneefeld, auf dem eine alte Lawine mit ihrem festgepreßten Schnee liegt, zum Aufstieg benützt. Wir kommen hier gut höher. (...)

Auf etwa 5800 Meter Höhe haben wir einen kleinen Gratvorsprung, der sich aus der gleichmäßig steilen Flanke abhebt, erreicht. Der einzige Lagerplatz weit und breit. Für heute ist's genug. Wir sind alle etwas ausgepumpt. 900 Meter Tragen und Spuren, das ist etwas viel. Hinunter geht's flott. Man setzt sich auf den Hosenboden – und steht bereits eine halbe Stunde später wieder am Godwin-Austen-Gletscher. (...) Der schönste Moment ist dann immer der, wenn uns bei der Ankunft im Basislager unser Captain eine Tasse heißen Tees in die Hand drückt und uns gleich darauf zum Essen ruft. (...)

Drei Stunden benötigen wir jeweils für die Wegstrecke von Lager 1 nach Lager 2, für einen Höhenunterschied von 600 Metern. (...) Wir genießen die Stimmung und die Wärme und schauen hinüber zum K2, hinab zum Gletscher, der wie ein Fluß hinauszieht, auf benachbarte Gipfel im Westen, um die Sturmfahnen branden, und hinauf zu den dunklen Felsen der Gipfelzone des Broad Peak, wohin unsere Wünsche gehen. Fritz macht ein leckeres Gericht, Kartoffelpuffer und Tee, aber gleich so viel, daß wir kaum noch imstande sind, uns zu bewegen. Wir haben noch einen Abendspaziergang vor; hinauf auf's Plateau und weiter zum sogenannten „Knie" oberhalb der blankgefegten Eisflanken.

Anmarsch zum Baltorogletscher. Drei Tagesmärsche hinter Urdokas kam es zum Trägerstreik. 24 Träger blieben noch für einen Tag bei der Expedition, danach mußten die vier Bergsteiger, der Verbindungsoffizier und zwei verbliebene Träger 40 Lasten bis ins Hauptlager schleppen.

Auf dem Plateau pfeift kalter Wind. Jenseits, etwas tiefer, stand das Lager 3 der Herrligkoffer-Expedition 1954, des ersten Versuchs am Broad Peak. Nun geht es (bis zum Umkehrpunkt jener Expedition auf etwa 7000 m; Anm.d.H.) auf gemeinsamer Route weiter. (…) Bald machen wir eine erfreuliche Entdeckung. „Hier hängen ja Seile", rufe ich Fritz zu, „und wie viele gleich". Doch dann verschwinden sie wieder im Schnee und unter der Eisdecke. Gut hundert Meter steigen wir über das Plateau hinaus und treffen plötzlich bei einem Felskopf auf ein Stück vereisten Stoffs. Wir graben und finden ein Zelt mit Lebensmitteln und Seilvorrat der früheren Expedition. (…)

Der heutige Tag (25. Mai 1957: Anm. d. H.) gilt den Vorbereitungen für einen ernsthaften Versuch. (…) Mittags macht Marcus eine erfreuliche Entdeckung. Weit draußen kommen über den Godwin-Austen-Gletscher zwei Punkte herein. Es können nur unsere beiden Träger mit Post sein. Wir freuen uns schon, doch die Enttäuschung ist groß. Für keinen von uns ist Post von zu Hause dabei.

Schnell erledigen wir unsere Post, damit die Läufer wieder ihres Weges ziehen können. Währenddessen wird das Wetter immer großartiger, die Atmosphäre immer ruhiger, bis sich ein harmonischer Abend über dieser förmlich polaren Hochgebirgslandschaft ausbreitet und wir allmählich in den Zelten verschwinden…

„Mein liebes Generl,
nachdem die Postläufer morgen wieder das Basislager verlassen, möchte ich Dir diesen Bericht zuschicken. Wir steigen morgen auf, und wenn wir Glück haben, können wir Dir im nächsten Bericht vielleicht schon den Gipfelerfolg mitteilen. Ansonsten sind wir alle sehr gut beieinander, etwas verwildert mit zünftigen Bärten. Wir fühlen uns wohl. Manchmal geht einem der viele Schnee auf die Nerven. Man erspäht kein grünes Fleckchen, und so wandern die Gedanken oft nach Hause, wo jetzt Frühling ist, wo man skifahren oder gar schon klettern, in kurzen Hosen gehen und die Wärme genießen könnte.
Liebes Generl, die Post wird hier besonders lange unterwegs sein. Wir sehen es daran, daß wir bis jetzt noch nichts bekamen. Aber es muß sich auch erst einspielen.

Hermann Buhl beim Fixieren von Seilen zwischen den Lagern 2 und 3. Die 1957er-Expeditionsmannschaft baute die unterm Eis gefundenen Seile der 1954er-Broad-Peak-Expedition in ihr eigenes „Seilgeländer" ein.
© Kurt Diemberger

Und tröste Dich, es wird schon alles wieder klappen, und um so schöner ist dann das Wiedersehen! (...) Grüß' mir alle recht herzlich, besonders zu Hause die Kinder, Mama, Franzl. Dir und den Kindern besondere Grüße und Bussi, und alles Gute von Deinem Hermann und Papi!"

Der sechste Bericht des Hermann Buhl unter dem Titel „Ein kühner Vorstoß" beschreibt den Gipfelversuch zwischen 26. und 31. Mai 1957. Buhl am Abend des 28. Mai im Lager 3: „Ich muß gestehen, ich verspüre nicht die Aufregung, die Begeisterung, die Vorfreude wie am Vortage meines Gipfelganges am Nanga Parbat."
Um sechs Uhr morgens des 29. Mai wird das Lager in Richtung Gipfelgrat verlassen. „(...) Zuletzt ein endlos langer, mühsamer Steilhang. Ich bin ziemlich ausgepumpt, habe mir wohl in den letzten Tagen zuviel zugemutet. Oder macht's der Hunger? Das Frühstück war zuwenig, und ich bin in dieser Hinsicht sehr empfindlich. Fritz ist noch am besten in Form und spurt demnach am meisten. Die letzten 100 Meter zur Scharte ein steiler Eishang. Ich muß Fritz bewundern, wie sicher er ihn meistert und noch Stufen schlägt. Auch die anschließenden Felsen geht er sicher und steht endlich auf der Scharte, vielleicht 7900 Meter hoch. (...) Ehrlich gestanden, habe ich heute gar nicht so den Auftrieb und muß nicht unbedingt am Gipfel stehen." (...)

Hermann Buhl beim Erledigen der Post im Broad-Peak-Hauptlager 1957.
© Kurt Diemberger

Buhl zwingt sich aber doch noch zur Scharte hinauf, wo Marcus Schmuck auf ihn wartet, während Fritz Wintersteller und Kurt Diemberger bereits auf dem Gipfelgrat unterwegs sind. „Müde schleppe ich mich hinter Marcus her, 50 Meter höher arbeiten sich Fritz und Kurt über einen sehr steilen Schneehang. (...) Marcus und ich sind ungefähr in gleicher Höhe mit dem Mittelgipfel, etwa 8000 Meter, Fritz und Kurt (...) erreichen einen Punkt, der von uns aus gesehen als der Gipfel erscheint. Es ist sechs Uhr abends. Ich rufe ihnen zu, daß sie unbedingt sofort umkehren müssen. Wir kommen sonst in die Nacht. Wir sind nicht einmal für ein Biwak eingerichtet, da die Rucksäcke unterhalb der Scharte liegen. Sie befolgen auch den Rat, und wir haben höchste Eile, aus den Schwierigkeiten und von der Scharte hinabzukommen."
Durch schlechte Sichtverhältnisse bedingt – Nebel zieht auf und es beginnt zu schneien –, ist man sich nicht darüber im klaren, ob Fritz Wintersteller und Kurt Diemberger an jenem 29. Mai '57 tatsächlich den höchsten Punkt des Broad Peak erreicht haben. Aus dieser Ungewißheit heraus belassen die vier Bergsteiger Ausrüstung und Proviant in den Hochlagerzelten, um nach ein paar Tagen der Erholung im Basislager einen weiteren Gipfelversuch zu starten.

Ein zweiter Versuch – erfolgreich

1. Juni, Basislager

Es geht uns nicht schlecht. Nur Kurt muß eine Ordinationsstunde einrichten, zu der jeder mit seinen Wehwehchen kommt. Die Fingerspitzen, die Nase, die Lippen sind offen, und Marcus und ich haben die Zehen etwas angeschlagen vom argen Frost. Ich natürlich wieder meine „Nanga-Parbat-Zehen", doch ist die Sache nicht schlimm, sie fühlen sich nur etwas pelzig an.
Abends vor dem Einschlafen stellen wir dann noch in unserem kleinen Kofferrradio den Sender Karachi ein und können, wie gestern, für zwei Stunden wunderbare europäische Musik hereinbekommen: das Orchester Kurt Edelhagen, Puccini, Léhar und vieles andere. Wir fühlen uns dann fast wie zu Hause.

8. Juni 1957, Lager 3

Für morgen ist alles gut vorbereitet: Das Frühstück, ein Haferflockenbrei, wird im Speisethermosbehälter aufbewahrt, dazu gibt's zwei Thermosflaschen mit heißem Tee. Zwei Plastikflaschen mit Tee für unterwegs werden in den Schlafsäcken verstaut, damit sich morgen nicht Eisklumpen in den Flaschen befinden. (…)
„Wann hauen wir morgen ab?", ruft Marcus herüber. „Bei Tagwerden; wir können auch früher gehen, es ist Mondnacht!", gebe ich zurück. „Also gut, um halb vier, einverstanden? Daß mir ja keiner früher abhaut!", kommt es aus dem Nachbarzelt. „Dann weck' ich um zwei Uhr", sage ich noch, und danach versucht jeder zu schlafen.
Nachts muß ich einmal aufstehen. Es ist mondhell, man sieht fast wie am Tag. Der Mond ist zunehmend. Eisigkalt stehen die vielen trutzigen Berge im Kreis. Am liebsten würde ich jetzt schon aufbrechen. Ich weiß, wie notwendig man Zeitreserven braucht. „Marcus", rufe ich vorsichtig ins Nachbarzelt, „Marcus, es ist ganz hell. Wollen wir nicht jetzt schon gehen?" Doch es kommt keine Antwort. Wird wohl keine Lust haben. Also versuche ich, weiterzuschlafen.

9. Juni 1957, Pfingstsonntag

Um ein Uhr nachts bin ich wieder auf, und jede Viertelstunde schaue ich auf die Uhr. Zwei Uhr, man spürt nun die Kälte schon merklich. Alles ist still, nichts rührt sich. Ich warte noch bis halb drei Uhr, dann wird's aber Zeit. Eine ganze Schachtel Sturmzünder geht drauf, bis endlich die Kerze brennt, und dabei erstickt man fast in dem kleinen Zelt, bekommt Hustenanfälle und reißt schleunigst den Zelteingang auf.

Draußen ist es nun dunkel geworden, der Mond ist verschwunden. Das Sichanziehen in dem kleinen Zelt ist umständlich. Vor allem bis man die Hose wieder dicht mit den Schuhen verbunden hat, kostet's einige Schnaufer. Dann noch die Überhose, die Schuhüberzüge, zwei Pullover, den Anorak, und endlich ist es so weit, daß man frühstücken kann. Wir müssen etwas warten, bis die anderen mit ihrem Teil Haferflockenmus fertig sind, dann kommen wir an die Reihe. Es ist alles noch wunderbar warm, und es schmeckt herrlich.
Marcus hat inzwischen schon das Zelt verlassen, und Fritz folgt ihm gleich nach. Wir essen noch fertig, und um halb vier Uhr starten, wie vereinbart, auch wir. Beim Schließen des Zeltes noch ein Blick auf das Thermometer. Minus 20 Grad zeigt es an. Vorläufig ist uns noch warm, nur die Hände sind kalt, trotz der Leder- und der dicken Wollhandschuhe. Dummerweise habe ich sie während der Nacht außerhalb des Schlafsacks gelassen. (...)
Oberhalb der Felsblöcke bei Lager 3 heben sich als dunkle Silhouetten Marcus und Fritz ab. Eigentlich bin ich etwas verärgert, denn wir wollten doch gemeinsam weggehen. Aber Marcus beziehungsweise Fritz machen es immer so. Sie warten nie und gehen einfach voraus. Normalerweise spielt das keine Rolle, aber in 7000 Meter und mehr ist es schwer, einen Zeitunterschied von auch nur einer Viertelstunde einzuholen.
Die Verhältnisse sind ähnlich wie beim letztenmal, und während wir rhythmisch zwei Atemzüge pro Schritt ansteigen, kommt langsam der Tag über die Hochgipfel herauf. Die Sonne setzt den höchsten Gipfeln goldene Harnische auf. Meine Hände sind eiskalt, in den Füßen hingegen spüre ich die Kälte noch nicht.
Doch dann wird der Schnee tiefer. Es ist lockerer Pul-

*„Meine Lieben!
Am Pfingstsonntag konnte meine gesamte Mannschaft den Gipfel des Broad Peak erreichen. Wir sind wieder gesund im Basislager gelandet. Bei Sonnenuntergang stand ich am Gipfel, es war eine herrliche Stimmung. Herzliche Grüße*

Euer Hermann"

Hermann Buhl in der Scharte (etwa 7800 m) zwischen Mittel- und Vorgipfel des Broad Peak. Der Hauptgipfel ist unmittelbar rechts neben Buhl zu sehen.
© Kurt Diemberger

ver- und angewehter Preßschnee. Nach Stunden haben wir Fritz und Marcus eingeholt, und nun löse ich sie vom Spuren ab. Inzwischen sind meine Füße eiskalt geworden, doch ich nehme mir keine Zeit, sie zu massieren und gehe weiter – eins, zwei, eins, zwei – um ja nicht aus dem Rhythmus zu kommen. (…)

Manchmal ist der Schnee ganz hart und man kommt gut weiter, dann versinkt man wieder fast bis zu den Knien. Aber wenn man die Schneeoberfläche genau betrachtet, kann man die harten, festgewehten Platten schon erkennen. Bisweilen löst mich Kurt ab, und wir kommen ganz gut vorwärts. Noch ein steiler Hang, eine Querung, dann treten wir in das helle Sonnenlicht. Es ist acht Uhr vorbei. Höchste Zeit, daß ich aus den Schuhen herauskomme, die Füße sind schon wieder gefühllos. Es ist inzwischen auch kälter geworden, ich schätze die Temperatur auf ungefähr minus 30 Grad. (…) Jeder arbeitet nun in der Sonnenwärme an seinen Füßen, um sie wieder zu beleben. Bei meinem rechten Fuß ist's am schlimmsten, während dem linken die Kälte überhaupt nichts ausmacht. Nach einer halben Stunde „tauen" die Füße endlich auf, und sie werden mit einer Frostschutzsalbe eingerieben. Danach wird eine Kleinigkeit gegessen.
Marcus und Fritz sind inzwischen schon wieder startbereit und ziehen ihre Spur weiter, während Kurt und ich noch mit bloßen Füßen in der Sonne sitzen und die Zehen massieren. Dann müssen aber auch wir wieder weiter. Es geht diesmal wesentlich leichter als das letztemal, doch allmählich überfällt den Körper eine bleierne Müdigkeit. Ist es die Kälte, die sich derart nachteilig auswirkt?
Wieder kommt der steile Eishang, und Kurt meint, ich soll doch, wie Marcus, den Rucksack herunten lassen. Doch daran soll's nicht liegen. Die letzten 30 felsigen Meter zur Scharte greift man ganz gerne ins Fixseil, und um halb zwei Uhr mittags stehen wir in der Scharte zwischen Mittel- und Hauptgipfel.
Mein Höhenmesser zeigt genau 7800 Meter an. Mich befällt eine Müdigkeit, die man in normalen Regionen als Mittagsmüdigkeit bezeichnen würde. Ich leg' mich hin, würde am liebsten schlafen, aber Kurt steckt mir aus dem Rucksack Verschiedenes zum Essen zu. Zuckerl, Dörrobst, Haselnüsse, aber nichts schmeckt

mir und ich muß mich zwingen, etwas hinunter zu bringen. Nicht einmal ein Schluck aus der Flasche schmeckt. Fritz und Marcus halten ihren Vorsprung und sind bereits ein Stück am Grat unterwegs. (…)

Um halb drei Uhr brechen Kurt und ich auf. Kurt hat heute einen guten Tag. Er geht voraus, und ich lasse mich nicht ungern von ihm ein wenig „ziehen", wie man unter Radfahrern sagt. (…) Um 5 Uhr ist ein Gratvorsprung unterhalb des Vorgipfels erreicht. „Hermann, hast Du was dagegen, wenn ich etwas schneller vorausgehe, sonst komm' ich nicht mehr auf den Gipfel", fragt mich Kurt. Ich sehe ein, daß ich in diesem Zustand für ihn ein Ballast bin und hab' nichts dagegen. Er, der junge Stürmer, wird nicht meinetwegen auf einen Achttausender verzichten. Ich muß ehrlich gestehen, daß ich keinen besonderen Ehrgeiz mehr habe. *Mein* Achttausender ist der Nanga Parbat, und was ich dort erlebt hab', kann sich für mich sowieso nicht mehr wiederholen.

Ich setz' mich hin und will warten, bis die anderen vom Gipfel zurückkommen. Eben haben Fritz und Marcus ihr Ziel erreicht: zwei kleine Punkte auf einer schlanken Firnschneide. Meine Füße machen mir arg zu schaffen, sie sind schon wieder gefühllos.

Auf dem Gipfel des Broad Peak (8047 m). Im Mittelgrund links der Vorgipfel, rechts der Mittelgipfel. Im Hintergrund links der K2, der zweithöchste Berg der Erde.
© Kurt Diemberger

So nebenbei beobachte ich, wie schnell eigentlich Kurt über den letzten Aufschwung zum Vorgipfel emporkommt. Dies spornt mich wieder an, und eigentlich, so denke ich mir, wollten wir doch alle – die ganze

Mannschaft – auf dem Gipfel stehen. Es ist zwar schon spät, 5 Uhr vorbei, ob die Zeit noch reicht? Aber ich versuch's. Schließlich haben wir ja diesmal einen guten Begleiter, den Mond.

Am Vorgipfel kommen mir Fritz und Marcus entgegen. Auf meine Frage, wie weit es noch bis zum Gipfel ist, sagen sie, daß es noch gut eine Stunde wäre. Aber wir sind alle außerstande, viel zu reden. „Ich versuch's, soweit ich komm'", sag' ich und gehe weiter. Einige kurze, harte Gegensteigungen, dann kommt die lange Querung über den waagrechten Grat hinüber zum Hauptgipfel. Jetzt in den Abendstunden geht es besser, und so komme ich rascher weiter. Auf halbem Weg begegne ich Kurt, der gerade vom Gipfel zurückkommt. Als ich ihm erkläre, daß ich noch hinüber möchte, geht er mit mir.

Die Sonne senkt sich langsam dem Horizont zu, auf den Gletschern liegen schon schwarze Schatten. Gen Norden reicht der Blick weit hinein nach Sinkiang, eine Berglandschaft mit braunen Flächen, die unmittelbar an weiße Schneefelder grenzen. In der Tiefe zieht sich der nördliche Gasherbrumgletscher hinaus. Ich beeile mich, noch ehe die Sonne sinkt, den Gipfel zu erreichen und hole mächtig aus. Ich muß mich selber wundern, wie leicht es mir nun fällt, und um 7 Uhr abends – es ist Pfingstsonntag, der 9. Juni 1957 – stehen wir auf dem Gipfel des Broad Peak (8047 m), mehr als 3000 Meter oberhalb des Godwin-Austen-Gletschers.

Es ist ein feierlicher Moment. Die Sonne ist glutrot und steht soeben über dem Horizont. Chogolisa, Gasherbrum IV und K 2 leuchten noch im letzten Licht, und von Minute zu Minute wandern die dunklen Schatten höher und löschen nach und nach das Leuchten auf den umliegenden Gipfeln. Dafür beginnen die ganz Hohen zu flammen, der gesamte Horizont ist eine rote Fläche. Gasherbrum IV und Chogolisa sind nicht mehr weiß, sie glühen förmlich. Zuletzt verlöschen auch sie, und nur noch unser Gipfel ist vom Sonnenlicht überflutet. (…)

Es ist halb acht Uhr, und während wir dem Grat zum Vorgipfel folgen, liegt das letzte Leuchten des verklingenden Tages auf den Schneeflächen. Erst am Vorgipfel wird es dämmrig, aber da leuchtet uns schon der Mond den Weg hinunter aus – soweit er sich nicht hinter dem Vorgipfel beziehungsweise hinter dem steilen

„Lieber Hermann!
Ich gratulier' Dir und Deinen Leuten herzlichst zu Eurem Erfolg und wünsch' Dir noch zwei Achttausender dazu!!! (...)
Noch weiter viel Glück und auf Wiederschau'n.

Dein Hias Rebitsch"

Grat verbirgt. An steilen Absätzen und dort, wo der Grat von Felsen unterbrochen wird, sichern wir uns mit dem Seil. Dann geht's von der Scharte an einigen zusammengeknüpften Seilen noch über die steile Eisflanke hinunter, und endlich stehen wir im Schnee.

Der Abstieg im Bruchharsch ist mühsam, und man muß trotz des Mondlichts sehr aufpassen, daß man nicht einen Fehltritt macht. Silbern leuchtet der Konkordiaplatz herauf, und wie Lametta zieht sich der Biarchedigletscher zum Baltoro hinunter. Krampfhaft suchen die Augen die Felsblöcke und Zelte, die wir wohl bald erreichen müssen. Die Füße tragen den Körper nur mehr sehr unwillig, und die Knöchel schmerzen. Endlich der erste Block und die Umrisse der beiden Zelte. Es ist Mitternacht vorbei, als wir die Zeltöffnung hinter uns schließen. Wir haben weder zu Essen noch zu Trinken, wollen nur Ruhe und legen uns gleich in die Schlafsäcke. Wieder, wie beim letztenmal, überfällt uns totenähnlicher Schlaf. (...)

D er Broad Peak ist erstiegen, auf seinem idealsten, kürzesten Weg. Ohne Hochträger, von allen vier Teilnehmern, was wollen wir mehr? Wir können zufrieden sein, und wir sind es auch. Und um das Glück perfekt zu machen, kommen in den nächsten Tagen die Postläufer und bringen für jeden von uns einen Packen Post aus der Heimat: alles nur erfreuliche Dinge. Jeder zieht sich zurück und verbirgt sein bärtiges Gesicht hinter einem Brief.

Zu Hause ist es bereits Sommer, aber bei uns herrscht immer noch „Winter". Plötzlich merkt man, wie eisig die Umgebung ist, auch wenn jetzt die Wasser fließen. Doch die Eisnadeln des Godwin-Austen-Gletschers sind immer noch da, die Zelte stehen noch immer auf Schnee, und wo kein Schnee liegt, gibt's Steine und Geröll – aber nichts Grünes. Dabei freut man sich schon so sehr auf das erste Grün und malt sich aus, wie man die Tage dort verbringen wird. Baden, sich sonnen, genießen, und dann noch ein bißchen klettern. So muß es sein!

Hermann Buhl ist von der Anstrengung der Broad-Peak-Ersteigung, die ihm nur dank seiner enormen Willenskraft gelang, gezeichnet.
© Kurt Diemberger (aus „K2 – Traum und Schicksal", 1989)

Der Tod –
der Mythos lebt weiter

14. Juni 1957, Basislager

„(…) Vielleicht kannst Du mit Luis etwas machen, daß er mit seinem Wagen bis zum Stiefel in Italien, nach Brindisi oder noch weiter hinunterfährt, dann wär's nicht mehr weit, um mit dem Flugzeug oder Schiff überzusetzen. Ich glaube, daß ihn Kairo sicherlich auch interessieren würde. Das wäre doch ein Vorschlag. Dann käme die Sache nicht so teuer. (…) Diesmal möchte ich unbedingt in Kairo Zwischenstation machen, und daß wir uns dort irgendwo treffen. (…) Die Kriemhilde könnte ja in der Ramsau bei der Oma bleiben, und Silvia könnte mit Ingrid wieder dorthin, wo sie letztes Jahr war. Ich bin überzeugt, daß man sie für ein bis zwei Wochen gerne nimmt. Dann hättest halt Du etwas, und für mich wäre es ein netter Abschluß der Expedition. (…)
Wenn Ingrid nun wirklich zu gehen beginnt, kann ich mir vorstellen, was da los ist, und daß sie der gleiche Treibauf wird wie Silvia und Kriemhilde. Ich bin ja gespannt auf die drei. Nun erwarten mich schon drei solche Spatzen!"

„Mit Hermann Buhl war wieder ein Stern am Bergsteigerhimmel erloschen. so wie sie hell aufblitzen, in allen Epochen des Alpinismus. (...) Es sind die Traumwandler an der Grenze des Möglichen, die Bergbesessenen, die befähigt und entschlossen sind, immer wieder einen Griff über das bisher Höchsterreichte zu wagen."

Fritz Schmitt

Ein Auszug aus dem letzten Brief, den Hermann Buhl nach Hause schreibt.
Zwischen 17. und 19. Juni 1957 räumen Kurt Diemberger und Hermann Buhl die Lager 3 und 2 am Broad Peak. Nach Rückkehr ins Basecamp erfahren sie von Quader Saeed, daß Marcus Schmuck und Fritz Wintersteller noch am 17. Juni für drei bis vier Tage ins Gebiet des Savoiagletschers gezogen sind.

20. Juni, Basislager

Nachts weckt Kurt mit Tee und sagt, daß er mittags weggeht zur Chogolisa. Um 9 Uhr kommen Marcus und Fritz zurück. Sie waren am Savoia Peak angeblich auf über 7400 Meter. (…)
Fritz will wissen, wo Kurt hingeht. Quader hat Fritz bereits am Morgen gesagt, daß es nicht recht war, uns die Lager räumen zu lassen, während sie ohne unser Wis-

sen auf Tour gegangen wären – zu einem Berg, von dem wir immer gemeinsam gesprochen hätten.

Am 21. Juni 1957, um 5 Uhr morgens, folgt Hermann Buhl dem tags zuvor gestarteten Kurt Diemberger über den oberen Baltorogletscher. „Am Abend hatten wir auf der Parallelmoräne in der Nähe der riesigen Eisbrüche der Chogolisa einen herrlich gelegenen Basislagerplatz entdeckt und stellten das Zelt auf. Über uns ragte das ungeheure Dach der Chogolisa – da war nichts als Eis und Schnee zu sehen, so weit man schaute. Ein weiter Weg noch da hinauf – und doch hielt Hermann es für möglich, den Berg in drei Tagen zu ersteigen. (...)" (Diemberger)

Am 22. Juni erkunden die beiden den Berg bis auf eine Höhe von 5500 Meter hinauf. Am darauffolgenden Morgen ist das Wetter schlecht. Rasttag. In der Frühe des 24. Juni beginnen Buhl und Diemberger mit dem Aufstieg. Beide sind sie in ausgezeichneter Verfassung, tragen schwere Rucksäcke und sie gehen bis zum Abend. Hermann spurt die gesamte fünf Kilometer lange Strecke bis zum Kaberisattel (6360 m).

Am 25. Juni tragen die beiden Bergsteiger trotz knietiefen Pulverschnees ihr „wanderndes Hochlager" (Diemberger) bis auf 6700 Meter zu einer kleinen Schulter des Südostgrats. Am 26. Juni tobt ein wilder Schneesturm. Buhl und Diemberger verharren im Zelt. Abends reißt es auf, und sie rüsten für den Gipfel.

Chogolisa-Südostgrat. Auf 6700 Meter errichteten Buhl und Diemberger ihr Zelt als Ausgangslager für den Gipfelgang. Nach rechts folgt der Gratgipfel (7150 m). 7300 Meter markiert den Umkehrpunkt der beiden Bergsteiger. Bei etwa 7200 Meter brach die Wächte unter Hermann Buhl.
© Kurt Diemberger

„Dann kommt der 27. Juni. Das Wetter ist herrlich. (...) Wir sind voll Freude und kommen rasch höher. Es mag etwa 7 Uhr sein, als wir den Gratgipfel erreichen. Wir sind nun schon über siebentausend Meter hoch, vor uns steht unwahrscheinlich nahe der Hauptgipfel. Ehe wir ihn selbst angehen können, müssen wir über den Wächtengrat des Gratgipfels hinunter in eine 7000 Meter hohe Scharte gelangen – das schwierigste Stück. Dank Hermann, der mit der ihm eigenen Technik und Gewandtheit unerhört rasch die schwierige Traversierung führt, stehen wir schon bald darauf in der Scharte. Wir

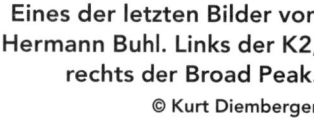

Eines der letzten Bilder von
Hermann Buhl. Links der K2,
rechts der Broad Peak.
© Kurt Diemberger

lachen: 9 Uhr vormittags, die schwierigere Hälfte des Weges liegt
hinter uns, vor uns noch 650 unschwierige Höhenmeter bis zum
Gipfel…! Das haben wir uns bei allem Optimismus nicht erwartet.
Zu Mittag können wir oben sein!"

Die letzte Spur

Buhl und Diemberger legen das Seil ab, rasten, essen und trinken. Die Sonne brennt herab, der Himmel ist blau, und Hermann
sagt, daß dies der schönste Tag für ihn auf dieser Expedition sei. Als
die beiden weitersteigen, trägt Buhl das Seil.
Plötzlich ziehen von Süden Wolken heran. Zwischen 7200 und 7300
Metern Höhe werden die Aufsteigenden eingenebelt, und wenig
später… „ist der wildeste Sturm da, den man sich denken kann. Abwechselnd spurend kämpfen wir uns höher. Immer schlechter wird
die Sicht. Auf 7300 Meter dreht Hermann sich um und ruft, daß wir
sofort umkehren müßten, der Wind verblase hinter uns die Spuren,
und dann kämen wir bei dieser Sicht noch auf die Wächten hinaus.
Er hat recht, daran haben wir noch gar nicht gedacht. Hermann hat
zuletzt geführt, so bin ich im Abstieg voraus. Der Lawinengefahr
wegen lassen wir einen Abstand von 10 bis 15 Metern.
Obwohl von der Spur bald nur mehr die Pickellöcher zu sehen sind
und auch die immer seltener werden, kommen wir gut bis auf etwa
7200 Meter hinunter. Dann plötzlich – ich habe knapp vorher wieder ein Pickelloch entdeckt – vibriert die Schneefläche, es ist wie
ein Schlag und ich habe einen Augenblick das Gefühl, daß unter
mir der Boden wegsinkt. Entsetzt springe ich rechts in den Steilhang hinein, geh' noch 10 oder 15 Meter abwärts, in mir noch
immer das Bild des vor mir hereinziehenden Wächtenrandes, von
dem sich kleine Stücke lösten.
Warum nur?
Ich drehe mich nach Hermann um, doch da ist hinter mir ein kleiner Buckel, über den ich nicht hinaufsehe. – Als Hermann nicht
kommt, wird mir plötzlich unheimlich, ich keuche den Hang
zurück… Hermann ist verschwunden. Dann sehe ich seine Spur; sie

führt zum Rand eines frischen Wächtenabbruchs. Hermann… abgestürzt?

Irgendwie komme ich wieder hinunter in die Scharte, steige den Gratgipfel an. Von dort muß ich doch Einblick in die Nordwand haben, wenn es aufreißt. Es reißt auf. Nicht lange – aber nun seh' ich es mit furchtbarer Deutlichkeit, daß Hermann dort oben, bei einer kleinen Biegung, etwa zehn, fünfzehn Meter hinter mir, meine Spur verlassen hat und geradeaus weitergegangen ist – hinaus auf den Wächtenrand. Und dann – nach einem Absturz von wenigstens 300, wahrscheinlich 500 Metern… irgendwo dort unten, unter den weithin gedehnten Schneemassen einer Lawine liegt jetzt Hermann."

Kurt Diemberger kämpft sich über den Grat hinunter, biwakiert auf 5500 Meter und schleppt sich ins Broad-Peak-Basislager. Marcus Schmuck und Fritz Wintersteller starten mit Diemberger sofort zu einer Suchaktion. Vergebens. Sie berichten am 30. Juni 1957 dem schneeblind am Fuß der Chogolisa zurückgebliebenen Kurt, daß sie – von 5700 Metern Höhe aus – trotz des guten Zeißglases nichts entdecken und nur feststellen hätten können, daß noch einige weitere Lawinen in den großen Kessel unterhalb der Flanke hinuntergedonnert wären. „Ein Zustieg in den Kessel aber sei wegen der Lawinengefahr unmöglich." (Diemberger)

Die Expedition verläßt das Baltorogebiet, kehrt nach Skardu und nach Hause zurück. Ohne Buhl.

1958 wird die Chogolisa von den Japanern M. Fujihira und K. Hirai (Expeditionsleiter ist Takio Kuwabara) erstmals erstiegen. Sie finden das Zelt von Diemberger und Buhl, bergen dessen letztes Tagebuch und übergeben es Walter Bonatti, der zusammen mit Carlo Mauri den Gasherbrum IV erstiegen hat. Über Kurt Diemberger gelangt es in Generl Buhls Besitz. Eine der letzten Eintragungen lautet:

24. Juni: (…) Halb 5 Uhr mit Zelt usw. weg, leichter Schneefall; Wetter nicht besonders; gut in Form; 7 Uhr 30 am Depot 5500 m; mit Depot – Rucksack ca. 25 kg schwer – weiter über Sporn bei knietiefem Schnee; alles gespurt bis Kaberisattel; auf 6360 m um 17 Uhr Lager errichtet; alles mit Fahnen markiert.

„Für alle, die sich an der Chogolisa einen schwachen Hermann Buhl vorgestellt haben, sprechen diese Tatsachen (…) eine klare Sprache. Seine Chogolisatage brachten für ihn noch einmal echte Verwirklichung: Anders als in der Schlußphase am Broad Peak fühlte er sich wieder als der Hermann Buhl von einst." (Kurt Diemberger)

Ja, Hermann Buhl war wieder der „alte", der 32 Jahre junge Spitzenbergsteiger. Hätte er überlebt, er hätte die Alpinistik weiter beeinflussen können bis in unsere Tage.

Hermann Buhl bei der Traversierung des Gratgipfels an der Chogolisa. Hier gingen Buhl und Diemberger noch angeseilt. In der Scharte hinter dem Gratgipfel banden sie sich aus dem Seil, und Hermann Buhl steckte es in seinen Rucksack. Der Pfeil markierte die Stelle, an der Hermann Buhl mit der Wächte ins Leere stürzte.
© Kurt Diemberger
(aus „Gipfel und Gefährten", 1990)

„Mit dem Broad Peak hat Hermann Buhl den Jungen einen neuen Weg gewiesen – sie werden ihn gehen. Das Vorbild Hermann Buhls, es bleibt."

Kurt Diemberger

So erlebte ich Hermann Buhl

Portrait von Luis Vigl

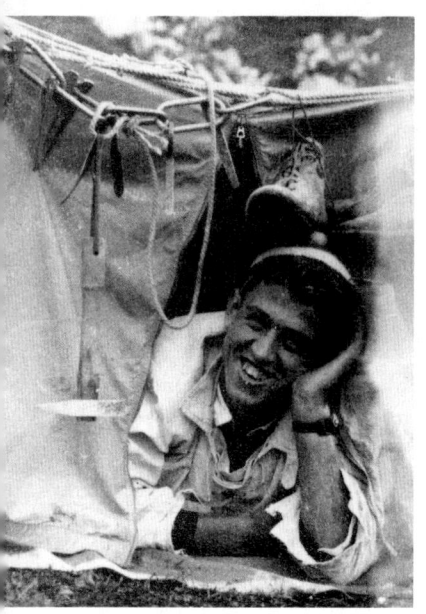

Luis Vigl zur Zeit seiner ersten Touren mit Hermann Buhl.

Es war ein Freitag im August 1945. Im großen Hof beim Gasthof „Grüner Baum" in Innsbruck befand sich die Entlassungsstelle für Heimkehrer. Mit nacktem Oberkörper und erhobenen Armen zog einer nach dem anderen bei den Kontrollen vorbei. (Es wurde nach den eintätowierten Blutgruppen der SS-Mitglieder gesucht.) Plötzlich schrie einer von der Gegenkolonne: „Luis!" Es war Hermann, der mir freudig zuwinkte. Er kam von der Cassinofront, ich von der Kesselschlacht um Belgrad. Wir hatten uns fast drei Jahre nicht gesehen.

Sein erster Satz war: „Du, das Wetter wird gut, wir fahren in den Kaiser. Die „Fiechtl-Weinberger" und die Mittelgipfel-Westwand wären schöne Eingehtouren."

Meine Gedanken kreisten sofort um ein Motorrad, das uns auf die Griesneralm bringen sollte. Für mich war es nicht schwierig, eine Maschine zu „organisieren". Als alten Krad-Melder hatten mich die Amerikaner und die Franzosen zum Motorrad-Requirieren eingesetzt. Im Geiste schnappte ich mir eine dieser Maschinen…

Auf Schleichwegen, weitab von den Checkpoints der Amerikaner, ging es dann bald darauf in den Wilden Kaiser. Und so standen wir wieder vor „unseren Felswänden"; vor Totenkirchl, Fleischbank und Predigtstuhl. Alle Jugenderlebnisse rollten vor meinen Augen herunter.

An der Scharnitzspitze kletterte ich mit Hermann zum erstenmal gemeinsam. Zu seiner ruhigen und kameradschaftlichen Art fand ich sofort eine gute Verbindung. Wir wurden Seilpartner.

Es war die Zeit, in der wir nichts hatten. Das Wenige teilten wir uns wie Brüder. Bevor wir in die Wände stiegen, suchten wir nach heruntergefallenen Haken, Karabinern und Seilschlingen. So erweiterte sich ganz langsam unsere Grundausrüstung. Die Manchon-Kletterpatschen flickte und klebte uns Frau Egger aus Innsbruck zusammen. Im Kaiser und im Karwendel trafen wir uns immer wieder.

Pfingsten 1939, bei unserer ersten Kaisertour mit der Jungmannschaft Innsbruck und Hall, fuhren wir mit dem Zug nach Kufstein. Hermann fiel auf, weil er viel zu große Schuhe anhatte. Wie ein Storch steckte er mit den dünnen „Haxen" in den Riesenbergschuhen. Uns Lausbuben fiel nichts besseres ein, als ihm die Schuhe auszuziehen und einen nach dem anderen aus dem fahrenden Zug zu werfen. Wir meldeten dem Schaffner, daß uns die Schuhe hinausgefallen wären und konnten es kaum fassen, daß wir sie in Kufstein am Bahnhof nach einigen Stunden wieder bekamen. Somit war auch für Hermann die Pfingsttour gerettet.

1941, wieder bei einer Jungmannschaft-Pfingsttour, ist unser Kletterkamerad Fred Schatz an der Predigtstuhlkante heruntergefallen und hat sich schwer verletzt. Wir Jungmannen trugen ihn auf einer improvisierten Trage über das Stripsenjoch durch das ganze Kaisertal in acht Stunden bis Kufstein. Bei der darauffolgenden Heimfahrt mit der Eisenbahn war uns nicht nach Blödeln zumute. Wir waren alle total erschöpft.

Unsere Kriegszeit er- und überlebten wir beide bei den Hochgebirgstruppen. Bei verschiedenen Lehrgängen der Hochgebirgs- und Sanitätsschule trafen wir fallweise zusammen. Und überall versuchten wir, Neuigkeiten über „unsere Wände" zu erfahren. So hörte ich auch, daß Hermann sich der extremen Kletterei zugewandt hatte. Im engsten Kreis wurde sein Können schon geschätzt.

D ie „Fiechtl-Weinberger" und die Mittelgipfel-Westwand wurden ein richtiger Genuß. Und aus der Seilkameradschaft wurde eine Freundschaft. Es war für uns ganz selbstverständlich, daß wir für jedes Wochenende zusammen Touren planten.

Als erstes wiederholten wir alle Neutouren im Kaiser und im Karwendel, alle im sechsten Schwierigkeitsgrad.

Hias Rebitsch war gerade an der „Direkten Laliderrspitz'". Sein Partner stürzte, und so kam für den Hias die Gesamtdurchsteigung der Wand für einige Wochen nicht in Frage.

Hermann und ich merkten, daß bayerische Kletterer auf die Wand „spitzten". Die Fairneß in Bergsteigerkreisen war ein „heiliges Gesetz" – wir hätten uns nie getraut, ohne Zustimmung von Hias die Laliderer-Direttissima zu vollenden.

Hias gab mir grünes Licht. Die Tour war auf einen Samstag geplant, gerade als ein Bergfreund von uns seinen Polterabend auf Halleranger feiern wollte. Wir richteten es so ein, daß wir in der Freitagnacht auf die Falkenhütte gingen und um vier Uhr früh in die „Direkte" einstiegen. Nach zehn Stunden hatten wir den Gipfel erreicht, und in der folgenden Nacht konnten wir Polterabend feiern.

Meiner Mutter hatte ich versprochen, am Sonntag in Hall zur Frühmesse zu gehen. So brachen Hermann und ich um vier Uhr früh wieder auf, damit wir noch rechtzeitig in die Kirche kamen. Meine Mutter hatte keine Ahnung, woher wir kamen und was wir hinter uns hatten. Der Frühstückstisch war gedeckt. Hermann gehörte wie ein Bruder zu unserer Familie.

Wir dehnten unsere Bergfahrten auf den gesamten Alpenraum aus. Das Klettern wurde ergänzt durch kombinierte Touren und reine Eistouren. Die verschiedenen Winterbegehungen waren der Vorgeschmack für die Westalpen.

H ermann mußte sich bei den Amerikanern in Saalfelden als Skilehrer sein Geld verdienen. Während dieser Zeit lernte er bei einem Postgang in der Berchtesgadener Ramsau ein Mädchen kennen – sein Generl. Sie stammte aus einer gutbürgerlichen Familie, war die Tochter eines Baumeisters. Hermann und Generl verliebten sich ineinander, und als mich Hermann eines Tages nach dem Preis meiner Küchenkredenz fragte, erkannte ich, daß es ernst wurde. Nun war ich dran, Generls Eltern von der Tüchtigkeit und Verläßlichkeit Hermanns zu überzeugen.

Die Hochzeit wurde in der Ramsau beim „Bierwirt" gefeiert. Die Innsbrucker und Haller Jungmannschaft übernahm mit großem Er-

Polterabend auf der Hallerangeralm im Karwendel – am Tag der ersten Gesamtdurchsteigung der Direkten-Laliderer-Spitze-Nordwand durch Hermann Buhl und Luis Vigl. Buhl (ganz rechts) und Vigl (links neben ihm) mimen das „Brautpaar".

Mit Luis Vigl, der hier Hermann Buhl 1953 nach der Rückkehr vom Nanga Parbat von München nach Berchtesgaden-Ramsau fährt, und den mit Hermann Buhl eine lebenslange Freundschaft verband, durchstieg dieser 1955 die Monte-Rosa-Ostwand.

folg die musikalische Gestaltung. Sepp Jöchler, als vorzüglicher Ziehorgelspieler bekannt, war Garant für einen feierlichen Rahmen. Hermanns Können und seine große Härte verhalfen ihm am Nanga Parbat zu seinem Triumph. Endlich kam er durch seine interessanten Vorträge zu Geld. Aus ganz Europa wurde er eingeladen, Vorträge zu halten. Die Zeiten, wo wir uns jeden Schilling teilen mußten, waren vorbei. Ich brauchte damals für meine expandierende Familie eine größere Wohnung. Nach den ersten Vortragseinnahmen rief mir Hermann zu: „Luis, jetzt haben *wir* endlich Geld!". Und er drückte mir die für die Anzahlung erforderliche Summe ganz formlos in die Hand. Durch meine beruflichen Erfolge konnte ich ihm das Geld auch bald wieder zurückgeben.

Als mein Sohn Luis auf die Welt kam, ließ Hermann es sich nicht nehmen, sein Taufpate zu werden.

Mein Bruder und ich hatten uns für „bürgerliche" Berufe entschieden. Für Hermann wurde das Bergsteigen zum Beruf. Durch seine Intelligenz und seine Kreativität gelang ihm dieser Sprung. Ich denke da an unseren gemeinsamen Urlaub mit unseren Frauen an der Adria. Hermann hatte sich aus Sand ein Schreibpult gebaut und schrieb auf seiner Reiseschreibmaschine tagelang. So entstand das Originalmanuskript für sein Buch „Achttausend drüber und drunter".

Hermann schaffte eine für die damalige Zeit einzigartige Karriere. Und dies ohne die Basis einer höheren Schule. Hermann war ein lupenreiner Autodidakt. Plötzlich fand er sich auf gesellschaftlichen Ebenen, die zu erreichen er sich kaum je hätte träumen lassen. Daß die Anforderungen seines beruflichen Höhenfluges Hermann bisweilen überanstrengten, konnten seine Partner oft nicht erkennen. Mein Bruder und ich standen ihm jedenfalls mit allen Mitteln und Ratschlägen zur Seite.

Ist es ein Fehler, der Beste zu sein?
In Chamonix war ein Schauklettern im Klettergarten organisiert worden. Franzosen, Italiener, Deutsche und Österreicher nahmen daran teil. Hermann, in seiner Begeisterung und Freude am Klettern, schlug alle „Nationen" und rückte damit ohne jede diplomatische Erfahrung in den Mittelpunkt. Die dadurch entstandenen Kräftefelder wurden zu einem großen Handicap für eine friedliche Weiterentwicklung.

Hermann war plötzlich an die Spitze gerückt. Nur die „alten Hasen" wie Terray, Lachenal, Contamine und Cassin haben diese Leistungen souverän anerkannt.

Die Jungen und Ehrgeizigen aber begannen mit dem Kampf.
In den heimischen Bereichen verteidigten die alten „Platzhirsche" ihr Revier. Hermann mußte sich nach allen Seiten hin wehren.
Auf einmal sprach man, auf ihn gemünzt, von „Personenkult". Eine Vokabel, die uns Bergsteigern fremd war.
Ein altes Sprichwort sagt: Viele Hunde sind des Hasen Tod. Hermanns Absturz mit 32 Jahren ist wohl die Folge dieser Entwicklung.

Gedenkstein für Hermann Buhl im Friedhof zu Berchtesgaden-Ramsau, der Heimatgemeinde von Generl.

Hermann Buhl "original"

Wir haben uns bemüht, in diesem Buhl-Buch (fast) ausschließlich Hermann Buhls Originaltexte zu veröffentlichen. Kapitel aus „Achttausend drüber und drunter" und solche aus sogenannten Neubearbeitungen dieses alpinen Bestsellers kommen hier nicht vor. Selbst dann nicht, wenn es sich um Schilderungen der einen oder anderen bedeutenden Tour Buhls handelt. Wenn dennoch Sätze des „originalen Buhl" mit solchen des von Maix „geschönten" identisch sind, dann deswegen, weil Kurt Maix doch – und das ehrt ihn – etliche Teile des Urmanuskripts so stehen ließ, wie sie waren. Wenn immer wieder gesagt wurde, Hermann Buhl habe sein Buch ganz alleine geschrieben, Kurt Maix hätte nur redigiert, bleibt es doch falsch. Wie richtig also die Entscheidung war, Buhl „original" erzählen zu lassen, ist hier öfters angedeutet worden. Fest steht trotzdem, daß Hermann den Text zu „Achttausend drüber und drunter" tatsächlich – oft in Nachtstunden – selbst geschrieben und die während „einsamer Stunden vor der Schreibmaschine" produzierten Erzählungen am anderen Morgen seinem „Generl" vorgelesen hat. Wir bedauern, daß Buhls Originalmanuskript verloren gegangen ist. Ein Jammer, daß es dieses Dokument nicht mehr gibt.

Wieviel „Maix" im ersten Buhl-Buch steckt, wird – zum Beispiel – anhand des Kapitels „Der gerade Weg – Laliderer Nordwand" klar. Man glaubt, hier seien ernste, abgeklärte Männer am Werk, und nicht zwei Nordtiroler Spitzenkletterer: „Wir erkennen die weißen, glattgescheuerten Platten des Schluchtquerganges. Da – zwei winzige Punkte darin – eine Seilschaft! Ist es nicht eine Herausforderung, sich ausgerechnet hier, wo die Natur am wildesten ist, mit ihr messen zu wollen. Wie winziges Spielzeug heben sich die beiden Punkte ab. Und es sind doch Menschen! Von einem inneren Drang beseelt – Gleichgesinnte. Würde man sie fragen, warum sie das tun, so würde der Laie nur zur Antwort bekommen, was vor einem halben Jahrhundert Norman-Neruda zum erstenmal aussprach: „Weil es uns freut!"

Hat sich Kurt Maix in seinem Buhl gerne selbst gelesen?

Hermann Buhl war an der „Direkten Lalidererspitz'" ein 22jähriger Draufgänger. Einer, der die Wand klettern wollte und vom Gipfel weg mit seinem Freund Luis Vigl zum Polterabend auf die Hallerangeralm zog. Und am anderen Morgen mußte der Luis, weil er sich der Mutter gegenüber verpflichtet fühlte, in Hall zur Frühmesse. Wir glauben nicht, daß Buhl in seinen wilden Kletterjahren ausgerechnet an Norman-Neruda gedacht hat.

Ein anderes Beispiel. Im Kapitel „Der Tod als Lehrmeister" aus „Achttausend..." stimmen die Fakten nicht.

Aus Buhls Tourenbucheintrag „Scharnitzspitze-Südwestwand" geht hervor, daß Hermann Buhl und Sepp Fuchs die eine, Herbert Eber-

Kurt Maix (Mitte, links Generl Buhl, rechts Luis Vigl) hat „Achttausend drüber und drunter" nicht nur redigiert, sondern er hat vieles von Hermann Buhls Originalmanuskript um- und manches neu geschrieben.

harter und Herta Maier die andere Seilschaft gebildet hatten, und daß Franz Hermann – den Buhl kannte, und den wohl auch die anderen drei kannten – tödlich 250 Meter tief abgestürzt war.

In „Achttausend…" steht, daß Herbert Eberharter und Ferry Theyermann die „Direkte" vorgehabt hätten, und daß Fuchs Seppl und Hermann Buhl die Kadnerroute geklettert wären. Und man muß den Eindruck gewinnen, als sei der Alleingeher Buhl und Fuchs fremd gewesen: „Merkwürdig, ein Mann allein, was will der da heroben? (…) Da taucht unter uns im Kamin ein Haarschopf auf… Eine zweite Seilschaft. Doch dann erkennen wir den Einzelgeher, der sich so zögernd dem Einstieg näherte. (…) Er geht an uns vorbei, steigt, da er allein ist, schneller empor und entschwindet rasch unseren Blicken."

Ein letztes Beispiel: Versuch der ersten Winterbegehung der Marmolada-Südwestwand. Hermann Buhl schreibt darüber in einem Brief an Walther Flaig:

„Nachdem ich eine Seillänge in der Verschneidung hochgekommen war, berieten wir uns, was zu tun sei. Kuno konnte unten das Wetter besser übersehen, er mahnte mich zum Rückzug. Nur allzu gerne wäre ich in der Verschneidung noch weitergestiegen, interessierte mich doch der Weiterweg, der nun offen vor mir lag. Beängstigend hängt die Verschneidung über unseren Köpfen heraus. Ich seilte mich also wieder zu Kuno ab, wobei ich die Haken, die ich geschlagen hatte, zurückließ. Inzwischen war der Rosengarten schon in schwere Wolken gehüllt, es mochte dort schon schneien. Über den Ombrettapaß unter uns jagten die Nebel. Ganz diesig war die Luft, schwarz der Himmel. Ich mußte an den Wettersturz im Winter in der Schüsselkar-Südwand denken. So was durfte uns hier nicht überraschen. Es war wohl das Vernünftigste, rasch ins sichere Kar zu gelangen. Gerne hätten wir uns vom Rettungsdienst nicht aus der Wand holen lassen, noch weniger von den Italienern, da uns diese zu teuer sind. Schade war es nur um den Proviant und die Biwakausrüstung, die wir hier heraufgeschleppt hatten. Wir mußten sie wieder mit hinunternehmen. Wir wollten nichts hinterlassen, weil wir mit einem richtigen Wettersturz rechneten und wir dann vor dem Sommer nicht mehr dazu kämen. Wir mußten also verzichten, wieder einmal verzichten. Das war ich nun schon bald gewöhnt. Um 17 Uhr richteten wir uns zum Rückzug her. Es fing schon leicht zu schneien an. Unsere Umgebung glich einer Waschküche. Bis auf die Abseilhaken und Seilschlingen wurde alles wieder entfernt. Um 20 Uhr standen wir nach 300 Metern Abseilerei wieder auf dem sicheren Boden am Ombrettapaß."

In der Fassung für „Achttausend drüber und drunter" liest sich das folgendermaßen:

„Gewaltig drückt die Verschneidung nach außen. Wie eine Spinne komme ich mir vor. Mit Händen und Füßen fast auf gleicher Höhe, weit gespreizt und nur durch Reibung mit dem Fels verhaftet, taste ich mich höher. Akrobatische Ballettübungen, 400 Meter über dem Boden! Bei einem kleinen Felszacken will ich nachkommen lassen. Doch Kuno mahnt zum Rückzug. Ein sicherer Wetterumschlag steht bevor. Kuno hat recht: Wir müssen hinunter, so schnell wie möglich… Über der Pala braut sich ein richtiges Gewitter zusammen.

„Ich hab' Hermann Buhl im Oberreintal getroffen. Er hat dort einen neuen Stil eingeführt: das Klettern mehrerer Routen an einem Tag. Das waren Touren wie Gelbes U, Schobergrat und Unterer-Schüsselkarturm-Nordwand."

Hermann Huber

Von rasendem Sturm getrieben, jagt eine geschlossene Wolken-
bank auf uns zu. In Farbe und Form würdig eines Weltuntergangs.
Als wir uns zum weiteren Abstieg fertig machen, fetzen über den
Ombrettapaß bereits die Nebel. Wir knüpfen die zwei 40-Meter-
Seile zusammen, sichern uns mit der Reepschnur und treten die
Fahrt zur Tiefe an – ein Akt freier Luftakrobatik unter der Zirkuskup-
pel des Himmels, und ohne Auffangnetz... Inzwischen hat es auch
noch zu schneien begonnen. Der Sturm peitscht die Seile in weitem
Bogen von der Wand. Wir sind heilfroh, daß wir rechtzeitig um-
kehrten. Um halb acht Uhr abends, bei völliger Dunkelheit, stehen
wir wieder bei unseren Skiern am Einstieg."
Welch ein Unterschied, wenngleich sich die Fakten – der drohende
Wettersturz und der dadurch ausgelöste Rückzug – decken.
Und welch ein Unterschied auch zwischen der im vorliegenden
Buch verwendeten Erzählung und der Fassung aus „Achttausend
drüber und drunter".
Es gäbe noch viele Belege dafür, daß Kurt Maix Buhls Manuskript
nicht nur redigiert, sondern um- und teilweise neu geschrieben hat.
Maix räumt dies sogar selber ein – in einem Brief an Generl Buhl
vom 6. Dezember 1958:
(...) „Ich hatte Achtung vor dem Menschen und Bergsteiger, die Zuneigung zu dem liebenswerten, feinfühligen Hermann Buhl. Die Be-
arbeitung seines Werkes machte mich stolz, und ich erfüllte sie in
seinem Sinn, behutsam, ohne ihn zu unterdrücken. Aber ich ent-
fernte alles, was ihm schaden könnte, ich dichtete manche Stellen
ins Gegenteil um. (...) Ich behütete Hermann, wie ich es immer tat,
vor sich selbst, gegen die bösartige Umwelt. Darum schrieb ich
ganze Kapitel um, manche (...) völlig neu, aus eigenem."
Wir wollen den Verdienst Kurt Maix' an Hermann Buhls Bestseller
nicht schmälern. Maix war Buhl freundschaftlich verbunden. Die
Sprache des Wiener Journalisten war zwar Ausdruck jener gefühls-
überschwenglichen Zeit, die während der fünfziger Jahre weiterleb-
te, und sie wurde deshalb gerne gehört oder gelesen. Aber sie ent-
sprach nicht Buhls Innenwelt. Maix romantisierte und heroisierte,
wie er es beim „Völkischen Beobachter" gelernt hatte. Dieses Denken war nicht das des Hermann Buhl, der – bei allem romantischen
Touch – immer sachlich, manchmal fast nüchtern blieb; der nicht ins
Pathetische abrutschte.
Wer Hermann Buhl verstehen will, muß ihn also „original" lesen!

*„Ich werde das Gefühl nicht
los, daß Hermann so lange
allein gehen möchte, bis ich
um das Seil bitte. Aber unter
der großen Verschneidung,
die mit dem fünften Grad an-
gegeben ist, hält auch er es für
angebracht, daß wir sichern."*

Martin Schließler

Anhang

Hermann Buhls Tourenliste

Auszüge

1940
Kalkkögel: Nördliche Schlicker Zinne, Steingrubenkogel-Westwand (Gipfelstürmerweg), Kleine-Ochsenwand-Westwand (Gipfelstürmerweg).
Karwendel: Grubreisen-Südturm-Südgrat (Auckenthalerriß), Vorderes-Brandjoch-Südgrat, Kaskarspitze-Südgrat.
Stubaier Alpen: Ruderhofspitze, Zuckerhütl.
Wetterstein: Öfelekopf-Südwestkante, Scharnitzspitze-Südwestwand, Schüsselkarspitze-Südwand (Spindlerweg).
Wilder Kaiser: Predigtstuhl-Hauptgipfel-Westwand („Dülfer-Westwandl"), Hintere-Goinger-Halt-Nordgrat, Fleischbank-Herrweg.
Zillertaler Alpen: Olperer.

1941
Kalkkögel: Kleine-Ochsenwand-Westwand (Gipfelstürmerweg).
Karwendel: Grubreisen-Südturm-Südgrat (Auckenthalerriß), Vorderes Brandjoch-Südgrat, Martinswand-Südwandriß.
Stubaier Alpen: Wildes Hinterbergl, Längentaler Weißer Kogel, Lisenser Fernerkogel.
Wetterstein: Scharnitzspitze-Südwand (Hannemannführe), Scharnitzspitze-Südwestwand.
Wilder Kaiser: Predigtstuhl-Nordkante, Zettenkaiser-Ostwand.
Zillertaler Alpen: Hornspitzen-Überschreitung, Großer-Möseler-Firndreieck, Zsigmondyspitze-Südwestkante.

1942
Kalkkögel: Riepenwand-Nordwestwand, Riepenwand-Westwand (3. Begehung; Hermann Buhls erste Route VI. Schwierigkeitsgrades), Riepenwand-Nordwestverschneidung (8. Begehung), Kleine Ochsenwand, Direkter Nordpfeiler, Kleine-Ochsenwand-Westwand (Schmidhuber-Lang-Führe).
Karwendel: Grubreisen-Südturm-Südgrat (Auckenthalerriß), Kumpfkarspitze-Ostwand (Frenademetzweg), Laliderer-Spitze-Nordwand (Auckenthalerweg, 7. Begehung), Praxmarerkarspitze-Nordwand (Auckenthaler-Schmidhuber-Weg, 2. Begehung).
Wetterstein: Schüsselkarspitze-Südwand (Spindlerweg, 2. Winterbegehung), Schüsselkarspitze-Südverschneidung, Schüsselkarspitze-Südwand (Herzog-Fiechtl-Führe, 1. Alleinbegehung), Schüsselkarspitze-Südostwand, Schüsselkarspitze, Direkte Südwand, Schüsselkarspitze-Ostwand, Musterstein-Südpfeiler, Öfelekopf-Südpfeiler.
Wilder Kaiser: Fleischbank-Südostwand, Fleischbank-Ostwand (Dülferführe), Predigtstuhl-Mittelgipfel-Westverschneidung.

1943

Berchtesgadener Alpen: Großes Mühlsturzhorn, Direkte Südkante.
Kalkkögel: Riepenwand, Gerade Nordwestwand.
Wilder Kaiser: Maukspitze-Westwand (1. Begehung), Vordere-Karlspitze-Ostwand (3. Winterbegehung), Fleischbank-Dülferriß, Fleischbank-Südostwand, Leuchsturm, Alte Südwand, Maukspitze-Spenglerkamin, Predigtstuhl-Nordgipfel-Westwand (Schüle-Diem-Verschneidung), Totenkirchl-Westwand (Dülferführe, vermutlich 1. freie Begehung).

1944

Kalkkögel: Nordeck-Nordwand (Laichner-Fischer-Führe), Große Ochsenwand, Gerade Nordostkante („Kalte Kante", 3. Begehung), Kleine Ochsenwand-Nordpfeiler „Himmel und Erde"), Kleine Ochsenwand-Nordostwand (9. Begehung).
Wetterstein: Schüsselkarspitze-Ostwand.
Wilder Kaiser: Predigtstuhl-Mittelgipfel-Westwand.

1945

Karwendel: Grubreisen-Südturm-Südgrat (Auckenthalerriß), Großer Solstein, Alte Nordwand, Kleiner Solstein, Alte Nordwand, Martinswand-Südwandriß (2. Alleinbegehung), Hechenberg, Gerade Südwand (Auckenthalerführe).
Wetterstein: Schüsselkarspitze-Südwand (Herzog-Fiechtl-Führe), Scharnitzspitze-Südwestkante.

1946

Dolomiten: Große-Zinne-Nordwand.
Karwendel: Laliderer-Wand-Nordwand (Schmid-Krebs-Führe).
Ötztaler Alpen: Seekarlesschneid-Nordwestpfeiler (1. Begehung).
Rofan: Rofanturm-Westkante (1. Begehung).
Stubaier Alpen: Goldkappl-Südwand (2. Begehung).
Wetterstein: Oberreintalschrofen-Südpfeiler (1. Begehung).
Wilder Kaiser: Totenkirchl-Westwand (Peters-Eidenschink-Führe).

1947

Karwendel: Speckkarspitze-Nordwesteck, Gerade Westwand („Buhl-Durchschlag", 1. Begehung), Laliderer Spitze, Direkte Nordwand (1. Gesamtdurchsteigung), Kleiner-Lafatscher-Nordpfeiler (2. Begehung), Lamsen-Hüttenturm, Gerade Nordwand (1. Begehung), Lamsen-Hüttenturm-Nordostkante („Gelbe Kante", 1. Begehung), Rotwandlspitze-Ostgipfel, Gerade Nordwand (1. Begehung), „Gipfelstürmernadel"-Südkante (1. Begehung).
Stubaier Alpen: Schrandele, Schrankogel, Ruderhofspitze, Pflerscher Tribulaun.
Rofan: Rofanspitze-Ostwand (Rebitsch-Spiegl-Riß, 2. Begehung), Rofanspitze-Nordwestverschneidung („Buhl-Dach", 1. Begehung), Sagzahn-Ostwand-Dachverschneidung (1. Begehung).
Wilder Kaiser: Predigtstuhl-Nordgipfel-Westwand (Fiechtl-Weinberger-Führe), Fleischbank-Ostwand (Aschenbrenner-Lucke-Führe), Fleischbank-Südostverschneidung, Bauernpredigtstuhl-Westwand (Lucke-Strobl-Riß).

Zillertaler Alpen: Hochfeiler-Nordwand, Großer-Möseler-Nordwestwand.

1948
Kalkkögel: Nordeck, Gerade Nordostwand (1. Alleinbegehung).
Karwendel: Laliderer-Spitze-Nordkante (1. Winterbegehung), Großer-Solstein-Nordpfeiler (1. Alleinbegehung).
Montblancgruppe: Aiguille-de-Triolet-Nordwand (5. Begehung), Grands-Charmoz-Nordwand.
Wetterstein: Oberreintaldom-Nordwand (Schließlerführe, 5. Begehung), Unterer-Berggeistturm-Nordkante (2. Begehung), Schüsselkarspitze, Direkte Südwand (1. Winterbegehung).
Wilder Kaiser: Fleischbank-Ostwand (Dülferführe, 1. Winter-Alleinbegehung), Maukspitze-Westwand (1. Winterbegehung).

1949
Dolomiten: Rotwand-Südwestwand (2. Begehung der Eisenstecken-Führe), Piz-de-Ciavázes-Südwand (Micheluzzi-Führe mit 1. direkten Ausstieg zum Gamsband), Furchetta-Nordostwand, Auckenthalerführe (5. Begehung), Marmolada-Südpfeiler.
Kalkkögel: Große Ochsenwand, Gerade Nordostkante („Kalte Kante", 1. Winterbeghung).
Montblancgruppe: Aiguille-Blanche-Nordwand (2. Begehung) und Peutereygrat, Aiguille-Noire-Südgrat.
Wetterstein: Oberer-Schüsselkarturm-Nordwand (4. Begehung).

1950
Berninagruppe: Piz Bernina (Biancograt im Auf- und Abstieg).
Dolomiten: Civetta-Nordwestwand (Solleder-Führe), Marmolada-Südwestwand (1. Winterbegehung), Westliche-Zinne-Nordwand, Tofana-di-Rozes-Südwand (Stösserführe), Cima-Canali-Westwand (1. Begehung des „Buhl-Risses").
Montblancgruppe: Petit-Dru-Nordwand (4. Begehung des „Allain-Risses"), Grandes-Jorasses-Nordwand („Walkerpfeiler", 7. Begehung), erste Gesamtüberschreitung der Aiguilles von Chamonix.
Ortlergruppe: Königspitze-Nordwand.
Walliser Alpen: Breithorn-Nordwand (Young-Rippe), Zinalrothorn-Ostwand (3. Begehung der Roch-Führe)
Wilder Kaiser: Fleischbank-Südostverschneidung (1. Winterbegehung).

1951
Berchtesgadener Alpen: Großes Mühlsturzhorn, Direkte Südkante (1. Winterbegehung).
Berner Alpen: Aletschhorn-Nordwand, Finsteraarhorn-Nordostrippe.
Julische Alpen: Triglav-Nordwand.
Montblancgruppe: Montblanc-Brenvaflanke („Sentinelle Rouge").
Walliser Alpen: Dent-d'Hérens-Nordwand.
Zillertaler Alpen: Schrammacher-Nordwestwand (1. Winterbegehung), Fußstein-Nordkante (1. Winterbegehung), Sagwand-Nordpfeiler.

1952
Bergeller Berge: Piz-Badile-Nordostwand (1. Alleinbegehung).
Berner Alpen: Eiger-Nordwand (8. Begehung).
Brentagruppe: Cima-d'Ambiéz-Südostwand (Fox-Stenico-Führe, 1. Alleinbegehung).
Dolomiten: Tofana-di-Rozes-Südostpfeiler („Pilastro", 4. Begehung), Einser-Nordpfeiler („Weg der Jugend"), Zwölfer-Nordkante (Schranzhofer-Führe).
Walliser Alpen: Zinalrothorn, Direkte Ostwand, Dent-d'Hérens-Nordwand, Täschhorn-Dom-Überschreitung, Weißhorn-Schalligrat.
Wetterstein: Schüsselkarspitze-Südverschneidung (Alleinbegehung).

1953
Berchtesgadener Alpen: Watzmann-Ostwand, Salzburger Weg (1. Winter-Alleinbegehung).
Dauphiné: Meije-Überschreitung.
Karwendel: Steinkar-Umrahmung (1. Winterbegehung).
Stubaier Alpen: Pflerscher-Tribulaun-Südwand (2. Begehung).
Wilder Kaiser: Fleischbank-Südostverschneidung (zweimal), Fleischbank-Ostwand (Aschenbrenner-Lucke-Führe), Fleischbank-Ostwand (Dülferführe, Alleinbegehung).
Zillertaler Alpen: Hochferner-Nordwand (zweimal).
Kashmir-Himalaya: Südlicher Chongra Peak (6450 m), Rakhiot Peak (7070 m, mit Gipfelnadel), Nanga Parbat (8125 m, 1. Ersteigung).

1954
Berchtesgadener Alpen: Rotpalfenriß, Schärtenspitze-Westgrat (Alleinbegehung), Hoher-Göll-Westwand (Großer Trichter, Alleinbegehung), Hoher-Göll-Westwand (Kleiner Trichter), Kleines Mühlsturzhorn, Alte Südwand, Großes-Mühlsturzhorn-Südverschneidung (3. Begehung).
Brentagruppe: Paganella, Direkte Südwand.
Chiemgauer Alpen: Kampenwand-Westgipfel-Südwand („Die Gelbe").
Dolomiten: Erster-Sellaturm-Westkante, Piz-de-Ciavázes-Südwestverschneidung.

1955
Allgäuer Alpen: Himmelhorn-Rädlergrat.
Berchtesgadener Alpen: Kleines-Mühlsturzhorn-Südwestwand (2. Begehung), Wartsteinkante, Drittes Watzmannkind, Direkte Südkante, Berchtesgadener-Hochthron-Pfeilersüdwand.
Brentagruppe: Campanile-Basso-Südostkante (Fox-Kante, 4. Begehung).
Dolomiten: Mugonispitze-Südwand (Eisenstecken-Führe, 3. Begehung), Zwölfer-Nordkante (Alleinbegehung), Kleinste-Zinne-Südostwand (Cassinführe).
Montblancgruppe: Grand-Capucin-Ostwand (10. Begehung), Aiguille Noire, Direkte Westwand (15. Begehung), Dent-du-Géant-Südwand.
Walliser Alpen: Monte-Rosa-Ostwand.

Wetterstein: Schüsselkarspitze, Direkte Südwand, Partenkirchener Dreitorspitze-Westgrat (Alleinbegehung).
Wilder Kaiser: Predigtstuhl-Nordgipfel, Direkte Westwand (10. Begehung), Fleischbank-Südostverschneidung (2. Alleinbegehung).

1956
Berchtesgadener Alpen: Watzmann-Ostwand, Salzburger Weg (allein), Berchtesgadener Weg, Hochsäul-Südwand (3. Begehung).
Berninagruppe: Piz Palü.
Dachsteingebirge: Däumling-Ostkante, Große-Bischofsmütze-Südostkante (2. Begehung) Große Bischofsmütze, Direkte Nordwand (mit neuer Einstiegsvariante).
Hohe Tauern: Großglockner.
Karwendel: Laliderer-Spitze-Nordwand (Auckenthalerweg, 1. Alleinbegehung), Laliderer-Wand-Nordwand (Dibona-Führe), Laliderer-Wand-Nordverschneidung (9. Begehung), Laliderer-Spitze-Nordkante (Alleinbegehung), Spritzkarspitze-Nordostwand („Schiefer Riß").
Montblancgruppe: Petit-Dru-Westwand (6. Begehung), Montblanc du Tacul, Gervasutti-Couloir (2. Alleinbegehung), Aiguille-du-Moine-Ostwand (Contamine-Führe, 3. Begehung und 1. Alleinbegehung), Aiguille-du-Midi-Südwand (Rébuffat-Führe, 4. Begehung und 1. Alleinbegehung), Aiguille-des-Pèlerins-Südwestkante (1. vollständige Begehung im Auf- und Abstieg), Montblanc-Brenvaflanke (Moore-Sporn).
Ortlergruppe: Ortler, Königspitze
Ötztaler Alpen: Wildspitze.
Wilder Kaiser: Vordere-Karlspitze-Ostwand.

1957
Broad Peak (8047 m, 1. Ersteigung).

Quellenverzeichnis

Als Primärquellen wurden Hermann Buhls Tourenbücher, Expeditionstagebücher und -berichte, Vortragsmanuskripte, Briefe und persönliche Aufzeichnungen verwendet. Des weiteren Notizen der Herausgeber über Gespräche mit Eugenie Buhl, Kriemhild Lornsen-Buhl, Silvia Bögl, Luis Vigl und Hermann Köllensperger sowie Notizen aus der 103. Folge der ORF-TV-Sendung „Land der Berge". Weitere Primärquellen sind einzelne Schriftstücke aus dem Archiv des Deutschen Instituts für Auslandsforschung.

Literaturverzeichnis

Aufmuth, U.: Lebenshunger. Die Sucht nach Abenteuer. Walter Verlag, Zürich und Düsseldorf, 1996.

Bauer, P.: Das Ringen um den Nanga Parbat 1856 - 1953. Hundert Jahre bergsteigerischer Geschichte. Süddeutscher Verlag, München 1955.

Bechtold, F.: Deutsche am Nanga Parbat. Der Angriff 1934. Bruckmann Verlag, München 1935.

Buhl, H.: Achttausend drüber und drunter. Nymphenburger Verlagshandlung, München 1954.

Buhl, H.: Achttausend drüber und drunter. Gedächtnisausgabe mit einem Nachtrag von Kurt Diemberger. Nymphenburger Verlagshandlung, München 1958.

Buhl, H.: Große Bergfahrten. Mit einer Einleitung von Luis Trenker und einem Schlußteil von Kurt Diemberger. Nymphenburger Verlagshandlung, München 1974.

Buhl, H.: Allein am Nanga Parbat und große Fahrten. Steiger Verlag, Innsbruck 1984.

Diemberger, K.: Gipfel und Gefährten. Bruckmann Verlag, München 1990.

Diemberger, K.: K2 - Traum und Schicksal. Bruckmann Verlag, München 1989.

Dumler, H.: Grenzen des Menschenmöglichen. Alleingänger am Berg. Verlag Das Berglandbuch, Salzburg 1970.

Dyhrenfurth, G. O.: Der dritte Pol. Die Achttausender und ihre Trabanten. Nymphenburger Verlagshandlung, München 1961.

Harrer, H.: Die weiße Spinne. Die Geschichte der Eiger-Nordwand. Verlag Ullstein, Berlin 1959.

Herrligkoffer, Karl M.: Nanga Parbat 1953. Lehmanns Verlag, München 1954.

Herrligkoffer, Karl M.: Nanga Parbat. Die Geschichte eines Achttausenders. Bayerische Verlagsanstalt, Bamberg 1979.

Hiebeler, T.: Zwischen Himmel und Hölle. Aus dem Leben eines Bergsteigers. Limpert Verlag, Frankfurt/M. 1965.

Höfler, H.: Sehnsucht Berg - Große Alpinisten von den Anfängen bis zur Gegenwart. BLV Verlagsgesellschaft, München 1989.

Isselin, H.: Die Aiguilles von Chamonix. Verlag Hallwag, Bern 1964.

Karl, R.: Erlebnis Berg: Zeit zum Atmen. Limpert Verlag, Bad Homburg 1980.

Lukan, K.: Alpenspaziergang. Durch die Alpen von Wien bis Nizza. Bruckmann Verlag, München 1988.

Messner, R.: Alleingang Nanga Parbat. BLV Verlagsgesellschaft, München 1979.

Messner, R., Varale, V., Rudatis, D.: Die Extremen. Fünf Jahrzehnte sechster Grad. BLV Verlagsgesellschaft, München 1974.

Messner, R.: Die großen Wände. Geschichte, Routen, Erlebnisse. BLV Verlagsgesellschaft, München 1977.

Messner, R.: Die rote Rakete am Nanga Parbat. Drehbuch zu einem Film, der nie gezeigt werden kann. Nymphenburger Verlagshandlung, München 1971.

Messner, R.: Grenzbereich Todeszone. Verlag Kiepenheuer & Witsch, Köln 1978.

Messner, R.: Überlebt. Alle 14 Achttausender. BLV Verlagsgesellschaft, München 1987.

Rébuffat, G.: Sterne und Stürme. Nymphenburger Verlagshandlung, München 1955.

Schließler, M.: Beruf: Abenteurer. BLV Verlagsgesellschaft, München 1972.

Schmitt, F.: Das Buch vom Wilden Kaiser. Bergverlag Rudolf Rother, München 1982.

Schmuck, M.: Broad Peak - Meine Bergfahrten mit Hermann Buhl. Verlag „Das Bergland-Buch", Salzburg/Stuttgart 1958.

Auch die Hefte 9/1964, 7, 8 und 12/1967 der Zeitschrift „Alpinismus", Heering-Verlag, München, der Tätigkeitsbericht 1954-1959 und die Festschrift zum 50jährigen Jubiläum des Alpinen Klubs „Karwendler", Innsbruck, sowie die Festschrift „75 Jahre Sektion Bergland München des Deutschen Alpenvereins" (11/1983) dienten als Quellen.

Buhl-Aufsätze wurden den Jahrbüchern des Deutschen Alpenvereins 1952 und 1953, der Zeitschrift „Der Bergsteiger" 4/1951, 7/1951, 7/1952, 5/1953, 7/1953 und 1/1957, Bruckmann Verlag, München, sowie der Österreichischen Alpenzeitung 75. Jg. 1957 entnommen.

Die Zitate der Brüder Hugo und Luis Vigl stammen aus der Österreichischen Bergsteigerzeitung Nr. 10, 35. Jg. 1957.

Kurt Diembergers Texte im Kapitel „Der Tod" wurden dem Aufsatz „Chogolisa", 76. Jg. 1958 der Österreichischen Alpenzeitung entnommen.

Dank

Unser Dank gebührt vor allem Hermann Buhls Familie: seiner Frau Generl, seinen Töchtern Kriemhild Lornsen-Buhl und Silvia Bögl.
Generl Buhl hat uns die Tagebücher ihres Mannes und die vielen Fotos zur Verfügung gestellt, und die Gespräche mit ihr und den Töchtern ergänzten unser „Bild" von Hermann Buhl wie Steinchen zu einem Mosaik.
Herzlicher Dank gebührt Luis Vigl, Seilpartner und Freund Hermann Buhls. Auch Luis gab uns wichtige Fotos und wußte Antwort auf so manche Frage. Ohne seine immer sehr rasche Hilfe hätten wir Lücken im Manuskript nicht schließen können.
Herzlich danken wir auch Kurt Diemberger, der nicht nur seine authentischen Bilder vom Broad Peak und von der Chogolisa beisteuerte, sondern der auch die dazugehörigen Bildlegenden redigierte.
Ganz herzlich Danke sagen wir dem Bergführer Michel Darbellay aus La Fouly, ohne dessen Hilfe wir wichtige Bildtexte nicht hätten schreiben können.
Auch Walter Klier aus Innsbruck danken wir für manchen guten Tip.
Bedanken möchten wir uns ebenfalls bei den freundlichen Damen der Bibliothek des Deutschen Alpenvereins, die uns bei der Quellensuche tatkräftig unterstützten.
Weiterhin geht unser Dank an das Deutsche Institut für Auslandsforschung, sprich: an Manfred Sturm, aus dessen Archivbeständen wir Bilder verwenden durften.
Und nicht zuletzt gilt unser Dankeschön den Fotografen; voran einmal mehr Kurt Diemberger, der eine Buhl-Porträtaufnahme, und Eugen E. Hüsler, der uns ein Farbbild unentgeltlich zur Verfügung stellte.

Bildnachweis

Thomas Aumann: S. 108, 164 rechts;

Archiv Eugenie Buhl: S. 8, 10, 12 unten, 13, 14, 15, 17, 18, 19, 20, 21, 22, 24, 26, 28, 29, 30, 32, 33, 36, 42, 49, 52, 53, 54, 55, 58, 60, 61, 70, 86, 90, 101, 103, 107, 147, 161 unten, 163 beide, 164 links oben und unten, 169 rechts oben, 178 beide, 197, 213;

Archiv Eugenie Buhl/S. Bray: S. 44, 123, 125;

Archiv Eugenie Buhl/H. Ertl: S. 158 beide, 159 unten;

Archiv Eugenie Buhl/M. Schmuck: S. 182, 184, 186;

Deutsches Institut für Auslandsforschung: S. 7, 48, 71, 134, 139, 140, 143, 152, 154, 159 oben;

Kurt Diemberger: Einband-Vorderseite, S. 168 links oben, 170, 171 oben, 172, 173, 198, 199, 202, 203, 205, 207, 208, 209;

Horst Höfler: S. 31, 35 beide, 37 beide, 43, 45 rechts unten, 64, 80, 97, 112, 162 beide, 179, 212;

Eugen E. Hüsler: S. 41;

Karakorum-Expedition des Österreichischen Alpenvereins 1957: S. 166 oben, 168 unten, 169, 171 unten, 174 oben, 193;

Walter Klier: S. 34 beide, 51;

Rudi Lindner: S. 119;

Archiv Karl Mägdefrau/Höfler: S. 68;

Reinhold Messner: S. 38/39, 45 oben, 46/47, 137, 161 oben, 166/167, 174/175, 176 oben und Mitte;

R. Obster (+): S. 75;

Archiv Siegfried Rabiser: S. 11 beide, 12 oben;

Hans Steinbichler: S. 129;

Archiv Luis Vigl: S. 9, 16, 109, 114, 160, 210 beide, 211;

Jürgen Winkler: S. 40, 165;

Gerlinde M. Witt: S. 69, 189;

Franz Zengerle: S. 45 links unten.